현대한국교육의 인식

현대한국교육의 인식

한준상 · 김성학

한국학술정보[주]

머 리 말

이 책은 해방 이후부터 1950년대에 이르기까지의 한국 현대교육사 속에서 나타났던 갖가지 교육활동들을 사회과학적으로 새롭게 조명해 보고 있다. 해방정국(解放政局) 당시 미국이나 소련에 대해 우리 국민들이 걸었던 희망과 가능성이 정치적 좌절과 체념으로 변했었던 것도 부인키 어렵다. 게다가 그러한 좌절과정 속에서 여러가지 사회문화적 모순들이 잉태되었던 것도 사실이다. 또 그런 모순들이 지금까지도 한 국교육에는 하나의 질곡(桎梏)으로 작용하고 있다는 것도 부정할래야 부정할 길이 없다.

그러나 한국교육에 침윤(浸潤)된 채 부정적으로 작용하고 있는 여러 교육적 모순들이 오로지 미국이나 소련이라는 외세의 억압과 그들의 일방적인 문화침투적 규정에 의해 형성되었거나, 확대재생산되었기에 오늘의 우리 교육이 이 모양 이 꼴이라는 자조적인 시각은, 우리 교육 속의 모순이 외세(外勢)요인과 우리 내부의 정치적 갈등요인과의 변증 법적 통합에 의해 발전되어왔다는 보다 역동적인 설명이나 해석방법을 교육사 현장에서 고의로 무시하거나 포기하는 태도일 뿐이다. 한마디로 기성 교육학자의 책임을 남에게 일방적으로 떠맡기는 어린애다운 일일 뿐이다. 외인과 내인의 이중적인 요인의 결합양식에 대한 철저한 이해 가 있어야 비로소 한국교육이 갖는 독특한 발전과 퇴행의 양상을 파악 해 낼 수 있고, 그런 연후에야 비로소 한국교육의 발전방향과 미래에 대한 창조적인 전망을 가다듬을 수 있을 것이다.

이 책은 이러한 인식의 바탕 위에서 우리 땅에서 성립된 미군정기 당시, 미군정이라는 국가권력의 테두리 안에서 묶이어 활동한 한국 교 육패권세력들의 정치적 이해관계와 그에 따른 집단적 결속과 갈등, 그 리고 그들의 교육정치적 역할을 분석하였다. 이어 그 후 1950년대의 교 육원조를 통해 맺어진 외인과 내인의 결합이 한국교육계에 어떠한 교육적 문제들과 모순을 야기시켰는가도 분석하였다.

　이 책은 한국교육 속에 그 언제든 문제의 앙금으로 남아 있게 되는 시대적 부산물이며 동시에 정치적 보조기구들인 교육주도세력들의 이해관계를 어떻게 정리하고, 연구해야 될 것인가에 대해 걸음마스런 도움을 줄 수도 있을 것이다. 그러나 본 책은 그것보다는 교육사회학의 이론적 성숙을 위해 교육사료(敎育史料)를 어떻게 활용할 수 있는가를 보여 주는 하나의 시도라는 데 큰 기쁨을 갖고자 한다. 이런 학문적 시도를 위해 노력하는 수많은 교육사회학도들에게 하나의 길잡이가 되었으면 하는 바람이 간절하다.

연세대 용재관에서
한 준 상

차 례

I. 서 론

1980년대는 한국 현대사에서 격동의 시대로 명기될 것이다. 1980년의 사회·정치적 격변은 시민들의 강력한 저항에도 불구하고 보수적인 정치권력의 패권 장악으로 종결되는 듯 했다. 그러나 민주화를 열망하는 광범위하고 조직적인 시민저항은 가시적으로 6·29선언을 유도했고, 계속해서 기본적인 생존권의 확보를 위한 사회운동으로 전개되어 갔다. 이러한 80년대의 사회운동은 70년대의 사회운동과는 질적인 차이를 보여주고 있다. 70년대의 사회운동이 체계내적인 소시민적 민주화운동이었다면, 80년대의 사회운동은 노동자집단의 양적 성장과 비판적 시민 정치의식화를 바탕으로 한 사회변혁운동으로서의 성격을 갖추었다. 특히 80년 5월의 민주화운동과 제5공화국 정권에 대한 미국의 지속적인 정치적 수수방관은 한국민에게 새로운 對美 인식을 갖게 하였고, 그 결과 사회전반적으로 민생·민족문제의 논의를 새로운 시각으로 전개하게 하였다.

정치·경제적 모순의 심화와 그에 대한 시민저항의 심화는 민족현실에 대한 사회과학계의 새로운 인식을 요구하는 압력으로 작용하였다. 그에 따라 예속·독점·독재라는 정치적 삼중체제에 대한 새로운 사회과학적 의문이 제기되었다. 즉, 한국현실을 과학적으로 해명하고 분단·민족문제 해결의 과제를 정립하려는 학문적 노력이 새롭게 전개되었다. 80년대 중반부터 일기 시작한 사회구성체 논쟁도, 그 자체가 갖는 사회과학적 방법론에 문제와 이론적 한계가 있었음에도 불구하고, 그러한 노력의 일환이었다. 한국사회의 모순구조를 정확히 파악하고 그것을 극

복할 수 있는 주체역량과 사회운동에 필요한 전략과 전술을 밝히려는
사회구성체 논쟁은 아직 그 실증성과 구체적 내용성이 확보되지는 않
은 상태이지만, '민족'과 '민주'라는 한국 사회의 지향점을 새로운 시
각에서 실천적, 과학적으로 정립하고자 한 사회과학자들의 한국적 몸부
림임에는 틀림없다.

    교육학계내에서도, 사회과학계와는 일정한 시차를 두고 한국교육의
구조적인 문제의 해명을 위해 사회구성체론을 교육학적으로 적용하려
는 시도가 대두된 바 있다. 이러한 시도는 한국교육의 위상과 구조적
문제를 드러내는 데 도움을 줄 수 있다. 즉 한국자본주의의 발달단계와
그 성격변화에 따른 한국교육의 성격변화와 모순구조를 규명하는 데
이론적으로 유익할 수 있다. 그러나 이러한 장점에도 불구하고 그에 못
지않은 이론적 한계점도 지적되어야 한다. 첫째, 사회과학계에서 태동되
고, 비판의 과정을 거치면서 아직 발전 중에 있는 시론적인 이론을 교
육학적으로 무비판적으로 수용하는 성급한 학문 태도의 문제점이다. 타
학문분야에서 나타난 비판과 재정립의 과정에서 제기된 다양한 논의
중 어느 한 논의만을 주관적 판단아래 임의적으로 수용하고, 그것을 바
탕으로 교육문제에 대한 과다한 분석과 해명을 시도했을 때, 그 교육학
적 논의는 타 학문분야의 논의의 발전속도를 수용하지 못한 채 그 의
도와는 반대로 화석화될 위험이 크다. 따라서 그와 같은 논의의 화석화
를 탈피하기 위해 교육학자는 자신만이 함몰되어 있는 이론의 논의를
폐기하든가 아니면 사회과학계에서 회자되는 새로운 논의를 완전히 무
시해 버려야 하는 양자택일적 딜레마에 빠지게 된다. 둘째, 사회구성체
론에서 사용하는 경제적인 개념범주를 구체적으로 교육현상의 분석에
적용하려 할 때 나타나기도 하는 이론적 적합성에 대한 문제점이다. 예
컨대, 사회구성체론을 수용한다고 표방하는 교육학적 논의들이 제시한
바 있는 '교육에서의 반(半)봉건성'이 그 대표적인 예이다. 과연 교육
에서의 반봉건성이라는 개념과 그 유형이 도대체 무엇을 의미하는가!
경제부문에서 지주소작제도가 온존하고 있음을 의미하는 사회구성체론

에서의 '경제적 반봉건성'과 교육에서의 반봉건성은 개념적으로 어떠한 연결과 관련을 갖는가? 교육의 반봉건성은 경제적 반봉건성을 그대로 반영한 침전물에 불과한가? 등등의 심각한 이론적 문제들이 지적된다. 이런 문제점은, 사회구성체론을 일방적으로 수용하는 교육학적 논의들이 보여주는 몇 가지 이론적인 장점이 있음에도 불구하고, 아직도 풀리지 않은 채 애매한 상태로 남아 있다. 이것은 그 논의들이 이론적 정밀성을 결핍하고 있다는 데 그 일차적 원인이 있겠지만, 보다 큰 이유는 그 논의들이 '경제학적 개념범주'로부터 출발한 '교육학적 분석'이라는 점에 있다. 교육학자가 사회구성체론에서 눈여겨 보아야 하는 것은 몇몇 중요한 개념범주가 아니라, 사회구성체론이 시도하는 모순구조의 해명에서 드러날 수밖에 없는 한국사회의 '변혁을 위한 과제' 그것이어야 한다. 특히 한국교육사를 재해석하는 작업에서는 이 과제, 즉 그러한 변혁을 위한 과제를 바탕으로 분석되어야 한다. 다양한 사회구성체론을 통해 지적된 한국사회변혁의 과제가 '민족'과 '민주'라는 명제로 집약되고 있음에 비추어 보아 바로 그 '민족'과 '민주'라는 기준에 입각하여 한국교육사가 새롭게 해석되거나, 재해석되어야 한다. 그러나 한국교육사의 재해석·재정립을 위한 분석개념을 사회구성체논의가 제시하는 단순한 추상적인 개념범주에 견강부회적으로 한정시켜 놓아서는 안된다. 민족과 민주라는 과제를 이해·정립하는 데 도움이 된다면 가능한 어떠한 분석개념과 방법도 허용될 수 있어야 한다.

이와 같은 인식아래 본연구는 8·15이후 전개된 미국과 한국교육의 사회·정치·문화·경제적인 여러 관계를 재해석하려고 시도했다. 특히 미국의 직접적인 군사·정치·경제적 지원과 문화적 영향을 일방적으로 수용당했던 미군정기와 1950년대의 한국교육의 구조와 성격을 교육사회학적으로 규명하려 한다.

한국과 미국의 교육관계에 대한 기존의 역사적인 논의들은 미국교육의 영향을 보는 관점에 따라 크게 세 가지 범주로 분류될 수 있다. 첫째, 미국의 긍정적인 영향만을 일방적으로 부각시키는 관점이 있을 수 있다. 여기에서 미국은 한국교육에 원조를 해 주고 일제를 멸망케 한 천사의 얼굴을 갖는 국가로 제시된다. 미국은 한국교육에서의 일제잔재의 청산에 도움을 주었으며, 교육원조를 통해 한국의 공교육비의 절감, 교육시설의 복구, 교육기회의 확대 등에 큰 기여를 하였고, 복선형 교육제도를 철폐하고 교육의 평등주의적·민주주의적 원리를 실현케 하였다는 등의 매우 긍정적인 영향이 편년체적으로 강조된다. 한미 교육관계에 대한 이러한 평가는 냉전시대의 산물로서, 1970년대까지 지속적으로 남아 있었던 교육사학적 주류였다고 볼 수 있다.

둘째, 미국의 교육적 영향에 대해 비판적 관점을 유지하지만, 한미교육관계에 있어서 나타나는 부정적인 측면의 발생원인을 한국교육내에서만 찾고 있는 논의들이 있을 수 있다. 즉, 자본주의 체제의 중심국인 미국의 對韓 전략과 문화적 의도에 대한 비판적 안목이나 분석을 사장시킨 채, 미국교육에 대한 비판적 수용문제만 강조시키고 있다. 따라서 미국교육의 부정적 영향에 대한 책임이 전적으로 한국인들의 정신구조의 문제로 되돌려지고 있다. 이러한 관점은 자칫 희생자비난론으로 빠질 위험성을 갖고 있다.

셋째, 미국교육의 영향을 양국간의 문화적 관계, 특별히 문화침투의 일환으로 논의 분석하려는 학문적 경향이 있다. 예를 들어, 필리핀과 같은 나라들은 이런 학문적 논의의 주요 대상이 되기도 한다. 이러한 관점은 자본주의 중심국가의 자본의 확대·팽창논리에 부응하여 문화적인 측면에서도 중심·주변, 지배·피지배관계가 존재한다는 점을 찾아내려고 하고 있다. 또한 자본주의세계체제 속에서 중심국과 주변국의 구조적 관계를 밝혀 내고 그것이 갖는 문제를 해결·극복하려는 실천적 노력을 시도한다. 물론 이것은 중심국과 주변국의 지배·예속관계가 가능하도록 하는 주변국 내부의 구체적인 기제를 밝혀내야 되는 어려움을 이론적 과제로 남겨 놓고 있다. 또한, 자국의 역사적 성격 및 속성에 대한 분석력을 결여시키고 있는 이론적 한계도 갖고 있다.

본 연구는 세 가지 연구경향이 내포하고 있는 약점을 보완하면서 미국의 문화적 침투가 미국 자신의 세계제패적인 장악 의도와 그러한 경제·정치·군사·문화 침투적인 의도를 하나의 구세주적 구원으로 한국에 매개시킨 문제와 결부되어 나타난 한국내의 교육패권세력의 부속물적 기능인의 역할에 의해 만들어진 하나의 작품, 그러나 끝내 실패한 작품임을 밝히려 한다. 다시 말해서 자국중심적인 세계적 정치·경제·군사질서를 미국 스스로 유지함으로써 궁극적으로 미국의 이익과 패권을 확보하기 위한 한 수단이 중심부 미국의 문화적 침투와 그것을 최대한 이용하여 자신의 기득권과 지위를 유지하고 확대재생산하려고 했던 한국내 교육패권세력의 매개적 기능의 문제점을 논의한다. 한마디로 미국의 문화적 침투와 한국내 교육패권 세력이 상호결합되어 한국교육에서 발생된 일시적 처방으로 해결되기 어려운 내적 모순과, 그 결과 한국교육의 저발전적 발전현상이 발생하게 되는 과정과 구조의 문제점이 중점적으로 논의된다.

Ⅱ. 한국교육에 대한 새로운 이해

1. 한국교육의 구조적 문제에 대한 두 가지 인식

본 연구는 해방정국 당시 미군정이 주도한 한국 교육현상을 교육사회학적 인식론으로 가다듬어 보기 위한 교육사회학적 작업이다.

본 책에서는 미군정에 관계된 영어판 자료를 주로 참조한다. 미군정의 공식언어는 영어였다. 즉 1945년 9월 9일 포고된 맥아더 포고문 제5조에 의하면 "군정기간에 있어서는 영어를 모든 목적에 사용하는 공용어로 한다. 영어원문과 조선어 또는 일본어 원문에 해석 또는 정의가 불명하거나 부동(不同)할 때는 영어원문을 기본으로 한다"고 명시함으로써 영어의 공용성을 확정시켰기 때문이다.

본 글은 미군정의 교육활동을 기존의 시각들과는 다른 입장으로 이해해 보려는 작업으로서 미군정의 국가기구적 성격과 문화적 삼투, 국내 교육지도자들의 이해관계, 중심권력 집중화현상을 교육부문과 관련시켜 논의한다. 또한 미군정 기간동안 한국교육에 심어진 특징적 성격이 어떻게 고착되어 갔는지를 교육원조의 문제점을 중심으로 논의한다. 이런 논의는 한국교육을 무조건 부정적으로 비판하고자 하는 의도에서 비롯된 것이 아니다. 왜냐하면,

> 한국교육이 발전을 하지 않고 제자리 걸음만 걸은 것이 아님은 물론이기 때문이다. 그런대로 발전을 했기에, 오늘날과 같은 놀라운 사회발전을 가져오고 경제발전을 이룩한 것을 부정할 수는 없다. 다만 보다 더 체계가 서고, 통일되고, 내것이라고 할 수 있는 것을 이루지 못하고 있기에 하는 이야기이다.

30년을 훨씬 넘어도 그 의욕을 만족시키지 못하고 논의의 대상으로 삼아야 한다고 판단하기 때문에 하는 말이다. 그리하여 이렇게도 해보고, 저렇게도 해보았지만 항상 말썽의 대상이 되어 끊일 줄을 모르는 것이 교육문제가 아니었던가. 그러면서도 하루도 마음 속에서 떠나지 않는 것이 또한 한국교육의 문제가 아니었던가. 저마다 문교장관이 되고 백인백상(百人百想)이 난무하는 것이 한국교육이라는 무대가 아니었던가. 이렇게 생각하고 저렇게 만져보는 것이 다름 아닌 바로 한국교육이었다. 이런 주장, 저런 주장이 끊일 줄을 모르고 백출(百出)하여 계속 꼬리를 물고 늘어지는 것이 또한 한국교육이었던 것이며, 누구나 다 한마디씩 하는 것이 바로 그것이다. 저마다 한마디씩 하고도 부족해서 마치 백가쟁명이라는 말이 여기에 해당되는 것이 아닌가를 느끼게 하는 일이 한두 번이 아니었다. 조령모개(朝令暮改) 아니면 조변석계(朝變夕改)라 하여 제멋대로 두드려대는 대상도 주로 교육이었다.

그만큼 말이 많고 문제가 많지만 그것은 또 그만큼 온 국민이 깊고 넓은 관심을 가지고 있다는 증거이기도 하다. 아예 도외시하고 관심을 표시조차하지 않는다면 그것은 바로 희망이 없어 손을 들었다는 이야기일지도 모른다. 말이 많다는 것은 그래도 그만큼 희망이 있고, 그만큼 발전할 가망이 있다고 바라는 간절한 심정의 표현이라고 받아들일 때에 이 문제는 그런 뜻에서도 한번쯤은 지난날을 중점적으로나마 생각하고 정리해 봄직한 일이 아닐까? (박준희, 1984)

윗글은 한국교육 누가 책임질 것인가를 60대 교육학자의 지성으로 의심해보고, 절규해보는 자성적인 회고담의 일부이다. 과연 해방 이래 악화된 한국교육의 문제를 누가 책임질 것인가? 이 질문에 대답하면서 책임의 소재를 따져보기 전에 선행되어야 할 문제가 있다. 그것은 해방 이래 전개된 한국교육에 대한 인식에 관한 것이다. 즉, 해방 이후 전개된 한국교육의 공과를 집약적으로 판단한다면, 그것은 무엇으로 표현되어야 하는가?

한국교육의 구조적 문제 상황에 대해 한국 교육학계는 두 가지 입장 중 당위론적으로 한 가지 입장만을 택하여 대답하려고 노력해왔다. 그 첫째 입장은 발전론적 시각이었고(참고 : 정범모 · 정원식 편, 1972 ; 차경수, 1977 ; 이영덕 의, 1976 ; 한국교육개발원, 1978), 다른 하나는 종속적인 시각이라고 볼 수 있었다. 1980년대부터 사회과학적으로 훈련받은 신진 교육학도들은 한국교육의 현재적 공과에 대한 문제를 종속론적 시각으로 조명하려는 경향을 보였다. 사회과학적 논쟁이나 토론이 결여된 채 해방 이래의 한국교육을 당위론적으로 처방했었거나 편년체 중심의 교육사적인 서술로서 단편적인 교육이해로 일관된 기존 교육학계(참고 : 문교부, 1980 ; 한국교육 10년사 간행회 편, 1960 ; 황성모 편, 1987 ; 김종철, 1981)의 풍토에 학문적 성장의 기형적인 왜소함을 느낀 소수 교육학도들의 사회과학적 도전은 교육학을 학문의 차원으로 한 차원 더 높이는 공헌을 했다고 볼 수 있다.

이들은 서로 다른 중심주제를 다양한 방법으로 서술했었음에도 불구하고, 끝내 해방 이후의 한국교육의 위치를 종속적인 위치로 설정시킨 채 한국교육을 분석해 들어갔다는 공통점을 갖고 있었다. 예를 들어, 이들은 해방 이후의 한국교육을 대미관계에 있어서 종속적 위치로 설정시킨 채 한국교육을 누가 책임질 것인가에 대답하려는 입장을 취했다. 이에 대한 대답으로 제시된 것은 한국교육의 문제는 외세가 책임져야 한다는 명제로 간단히 요약된다.

종속론적 시각으로 해방 이후의 교육을 이해하려는 노력이 해방 전후에 걸친 교육상황을 이해하는 데 어느 정도의 통찰력을 제공했음에도 불구하고 그들의 통찰력이 한국교육의 문제상황을 꿰뚫어 볼 수 있는 하나의 시각이 되기 위해서는 한 가지 문제에 더 명쾌하게 대답할 수 있어야 한다. 즉, 왜 전후 비슷한 산업 경제적 파괴상태를 가진 채 비슷한 농도로 군사·정치적 관계를 미국과 맺은 서독이나 일본의 교육상황은 종속론적으로 설명이 잘 안되는 데 반해, 한국의 교육은 종속론적으로 설명이 가능할 수 있는가에 대해 사회과학적으로 설명해 줄 수 있어야 한다.

종속론적 시각에 대한 이런 식의 반문은, 해방 이후 한국교육의 공과를 발전론적 시각으로 수용해야 함을 의미하지는 않는다. 이미 한국교육계에서 알려진 대로, 1960년대 일부 교육 사회학자들이 보여주었던

교육적 처방과 진단은 해방 이후의 한국교육에 대한 신장과 공과를 현
실대응적으로 이론화시켜 주거나 미봉책 중심의 처방일변도적으로 난
국을 풀어가게 함으로써(참고 : 정범모·정원식 편, 1972 ; 차경수, 197
7 ; 이영덕 외, 1976 ; 한국교육개발원, 1978) 한국교육의 실패에 대한 전
적인 책임은 끝내 미국에게 있다는 인식을 끌어내게 만드는 데 공헌을
하기도 했다.

(표 II -1) 지배계급에 대한 발전론적 이해와 종속론적 이해 간의 개념적 차이

성격과 내용	발전론적 시각	종속론적 시각
권 력	여러 개의 중심권으로 분산되어 있다고 봄	한 곳으로 집중되어 있고 통합되어 있다고 봄
권위의 범위	전문화되어 있으며 소폭적이라고 이해	광범위한 범위에서 일반화되어 있다고 봄
체 제	개방체제로 간주	폐쇄체제로 간주
기 반	이해관계의 확산	이해관계의 동결
이해관계의 표출형태	다양성의 유지와 경쟁적	통합체적이고 협력적
결원보충제도	성취정도에 입각해서 보충	귀속적 지위(출생, 재산)에 의해서 보충
통제기간	단기간	장기간
자격상실	무능력하면 퇴진	부의 소멸과 더불어 퇴진
속 성	다원주의	지배계급주의
결 과	엘리트는 어느 정도 자율적이며 외국자본이나 기술도입 장려	군부, 금융관계기관, 기업간의 공동보조 : 외국의 이해관계에 의존 : 민주주의 상실

　발전론적 시각에 의하면, 한국의 교육은 해방 이래 엄청난 정도의 양
적 성장을 이루었다. 대미관계에 있어서도 종속적 상황, 즉 문화적인 종
속적 상황은 없었고, 단지 상호의존의 관계만이 있었던 것으로 인식된
다. 발전론자들의 시각은 해방 이래 전개된 한국교육의 질적 발전에 대
한 설득력이 있는 설명을 할 수 있어야만 했다. 즉 해방 이래 한국교육
이 엄청난 양적 발전을 이룩했음에도 불구하고 왜, 아직까지도 세계 2

차대전 이후 같은 외적 조건 아래 성숙한 서독이나 일본에 비해 교원 노조운동, 교육의 민주화운동 같은 것이 교원복지적인 차원에서 처리되지 않고, 정치적으로 처리되었는가 등에 대해서도 설득력 있는 설명을 가하는 학문적 역량을 발휘해 주어야 한다.

발전론적 시각이나 종속론적 시각이 각기 나름대로 해방 전후 한국교육의 인식에 어느 정도의 설명력을 줄 수는 있음에도 불구하고, 한국교육의 문제, 즉 그간의 한국교육을 누가 책임질 것인가에 대답하기 위해서는 양적 증가만을 발전의 기준으로 고수하는 구태의연한 발전론적 시각이나 타율적인 종속을 강조하는 고답적인 종속론적 시각들은 수정되어야 하며, 동시에 수정된 두 시각은 하나로 통합되는 새로운 시각이 되기 위한 변증법적 지양의 과정을 거쳐야 한다. 예를 들어, 양이론 중 어느 하나의 이론으로 한국의 지배 계급현상을 이해해야 한다면, 앞의 표에서 보는 식의 양분법적인 사고의 틀 중 그 어느 하나만을 의도적으로 택해야 하는 인식론적 강요가 뒤따르기 때문이다. 본글에서는 이런 양자택일식의 인식론적 입장을 가능한 배제시키려 한다.

2. 한국교육에 대한 사회과학적 이론화

해방 이후 전개된 한국교육의 제현상을 사회과학적으로 이론화시키기 위해 세 가지 작업이 필요하다. 즉 첫째, 기존의 발전론적 시각이 양적 증가보다는 질적 성숙과 발전을 발전의 증거로 삼는 신발전론적 시각으로 재구성되어야 한다. 둘째, 기존의 종속론이 타율적 종속보다는 자율적 종속을 논의의 주제로 삼는 신식민주의론적인 시각으로 성숙되어야 하며 셋째, 신발전론적 시각과 신종속론적 시각이 상호 대칭의 변증법적 관계로서 "성숙론적 종속론" 혹은 "사대주의적 발전론"으로 융해될 수 있어야 한다.

이를 위해서는 해방 전후 한국의 정치·경제·문화 양상에 관한 두 가지 조건에 대한 명확한 인식이 필요하다. 첫째 조건은 해방 전후 한 국 정황에 대한 세계사 중심의 보편적 인식이고, 두번째 조건은 한국적 사회문화 조건에 관한 특수한 인식에 관한 것이다. 해방 전후의 한국교 육에 대한 보편적 인식과 특수한 인식은 상호보완적인 것이다. 왜냐하 면, 세계사에서의 한국적 위치설정에 대한 이해를 요구하는 보편적 인 식은 처음부터 아무런 개념적 혼란이나 사상적인 논쟁없이 가능할 수 없기 때문이다. 또한 해방 전후를 둘러싼 한국의 특수상황에 대한 것이 손쉽게 이해되도록 세계사적인 보편적 인식이 정리되어 있을 수도 없 기 때문이다. 한국적인 상황에 대한 보편화가 어렵다면, 우리는 해방 후 부터 전개된 한국교육에 대해 어떤 것도 손쉽게 일반화시키거나 보편 화시키기 어려울 것 같다. 또한 한국교육을 이해하기 위해서라도 세계 사에서의 한국의 위치 설정에 대한 인식을 무시해버릴 수 없는 위치에 서게 된다.

해방 전후의 한국상황에 대한 특수성과 보편적 인식의 준거세력은 미국과 소련이었다. 본글에서는 소련과의 관계설정 및 인식은 논의의 주제이기 때문에 미국과의 관계설정만을 다룬다. 해방 이래 한국과 미 국과의 관계설정을 영역별로 평가하는 정치학적 노력은(한명화, 1986) 대외관계에 있어서 외교안보문제는 현실주의 감각으로, 국제 및 국내경 제가 갖는 구조적 문제는 종속이론으로, 무역이나 교육 같은 물적이며 인적 교류 분야는 상호의존의 시각으로 잘 설명되고 있다고 주장한다. 그러나 이런 주장은 한국의 대미관계를 호혜주의적 입장에 서서 결과 론적으로 설명하고자 하는 노력이라고 볼 수 있다. 왜냐하면, 첫째, 교 육에서 보는 인적, 물적 교류를 상호의존주의적 입장에서 파악하기 위 해서는, 국가간의 문화적 개방성과 자본시장, 기술의 자유로운 이동, 협 동이 구체화되어야 하는 데도 불구하고, 그런 가능성은 해방 이래 쌍방 적이었다고 볼 만한 근거를 확보할 수 없기 때문이다. 완곡하게 이야기 한다면 미국은 일방적인 입장에서 기부자적인 입장을 취했다고 볼 수 있다. 그렇다면 한국과의 거래에서 이득도 별로 없는데 미국이 굳이 왜 그런 태도를 유지해올 수 있는가에 대해 대답할 수 있어야 한다. 이 문제에 대해 대답하기 위해서는 한국과 미국 간의 관계구조를 총체적으로 파악해야 한다. 둘째, 인적 물적 교류를 상호발전적인 시각으로 설명하는 것이 가장 합리적이라는 주장이 결과론적일 수밖에 없다는 이유는 해방 전후 한국 영토분할을 둘러싸고 전개된 미국의 4단계 야합과정을 논의할 때 보다 자명해진다. 첫번째 야합은 1943년의 카이로회담과 테헤란회담이었다. 두번째 야합은 1945년 2월의 얄타회담이었다. 세번째 야합은 1945년 7월의 포츠담회담이었고 마지막 야합은 소련참전 직후의 미소간 38도선 분할 야합이었다. 이런 야합은 근본적으로 미국과 소련이 제로섬 게임의 위험부담률을 극소화시키고, 최악의 경우에도 한반도를 공평하게, 계획대로, '분할'지배할 수 있기 위한 단계별 조처라고 평가되고 있다. 이 4단계의 야합을 보면서 문제시해야 할 질문이 있다. 그것은, 왜 한반도가 그토록 미국과 소련의 군사적 정치적 측면에 있어서 중요했던가? 하는 것에 대한 문제제기이다.

한반도가 지니는 군사적이며 전술적인 가치가 미국에게 엄청나게 중요했고 그에 터해서 한국진주가 계획적으로 결정되었다면, 한국과 미국 간에 전개된 인적 물적 교류에 대한 상호의존적 이론에 터한 해석은 1980년대에 서서 과거를 되돌아봄이 없이 몰역사적·몰가치적으로 판단한 결과론일 뿐이다. 한반도가 미국에게 군사적으로 중요한 가치를 부여했기 때문에, 미국이 한국에 진주했다는 점은 몇몇 연구에 의해 이미 타당한 것으로 받아들여지고 있다(Kang, 1970 ; Kim, 1984).

세계사적인 입장에서 한국에 대한 미국의 정치적 군사적 이해관계를 수용한다면, 미군정기에 나타난 한국교육의 대미관계는 결코 상호의존론으로 이해될 수가 없으며, 어느 정도 종속론적 시각으로 설명될 필요가 있을는지 모른다.

그러나 해방과 더불어 민족국가 건설에 대한 한국민의 정치적 기대와 문화적 상승욕구라는 대내적 조건을 고려한다면 해방 후 전개된 한국교육의 양적인 발전 노력과 교육적 결과를 일방적으로 부정하기도

어렵다. 두 개의 조건을 다 고려한다면 즉 세계사적인 맥락에서의 한국
교육에 대한 위치 설정과, 한국이라는 특수한 대내적 조건을 고려한다
면, 해반전후의 한국교육 전개에 대한 평가는 무엇이어야 하는가? 이에
대한 대답을 귀납적으로 이끌어 내기 전에 미리 이야기한다면, 그것은
'한국'교육의 발전적 미성숙 현상으로 규정될 수 있다.

　한국교육의 '사대주의적 발전' 현상은 이미 앞에서 제시된 것처럼,
발전과 저발전은 동시적인 것이며 "다만 보다 더 체계가 서야 하고 통
일되고 내것이라고 할 수 있는 것을" 이루어내야 될 필요성이 사회정
치적으로 요구되는 단계에 있는 교육현상이라고 볼 수 있다. 이것은 즉
교육의 저발전적 발전에서 저발전은 교육적 빈곤을 의미하지 않는다.
생물학적으로 동시에 문학적으로 이야기한다면 프랑켄슈타인 같은 괴
물적인 상황으로 견주어볼 수도 있다. 또한 한국교육의 발전적 미성숙
현상은 미국이 해방 이래 한국에게 병주고 약주었다라는 부정적 견해
의 교육적 뒷면을 암시해 주는 징표일 수도 있다(동아일보, 1985. 8. 16.
5쪽). 즉 미국은 제2차 세계대전 종전의 처리과정에서 38도선을 확정하
였다. 또한 3년간의 군정(1945~48)을 통해 친일세력을 도구화시킴으로
써 옛 식민지 상태를 그대로 유지할 수 있었기에 한국민중이 필요로
하는 사회 경제적 개혁을 단행할 필요가 없었을는지도 모른다. 미국은
6·25 이전에 북한의 남침 가능성을 오판하고 이후 6·25 전쟁에 대대
적으로 참전함으로써 한반도에서 장기간의 군사대결상황을 초래시켰다.

　미국은 경제원조를 특정 정치집단의 권력을 위해 막대하게 제공함으
로써 결과적으로 한국을 미국의 자본주의 시장으로 바꾸어놓았다. 바로
이것은 미국이 그동안 한국에게 병과 약을 동시에 주었다는 반증이 되
기에 충분하다. 이것은 교육에 있어서도 예외가 아니다. 교육적으로 병
을 준 독소가 바로 점령지 군정지침(FM27-5)이고, 이 지침에 따라 교
육적인 약을 준 사람이 바로 미군정 교육담당장교인 락카드와 그의 한
국측 교육패권유지 인사들이었다고 볼 수 있다.

3. 신사대주의의 한국적 접목현상

해방 이래 한국의 교육이 미국의 문화구조와 관련해서 발전적 미성숙, 혹은 저발전적 발전의 관계를 맺게 된 이유와 과정은 무엇인가? 이것은 한미간의 교육문제, 특히 한반도에 대한 미군의 강점 이래 전개된 미국의 교육원조 및 문화적 관계는 신사대주의에 입각해서 실질성장이 결여된 교육의 인플레이션 현상임을 의미한다. 이 문제에 대답하기 위해서는 이미 여러번 지적했듯이 해방후 전개된 한국교육을 미국과의 관계 정립에 염두를 둔 채 세 가지면에서 면밀히 분석해야만 한다.

미국과의 관계정립의 분석에 있어서 중요한 것은 주체와 객체간의 상응관계에 대한 이해이다. 1945년 해방 당시 한반도의 정치·경제·문화적 제관계를 통제한 측은 한반도 진주의 주체인 미국이며, 미국을 대표하는 미군정이며, 더 나아가 미군정 관료이다. 이와는 다른 입장에 서서 제한된 범위나마 한국인의 문화적 욕구와 의사를 대변하기 위해 임의적으로 설정된 한국의 사회정치적 패권 경쟁 엘리트 집단들은 객체적인 입장에 있는 측이다. 이 양측간의 다양한 대응관계를 면밀히 분석해야 한다. 이런 분석을 위해 세 가지 점이 분석 초기에는 개별적으로 논의되고, 분석 후기에는 다시 종합적으로 연계되어야 한다. 첫째, 1945년 당시 전개된 국제간의 관계, 이를테면 제국주의적 조건, 상황과 더불은 한국의 위치설정에 대한 논의가 우선되어야 한다. 둘째, 미군정의 정치·경제·문화적 성격 즉 국가기구적 성격과 교육간의 관계가 논의되어야 한다. 마지막으로 한국 엘리트의 정치·경제·문화적 성격, 즉 국내 지도자의 정치적 패권 유지와 교육간의 관계가 논의되어야 한다.

왜 이런 연구가 필요한가? 즉 왜 미군정과 한국교육을 미군정의 국가기구적 성격과 문화적 지배간의 상관성의 시각으로 이해해 보아야 될 필요성이 있는가? 왜 해방 후에 전개된 한국의 교육을 미국과의 관계 속에서 평가해보아야 되는가? 이런 문제에 대한 대답, 즉 미군정과 한국교육간의 관계를 해방후 전개된 한국교육에 대한 평가의 기준치로 삼는 연구는 여러 이유로 그 필요성이 더욱더 점증되고 있다.

첫째, 무엇보다 미군정시대의 사회·정치·경제·군사적 여파가 아직까지 한반도의 모든 영역에 상당한 영향력과 부정적 앙금을 남겨놓고 있다고 판단되기 때문이다. 미군정 전후 이 땅 위에서 전개된 군사적·정치적·경제적 남북분단은 결코 그들이 풀어줄 수 있는 과제가 아니다. 우리가 풀어내야 할 힘든 과제로 남아 있을 뿐이다. '통탁 통치'(通譯을 통탁으로 읽은 걸 야유하는 말)로 요약되는 군정 3년 동안에도, 하지 중장이 한국은 곧 독립을 '하지 하지' 하면, 그 밑의 러치 군정장관은 '그렇지 그렇지' 하고 맞장구 쳤다는(동아일보 1985. 11. 23. 3쪽) 그 통일지향적 독립이 해방 40년이 지나도 어렵게만 되어가고 있는 현실에 대한 학문적 관심의 고조가 필요하다.

둘째, 군사적, 외교적, 정치적 분단과 고착으로부터 교육도 엄청난 변형과 기형 현상을 강요당하고 있기 때문이다. 즉 정치·군사적 분단은 사상적 분단과 변형을 요구했고, 북한은 북한대로 북한의 청소년들에게 남한을 비난의 대상으로 교육시켰다. 이에 대한 남한의 정치적 대응은 한국에서의 사회과학적 학문 성장을 반신불수적인 과학으로 전락케 했으며, 이데올로기 비판교육의 재정지원적인 주가나 높여 놓았다. 한마디로, 민족 교육의 과제를 보호하게 만들어 놓았다는 지적에 미군정 3년은 책임의 한계를 벗어날 수 없다.

셋째, 해방 이래 한국의 교육에도 여러번의 교육개혁, 특히 학교교육제도를 개혁하려는 노력과 부분적인 개혁이 있었음에도 불구하고 미군정시대 때 결정된 교육제도, 예를 들어 학제나 고등교육 같은 기본골격은 변하지 않고 있으며, 이런 현상은 식민지 경험을 갖고 있는 나라에서 유독히도 심하다는 지적과 이런 교육현상을 신식민주의적(neocolonial dependency) 문화 종속상황이라고 규정짓는 연구물들이 교육사회학계에 점증되고 있기 때문이다(Altbach, 1982 ; Altbach&Kelly eds., 1976 ; Carnoy, 1974 ; Ribes et al., 1981 ; Spitzberg ed, 1980 ; Midgley, 1982 ; Watson ed., 1984). 이런 연구결과에 의하면, 한국의 교육은 식민지적 앙금을 새로운 시각에서 해석, 조명해 보도록 충분한 동기를 주고 있다.

미군정과 한국교육간의 상관성에 대한 연구를 한국교육에 대한 평가 척도로서 간주해야 될 필요성의 네번째 이유는 미군정과 한국교육에 대한 연구물들이 사회과학적 한계와 제한된 이론적 설득력을 갖는다는 점에서 찾을 수 있다. 미군정 3년에 관해 기술하는 정치·경제·사회·역사적 논평이나 연구물들이(참고 : 강만길, 1984 ; 한길사 편 1980 ; 돌베개 편, 1982 ; 고려대 아세아 문제연구소 편, 1984) 미군정 3년동안 전개된 교육 활동과 미군정의 교육정책에 관해 거의 언급하고 있지 않는 것은 학문적 신중성에서 나온 것이라기보다는 교육을 국가와의 관계 속에서 논의하려는 사회과학적 인식론의 결여에서 기인한다고 볼 수 있다. 기존의 교육사학자들이나, 1980년대 초반부터 나타난 교육사회학 관계 연구물, 1987년부터 급격히 신문지상을 통해 전개되는 대토론의 주제들은 거의가 다 간헐적으로 미군정 3년동안 교육활동과 교육정책에 관한 언급을 수십번 씩 인용되고 인용된 2차적인 자료로 시도하고 있다. 그러나 이들의 시도는 미군정과 한국교육간의 상관성에 대한 더욱더 치밀한 사회과학적 이론화의 필요성만 일깨워 놓았을 뿐이다.

4. 미군정 교육정책에 관한 기존의 교육사적 이해

미군정의 교육활동에 관한 교육사적 서술 중에서 대표적이며, 다른 교육사관계물에 흔하게 재인용되게 만드는 논문들로서 오천석의 글을 들 수 있다(참고 : 오천석, 1972 ; 1973 ; 1975). 자기의 주장을 정당화시키기 위해 미군정시절 등사물로 간행된 몇 편의 글을 필요에 따라 인용한 오천석의 글은 미군정의 교육정책과 한국교육간의 상관성을 체계적으로 분석해내는 데 별 다른 도움을 주고 있지 못하다. 왜냐하면 미군정의 교육정책에 대한 교육사적 이해가 편년체적 서술이었을 뿐만 아니라 편년체적 역사이해가 갖는 약점 그대로 종국적으로는 미군정의 교육정책의 정당성을 입증하는 식으로 미군정자료를 활용하고 있고, 자기의 교육정책에 부정적 평가를 줄 사항은 필요에 따라 삭제하고 있기 때문이다. 미군정에 대한 오천석의 해석이나 글을 재인용하는 몇 편의 교육사적 자료와 해방교육의 진상을 밝히는 글이 신문지상을 통해 게재되고 있다(참고 : 한국교육문제연구소, 1974 ; 새한신문사, 1971 ; 박상만, 1959 ; 한국교육개발원, 1985). 이 글들은 해방교육에 관한 야사적인 성격을 갖고 있어 해방정국을 둘러싼 교육상황을 이해하는 데 도움을 주고 있으나 해방정국 당시 문교정책에 관여한 인물들의 희미한 기억과, 그들의 정책적 결정의 정당함을 내세우는 입장을 아무런 사회과학적 인식이나 비판 없이 소개하고 있다. 게다가 국내자료 인용을 맹종적으로 추종한 흠을 갖고 있어, 해방정국의 교육에 있어 미군정의 속성과 그 잔재를 규명해내는 데 미흡한 감을 주고 있다. 물론 이 자료들이 해방정국의 국내적 상황을 이해하는 데 중요한 길잡이가 될 수 있다는 장점을 부인할 수는 없다. 그러나 해방정국의 교육에 관한 일부의 교육사학자, 교육사회학자, 정치학자들의 입장을 성격화시킨다면, 그것의 일반적 특징은 세 방향으로 각기 다르게 요약될 수 있다. 첫째, 해방정국에 있어서 미국의 대한정책, 미군정의 한국점령정책을 이해하는 시각이 냉전논리 수용 내지는 군사적 목적의 당위성으로 고착되어 있다는 점이다. 다시 말해서, 미국이 한반도를 극동에서의 소련진출 봉쇄를 염두에 둔 냉전체제 구축의 한 요소로 간주한 군사적 편의설의 정당성을 무비판적으로 수용하고 있다(Kang, 1970 ; Nathan & Oliver, 1976 ; 리차드 라우터백, 1983).

기존의 교육평론적 연구물이 갖는 두번째 속성은 해방정국의 교육문제에 대한 인식을 미국식 민주주의와 한국식 민족주의간의 이상체질적 접목문제로 본다는 특징이 있다. 즉, 한국교육의 실패적 성격을 민주주의와 민족주의의 접목상에서 연유된 기술적인 실패 문제로 처리하는 특징을 갖고 있다. 마지막, 이들 연구들의 공통적 특징은 해방정국의 교육을 정치·경제적 갈등과정에서 나타난 종속적 부산물로 기정사실화시키고 있다는 점이다.

위에서 지적한 세 가지 특징은 해방정국의 교육을 평면적으로 인식할 때는 어느 정도 타당성을 갖는다. 그러나 보다 심층적인 시각으로 관찰한다면 세 가지 특징은 각 특징 나름대로의 이론적인 약점을 내포하고 있다. 즉 첫째, 냉전논리와 군사적 편의설을 그대로 수용하는 것은, 해방정국 당시 국내정치세력 형성과정에서 미군정측이 보여준 신경과민적인 특정 정당 지원, 즉 한민당 지원책, 한민당 관련 교육인사에 대한 정치적 지원과 좌파계열 인사에 대한 철저한 배제에 대한 설명을 포기하는 것이 된다. 이 말은, 미군정의 국내정치세력 형성과정은 임시방편적인 우발적인 것이 아니라 커다란 사전계획에 따라 진행된 구체적 노력이라는 것을 간과하지 말아야 됨을 의미한다. 예를 들어, 브루스 커밍스(참고 : Cumings, 1981 ; 1983 ; 1984)는 종래의 주장, 즉 미국은 한국에 대한 정확한 인식이 결여된 채 남한에 진주했다는 주장과 남한에의 성급한 진주는 소련의 남진의욕에 임시 방편책으로 대응하기 위한 군사시위적인 노력이었다는 주장에 강력한 의구심을 표시해준 바 있다.

어떤 정치학적 연구는 이북의 몇몇 주요항구를 제외하고는 이북 전역에 걸친 소련의 진주는 미국의 남한 진주보다 대체로 늦었을 뿐만 아니라, 그 당시 소련의 세력이 미국의 군사·정치적 세력과 군사적 대결을 고려하면서까지 서둘러서 미국의 의사에 어긋난 상태로 이북에 진주해야 될 만한 외교·정치적 이해가 결여되어 있었다는 점을 지적하고 있다(Kang, 1970 ; 오충근, 1986 ; 한길사 편, 1986).

이런 연구들은, 미국이 소련세력의 팽창을 억제하기 위한 군사전략적인 측면에 대한 평면적인 이해를 너무 강조한 나머지, 미국이 겨냥했음직한 세계전략, 세계체제 질서구축, 즉, 일본과 한반도를 미국 중심의 세계경제적 질서로 개편할 계획에 서서 한국을 그것에 편입시키려는 미국의 세계체제 구성의지를 간과했다고 볼 수도 있다.

왈러스타인(참고 : Wallerstein, 1974 ; 1979 ; 1984)이 지적한 대로, 세

계체제의 특징은 체제내의 노동분업을 근간으로 체제내에서의 경제적 교환·공급을 중심으로 한다. 세계체제는 세계를 개별국가들의 단순한 접합이 아니라 그 자체의 생성원리와 운동법칙을 보유하는 하나의 역사적·동적 체제로 간주한다. 세계체제는 복수적 문화체제와 단일분업에 의한 통합으로 정의되기 때문에, 세계경제질서는 단일 중심권력을 절대적으로 상정시키지 않는 세계체제이다. 미국은 바로 이것을 종전과 더불어 상정했던 것이다.

미국의 대소견제라는, 단순한 군사적 편의설만을 선호하고, 미국의 세계체제 구성적 이해관계를, 즉 세계경제 주도권행사적 이해관계를 배제시켜놓고, 해방정국의 교육을 단순히 한국 상황에 맞추어 이해한다면, 그것은 한국이 해방 이후 40년을 지난 후에도 아직까지 독일이나 일본에 비해 정치·경제적으로 뒤지고 있는 이유와 동시에 그런 세계 정치경제적 상황속에서 한국교육이 점유하는 위치선정의 이유를 합리적으로 설명해낼 수 없게 만들어 놓을 뿐이다.

둘째, 한국교육의 문제를 미군정의 민주주의와 한국 정치집단이 내세우는 민족주의 사이에서 맺어진 이데올로기적 접목의 실패로 간주하는 입장은 궁극적으로 한국에 대한 미군정의 문화·교육정책은 전적으로 옳은 것이었으며, 미군정의 정책은 그 당시 상황으로 미루어보아 일방적이어도 무방했다는 가정에 기초한다. 이것은 시대상황론에 너무 집착하는 또 다른 오류를 범하게 된다. 이런 식의 인식은 남북분단과 교육간의 역사적 상관성에 관한 이해를 위한 기반으로서의 해방정국에 대한 연구와 미래에 있어서 분단극복의 가능성에 대한 논의를 무의미하게 만들 뿐만 아니라, 분단극복을 위한 교육의 과제로서의 민족교육이나 통일교육에 대한 논의를 의도적으로 억제하게 만든다. 이런 민족교육에의 의지약화 논리는 미군정 당시의 교육을 둘러싸고 전개되었던 교육사상적 논쟁이나 대립, 더 나아가서는 교육패권지향 세력이 의도적으로 갖고 있었던 교육적 이해관계와 이들이 저지를 수 있었던 가능한 과오를 국가발전에의 참여라는 미명으로 예찬해 버리거나, 아니면 그들의 책임을 전적으로 외세에 전가시키는 잘못을 범할 수도 있다.

셋째, 교육을 정치·경제적 종속물로만 간주하는 태도 역시 교육과 국가간의 관계설정을 사회과학적으로 설명하지 못하게 만들 뿐만 아니라, 교육과 국가기구와의 관계에 있어서 교육의 상대적인 자율적 속성을 아예 무시하는 결과를 초래한다. 이런 결과, 해방정국의 교육활동에 대한 논의를 편년체 중심의 교육사적 서술에 국한시키는 데 만족함으로써 교육학의 사회과학적 이론화를 더디게 만들고 있다.

이런 기존의 교육평론적 연구물과는 달리, 학구적인 입장에서 해방정국의 교육상황을 이해하려는 연구논문들이 1980년대 초반부터 서서히 교육계에 나타나기 시작하였다. 이들 연구는(참고 : 한준상, 1986 ; 이 광호, 1983 ; 한성진, 1986 ; 최혜월, 1986 ; 유희원, 1986 ; 이숙경, 1983 ; 강순원, 1986) 각기 다른 관점에서, 서로 다른 주제를 편년체적 서술에서 벗어나 새로운 시각으로 분석해내려고 시도하고 있다. 예를 들어 어떤 논문은 미군정기 동안 교육계에서 강조된 민주주의 교육이념은 한국의 특징 지배집단의 이해관계의 반영물이었음을 주장하거나, 또 어떤 저자는 미군정의 교육은 일제식민지적 교육체제와 미국식 민주주의를 타율적으로 접목시키려는 노력이었다고 분석하기도 했다. 이런 연구들은 새로운 시각으로 해방정국의 교육활동을 조명 분석해내려는 장점이 있었음에도 불구하고, 일차자료보다는 교육평론적 이차자료 중심의 재인용에 치우치면서 해방정국의 한국교육에 대한 세계사적 위치설정을 너무 성급하게 시도하려는 야심이 너무 강했다는 흠을 갖고 있다. 이들 연구에 있어서 이런 방법론적 흠보다 더 크게 문제가 되어야 할 부분이 있다. 그것은 이들 연구가 겉으로는 새로운 시각으로 해방정국의 교육문제를 분석해내려고 하는 의도로써 한국교육을 "외세에 의해 촉진된 일방적인 희생물"로 간주한 나머지, 실제로는 그들의 연구가 1960년대 한국교육계에서 보았던 탈가치적인 발전론적 시각의 정당성을 옹호했다는 뜻하지 않은 실수도 범하게 되었다. 즉, 희생물적인 상태에서 기적적인, 고도의 교육적 발전을 이끌어낸 집단으로서 특정 집단이 갖고 있는 이해관계에 사회정치적 정당성을 부여하는 역기능을 초래했다고 볼 수 있다.

다시 말해서, 이들 신진 학자들이 슈펭글러가 지적한 엘리트 집단의 이해관계를 발전현상과 동일시 하는 실수를 범했다(Spengler, 1961 : 4 -5).

> 내 주장은 이렇다. 한 국민의 정치경제적 발전의 상태, 속도 및 방향은 사회 성원들의 마음 속에 있는 것, 특히 문명이 그러하듯이 인간의 우주관의 일부를 반영하는 엘리트의 마음 속에 든 내용에 크게 의존한다. 인간심성의 내용을 본질적으로 수동적인 세계 또는 우주에다 변화와 혁신을 가져다주는 잠재적으로 역동적인 요소로 간주하려는 것이다. 따라서 한 저개발사회를 발전된 사회로 변형시키자면 그런 저개발 사회를 지도하는 엘리트와 그런 사회의 성원인 국민 일반의 마음의 내용을 바꾸는 것이 필요하다.
> 결국 신진학자들은, 첫째, 발전론자들이 논하는 발전이 역사적 법칙의 한 과정이 될 수 없음을 간과하고 그들의 발전론이 하나의 역사적 법칙이 될 수 있음을 묵시적으로 동조했고, 둘째, 발전은 결코 법칙지향적인 사회변동이 될 수 없음을 거부치 않고 오히려 그렇게 될 수 있다는 식으로 용인해버렸다. 마지막으로 발전 개념은 특정 집단의 특수 가치 함축적 개념인데도 불구하고, 그것을 모든 사회구성원에게 해당되는 보편적 가치 개념으로 전환시킬 수도 있음을 허용함으로써, '발전이라는 말은 곧 자아실현이나 자아완성에 관계된 일깨움이나 혹은 교육 그 자체(김경동, 1979 : 83-85)라고 주장하도록 만들어 놓은 꼴이 되었다.

5. 교육의 저발전적 발전현상

대체로 식민지시대에 있어서 선진국의 문화는 종교를 통해 후진국에 들어왔다.

후진국에서 서구종교의 역할이나 선교사의 역할은 서구사회의 국가적 이해관계를 가시·비가시적으로 선전하는 문화삼투적 기제로 요약된다. 종교 확산을 위한 선교활동은 주로 선교를 위한 선교교육으로 집약된다. 선교교육은 서구가 후진국 상대에 있었던 아시아 여러 나라를 공격하는 문화적 침투의 하나였다. 즉, 서구세계가 아시아 제국으로 세력확장을 위해 채택한 사회적 수단은 간단히 말해서 군대에 의한 것, 기계물질에 의한 것, 교회에 의한 것, 학교에 의한 것들이었으며, 교회와 학교에 의한 것은 관념의 정복을 염두에 둔 것이었다. 즉 "민중의 마음과 마음"을 사로잡는 것이었다(Lewis, 1903 ; Smith, 1980). 일본의 경우, 개항 처음부터 그들은 미국의 선교사에 교육적으로 지배되어 있었으며, 이를 통해 일본은 영국으로부터 조선술을, 프랑스로부터 용병술을, 독일로부터 의술을, 미국으로부터는 교육제도를 모방, 자국에 이식시켰다. 문화적 삼투과정의 하나로서 문화적 종주국이 활용하는 교육적 삼투는 후진국에게 교육적 저발전의 발전현상을 초래시킨다.

  이런 맥락에서 본글은 문화적 제국주의의 결과로서 나타나는 후진국에서의 교육적 저발전의 발전에 관계된 내용을 세 가지만 가설적인 수준으로 제시한다. 가설적인 수준에서 교육의 저발전적 발전내용을 제시하는 것은, 교육적 신식민주의가 후진국에서의 모든 상황을 충분히 설명해줄 수 있는 그런 명백한 개념이 아니라는 인식이 필요했기 때문이다(Altbach & Kelly eds, 1976 : 39). 또한 이 개념이 해방정국 이후의 교육상황을 설명해 줄 수 있는 어떤 주요 개념이 될 것이라는 생각은 있으나, 이에 대한 구체적인 증거확보와 관련연구는 아직 미진한 상태이기 때문이다. 문화적 신식민주의의 결과물, 즉 후진국의 정치적 독립 후에 일어나는 문화적 종속의 결과를 구체적으로 파악하기 위해서는 후진국의 역사적 전통, 국제적 불평등 구조, 후진국내에서의 계층적 갈등이라는 세 가지 요소간의 상호관계를 고려해야 한다. 문화적 종속의 결과로서 나타나는 후진국에 있어서의 교육적 저발전의 발전현상 중 첫째 현상은, 빈번하지만 실행이 안되는 실패의 연속인 교육제도의 개혁운동이다. 교육제도의 개혁방향은 문화적 종주국의 교육제도와 피상적으로 유사한 특징을 갖고는 있지만, 한번 정해진 교육제도는 빈번한

교육개혁운동에 대한 논의에도 불구하고 좀체로 변화되지 않는다. 이중
에서도 고등교육에서의 개혁은 좀체로 후진국에서 일어나지 않는다. 왜
냐하면, 후진국의 고등교육은 그것의 조직형태가 후진국의 특수 조건과
상황을 반영한다고 하더라도, 궁극적으로는 문화적 종주국의 고등교육
의 국제적 질서와 밀접히 관련되어 있기 때문이다(Altbach & Kelly
eds. 1976). 한국의 교육발전상황, 교육개혁의 역사와 교육개혁의 내용
을 해방 이후 연대별로 논의해보면 이 가설은 어느 정도 설득력이 있
는 것 같다.

둘째, 후진국에 있어서의 교육적 저발전의 발전현상으로 나타나는 것
으로서 문화종주국의 지식생산적 우위성에 대한 자만적인 수용과 그로
인한 문화적 종주국의 문화대부적(文化代父的) 권리의 인정을 들 수 있
다. 즉 지식창출과 교육적 주도권이 문화적 종주국에 집중되어 있기 때
문에 문화적 종주국에 유수한 고등교육기관과 연구기관, 연구시설이 밀
집되어 있고, 학술지 발간이 빈번하게 된다(Watson, 1982 : 182). 해방
이후 한국과 미국간의 학문적 발전관계, 교육원조의 역사 역시 미국에
의한 문화대부적 지원 관계의 맥락 속에서 해석될 수 있다는 점에서
이 가설 역시 타당성에 확보될 수 있다고 볼 수 있다.

후진국에서 학문적 필요성이나 문화적 필요성이 있으면, 그 언제나
문화적 종주국의 학문·문화적 지원에 의존해야만 한다. 이런 문화적
의존현상은, 식민지 시대보다 훨씬 더 교묘하기 때문에 후진국 스스로
문화적인 의존적 자세와 문화적인 사대주의적 자세를 취하게 만든다(참
고 : Comparative Education Review 1971년 10월호 특집). 이런 식으로
후진국의 문화적 종속을 가속화시키는 물질적 조건으로서 각종, 각양의
원조 계획을 들 수 있다. 일부 학자들은(Magdoff, 1969 ; Hayter, 1971 ;
이대근, 정운영 편, 1984) 원조가 지배와 종속의 반대급부를 요구하는
하나의 조건부 기부행위라고 규정하고 있다. 이를 통해 문화종주국의
교육적 원조는 후진국의 교육의 저발전적 발전을 가속화시키면서 문화
적 종속을 정당화시키는 지배기제가 될 수 있음을 알 수 있다. 바로 이

점 때문에 미군정 이후 미국이 한국을 향해 투자했던 경제적 원조, 문화적 원조를 평면적인 상호호혜의 입장으로 설명하는 것은 무의미할 수밖에 없다.

> 경제원조는 좋은 사업이다. 그것은 선물도 아니고, 그렇다고 꼭 제국주의의 음모를 수반하는 것도 아니다. 한 나라가 자신의 경제이익을 촉진하는 것이 나쁜 것만은 아니다. 일본, 서구제국, 캐나다, 소련, 동구국가들은 수혜국에 대한 지배권을 획득하지 못하면서도 여러 형태의 원조를 제공하고 있다. 그러나 미국 원조의 문제는 그것이 지배의 수단으로 작용하고 있고, 또한 그 밑에 흐르는 '복지'사상이 그 지배구조를 정당화시키려 한다는 것이다. (Mende, 1973 ; 염홍철, 1981).

미국이 그들의 세계체제·질서체제를 기능적으로 유지하기 위해, 미국은 그 스스로 공식적인 원조계획을 세울 수밖에 없었다. 이런 원조계획은 2차 세계대전이 끝나면서 시작된 냉전의 시기에서 더욱더 고조되었으나 냉전이 약화되면서부터는 원조계획도 그것에 덩달아 약화되었다. 그러나 원조계획이 아예 폐지될 수는 없었다. 왜냐하면, 원조는 문화적 삼투를 통해 후진국으로부터 문화적 종속을 얻어내게 만들 뿐만 아니라, 자국의 경제에 긍정적인 효과를 가져다 주는 반대급부가 있었기 때문이다.

> 우리의 해외원조계획은 분명히 미국기업에 혜택을 주고 있다…… 대외원조는 미국상품과 용역에 즉각적이고 상당한 시장을 제공해 준다…… 대외원조는 미국의 회사들을 위해 새로운 해외시장 개발을 촉진시킨다.(Magdoff, 1969 : 176)

교육적 저발전의 발전현상에 의해 야기되는 세번째 결과는 문화적 종속국내에서 교육을 둘러싼 계급갈등 내지는 지배·피지배 집단 간의 문화·정치·경제적 괴리현상의 심화이다. 이 가설은 한국과 미국간의 문화적 관계를 논의하는데 표피적인 것에 대한 해석보다는 심층적인 것에 대한 해석을 요구한다는 점에서 보다 체계적으로 논의될 필요가 있다. 문화 종주국의 분할기제, 즉 문화적 종주국의 지배세력과 문화적 종속국의 지배세력간의 이해관계가 일치되어, 그 이해관계의 유지가 문화적 종속국에서 검증되는 과정에서 문화적 종속국에서는 지배집단과 피지배집단 간의 사회정치적 갈등이 심화된다. 이때 사대주의자 집단의 역할과 이 집단의 이해관계를 재생산시켜야 하는 과제가 필요하게 된다. 문화적 종주국의 입장에서 본다면, 학교교육을 통해 계급구조가 은폐되고 유지되는 현상은 그들의 음모에서 비롯된 것이 아닐 수도 있다. 즉, 문화종속국의 아동을 식민지화시키기 위한 시도아래 문화적 종주국의 지배자들이 학교를 활용하지는 않는다. 종속국에서는 자신들의 공통이익을 위해 행동하는 권력을 쥔, 경제·정치·문화적 집단들은 문화적 종주국의 지배자가 베풀어주는 조언 없이도 각종의 국가기구적 억압장치를 이용, 자신들의 집단적 이해관계를 위해(Collins, 1971 : 1002 – 1019 ; Hurn, 1978) 학교교육을 적절히 활용하게 마련이다. 역사적으로 경제적, 사회적 변동이 일어나는 시기에는 결정적인 갈등이 사대주의적 권력구조에서 우선 먼저 발생하였다. 이어 학교교육은 이런 갈등에서 성공한 사회지배집단의 문화적 욕구에 성공적으로 부응해왔다. 갈등이 권력쟁취지향적인 지배집단 속에서 일차적으로 야기되어, 그들 손에 의해 패권도태적으로 해결되면, 그 후에 일어나는 것은 그들 지배 지위집단과 일반 민중 간의 문화적 갈등이었다. 이를 해결하기 위해 지배자들은 학교교육의 재생산 기능을 더한층 촉진시켜 나간다(Bowles & Gintis, 1976 ; Apple, 1979 ; Giroux, 1983).

　이런 교육적 저발전의 발전에 대한 논리를 한국상황에 적용 설명하기 위해서는 해방정국의 교육적 상황과 교육 패권 쟁취를 둘러싸고 일어난 지배집단들간의 갈등이 우선적으로 상징되어야만 한다.

참고문헌

강만길.(1984). **한국현대사**. 서울 : 창작과 비평사.

강순원.(1986). "한국 자본주의적 교육제도 형성의 사회적 조건." 성내운 선생 화갑기념논총(민족교육의 반성). 서울 : 학민사.

고려대아세아문제연구소.(편). (1984). **한국문화에 미친 미국문화의 영향**. 서울 : 현암사.

김경동.(1979). **발전의 사회학**. 서울 : 문학과 지성사.

김종철(1981). **세계안의 한국교육**. 서울 : 배영사.

돌베개.(편). (1982). **한국현대사의 재조명**. 서울 : 돌베개.

리챠드 라우터백.(1983). **한국미군정사**. 국제신문사(역), 서울 : 돌베개.

문교부.(1980). **한국교육30년사**. 서울 : 문교부.

박상만.(1959). **한국교육사下**. 서울 : 중앙교육연구소.

박준희.(1984). **한국교육 : 누가 책임질 것인가**. 서울 : 교육과학사.

새한신문사.(1971). **한국교육연지사**. 서울 : 대한교육연합회.

염홍철.(1981). **종속이론**. 서울 : 법문사.

오천석.(1972). "군정문교의 증언", **새교육**, 213호, 214호, 216호.

오천석.(1973). **발전한국의 교육이념탐구**. 서울 : 배영사.

오천석.(1975). **외로운 성주**. 서울 : 광명출판사.

오충근.(1986). "분단사의 재조명". **사회과학과 정책연구**.

유희원.(1986). "미군정기 교육주도세력의 정치사회적 성격과 교육개혁 시도의 한계". 연세대 교육대학원 석사학위 청구논문.

이광호.(1983). "미군정기 한국교육의 체제성에 관한 고찰." 연세대 석사학위 청구논문.

이대근.(1987). "한국전쟁과 1950년대 자본축적―원조의존축적론의 비판적 극복을 위한 일 시론." 미간행 박사학위논문, 서울대학교.

이대근, 정운영.(편). (1984). **한국자본주의론**. 서울 : 까치.

이숙경.(1983). "미군정기 민주화의 성격과 민주주의 교육이념의 한계." 이화여대 석사학위 청구논문.

이영덕 외.(1976). **국가발전에 대한 교육의 기여**. 서울 : 한국교육개발원.

이종각.(1986). "미국교육이론의 도입 및 적용과정에 관한 연구." **사회과학연구**
    (강원대), 24집. pp. 147-171.
정범모, 정원식. (편). (1972). **교육과 국가발전**. 서울 : 교육출판사.
차경수.(1977). **발전교육이론**. 서울 : 교육출판사.
최혜월.(1986). "국대안 반대운동의 이념적 성격에 관한 교육사회학적 접근."
    연세대 석사학위 청구논문.
한국교육개발원.(1978). **교육발전의 전망과 과제**. 서울 : 한국교육개발원.
한국교육개발원.(1985). **한국교육정책의 이념-1차연도 : 민족교육의 시도와**
    민주교육의 수립(1945-60). 서울 : 한국교육개발원.
한국교육문제연구소(1974). **문교사**. 서울 : 중앙대학교 출판국.
한국교육10년사간행회.(편).(1960). **한국교육10년사**. 서울 : 풍문사.
한길사.(편).(1980). **해방전후사의 인식**. 서울 : 한길사.
한길사.(편).(1986). **해방전후사의 인식(2)**. 서울 : 한길사.
한명화(1986). **한미 관계의 정치 · 경제**. 서울 : 평민사.
한성진.(1986). "미군정기 한국교육엘리트에 관한 연구." 연세대 석사학위청구
    논문.
한준상.(1986). "한국의 특수상황과 민족교육." **덕성여대신문**. 10월.13일.
황성모.(편). (1987). **분단사회의 평가적 인식**. 성남 : 한국 정신문화연구원
Altbach, P.G.(1982). *Higher education in the third world.* Singapore :
    Maruzen Asia.
Altbach, P.G.& Kelly, G.P.(eds.)(1976). *Education and colonialism.* London :
    Longman.
Apple, M.W.(1979). *Ideology and curriculim.* London : Routledge & Kegan
    Paul.
Bowles, S. & Gintis, H.(1976). *Schooling in capitalist America.* New York :
    Basic Books.
Carnoy, M.(1974) *Education as cultural imperialism* New York : Mckay
Collins, R.(1971). "Functional and conflict theories of educational stratfication."
    American Sociological Review, 36, pp. 1002-1019.
Cumings, B.(1981). *The origins of the Korean war.* Princeton : Princeton
    University Press.

Cumings, B.(1983) *Child of conflict.* Seattle : University of Washington Press.

Cumings, B.(1984). *The two Korea.* New York : Foreign Policy Association.

Giroux, H.(1983) *Theory and resistence in education.* South Hadley, M.A :
    Bergin & Garvey.

Hayter, T.(1971). *Aid as imperialism.* London : Penguin.

Hum, C.J.(1978). *The limits and possibilities. of schooling.* Boston : Allyn
    and Bacon.

Kang, H.M.(1970). "The United States military government in Korea : 1945 −
    1948". Unpublished Doctoral Dissertation, Univesity of Cincinnati.

Kim, D.K.(1984). "American influence on Korean educational thought during
    the period of U.S.military government, 1945 − 1948." Unpublished
    Doctoral Dissertation, University of Connecticut.

Lewis, R.E.(1903). *The educational conquest of the Far East.* London :
    Fleming H.Revell.

Magdoff, H.(1969). *The age of imperialism.* New York : Monthly Review
    Press.

Mende, T.(1973). *From aid to Recolonization.* New York : Pantheon Books.

Midgley, J.(1982). The social dimensions of development. Chichester : John
    Wiley.

Nathan, J. A.& Oliver, J.K.(1976). *United States foreign policy.* Boston :
    Little Brown

Ribes, B. *et al.*(1981). *Domination or sharing..* Paris : Unesco Press.

Smith, A.(1990). *The geopolitics of information.* New York : Oxford University
    Press.

Spengler, J.J.(1961). "Theory, ideology, non−economic values and politiceco-
    nomic development." in R. Braibanti & J.J. Spengler (eds.). Tradi-
    tion values and socioeconomic development, Durham, NC : Duke
    University Press.

Spitzberg, I.J.(ed.).(1980). *Universities. and the international distribution of
    knowledge.* New York : Praeger.

Wallerstein, I.(1974). *Modern world system.* New York : Academic Press.

Wallerstein, I.(1979). *The Capitalist world economy.* New York : Cambridge University Press.

Wallerstein, I.(1984). *The politics of world economy.* New York : Cambridge University Press.

Watson, K.(ed.).(1984). *Dependence and interdependence in education.* London : Croom Helm.

Watson, K.(1982). "Educational colonialism – the ongoing colonial legacy." in K. Watson (ed), Education in the third world London : Croom Helm.

Ⅲ. 문화적 제국주의와 교육패권집단의 동맹

1. 문화적 제국주의의 이론적 기저

(1) 제국주의론과 문화적 제국주의

문화적 제국주의에 관한 논의는 1970년대 이후 제삼세계 국가들의 문화에 대한 새로운 인식에 그 기초를 두고 있다. 신식민지적 문화침투, 문화종속이 새롭게 문제시되기 시작했다.

'제국주의'라는 개념은 본래 실력있는 통치자가 유럽이나 해외의 영토에 대해 사적인 종주권을 행사하는 것을 의미했다. 즉 나폴레옹 3세 등의 해외팽창정책을 지칭하는 정도였다(Mommsen, 1980 : 15−16). 제국주의론은, 20세기에 들어서 홉슨(J.A. Hobson)과 레닌(V.I. Lenin) 등에 의해 체계적인 모습을 갖추기 시작했다. 칠코트(R.H. Chilcote)는 그 후 다양하게 전개되어 온 제국주의론을 자유주의적 비마르크스적 제국주의론과 급진적 마르크스적 제국주의론으로 구분하고 있다(Chilcote, 1988 : 413). 그에 의하면, 전자에는 홉슨, 카우츠키(K. Kautsky), 슘페터(J. Schumpeter), 갈퉁(J. Galtung) 등이 속하고, 후자에는 힐퍼딩(R. Hilferding), 부하린(N. Bukharin), 레닌, 룩셈부르크(R. Ruxemburg), 바란과 스위지(P. Baran & P. Sweezy), 맥도프(H. Magdoff) 등이 포함된다.

자유주의적 비마르크스적 제국주의론의 가장 대표적인 인물은 슘페터이다. 그는 제국주의를 무제한의 강제적 팽창을 지향하는 국가의 무목적적 성향으로 정의한다. 그에 있어 자본주의와 제국주의는 공존할 수 없는 것으로 제시된다. 순수한 자본주의 세계는 제국주의적 충동에 비옥한 토양을 전혀 제공할 수 없다. 자본주의에 의해 생성된 제요인들은 전쟁 또는 팽창성향에 근본적인 반대요인으로 작용한다(슘페터, 1981 : 91 - 100).

갈퉁은 비마르크스주의자들이 일반적으로 수용하는 구조적 제국주의론을 제시하였다. 제국주의를 자본주의하에서 팽창하는 경제력으로 인식하는 레닌적 입장의 환원론적 경향에 이의를 제기하고, 대신 제국주의를 집단간의 구조적 관계로서 인식하였다. 제국주의는 '집단을 분열시키고, 어떤 부문은 서로 이익의 조화관계를 맺고 있고, 다른 부문은 이익의 부조화 또는 이익의 갈등을 일으키는 하나의 체계'로 정의된다. 즉 제국주의는 중심부와 주변부의 수많은 관계라는 맥락에서 규정되고 있는데, 그 관계는 구조적 종속을 특징으로 하고 있다(Chilcote, 1987 : 418 ; Mommsen, 1980 : 157).

이러한 구조적 종속의 기제는 착취, 침투, 분열화이다. 또한 구조적 종속을 특징으로 하는 중심부와 주변국의 관계는 정치, 경제, 군사, 커뮤니케이션 혹은 문화적 차원에서 형성될 수 있는 것이다(린드크비스트, 1986: 130). 즉 갈퉁에 있어 제국주의는 경제적, 정치적, 군사적, 커뮤니케이션, 문화적 제국주의 등 5가지 유형으로 제시되고 있다.

마르크스적 제국주의론 중 가장 많은 논란의 대상으로 되어 왔고, 후대에까지 지대한 영향을 끼친 것은 레닌의 제국주의론(Imperialism : The Highest Stage of Capitalism)이다. 레닌은 제국주의가 자본주의의 독점단계라고 단정했다. 레닌은 제국주의의 다섯 가지 측면을 다음과 같이 제시했다. 1) 독점체를 창출할 정도까지 이른 생산과 자본의 집중. 2) 산업자본과 금융자본의 합병. 그리고 금융자본을 기반으로 한 금융과두제의 창출. 3) 상품수출과 구별되는 자본수출의 특별한 중요성 획득. 4) 세계를 공유하는 국제적인 독점자본 연합체 형성. 5) 최대 자본주의 열강들에 의한 세계 영토분할의 완성(Lenin, 1988 : 233). 이러한 제국주의의 다섯 가지 표지는 '독점'이라는 경제적 본질에서 필연적으로 도출되는 독점자본주의의 주요한 표상이다. 이러한 독점형성의 필연성은 '자본론'에서 이미 해명되어 있는 바, 자본주의의 자유경쟁하에서 생산의 집적이 필연적으로 독점을 초래한다는 점이 그것이다. 바로 이런 측면에서 레닌의 '제국주의론'은 마르크스 '자본론'의 계승 발전이라는 평가가 내려진다(眞木實彦, 1987 : 57-58).

물론 레닌·홉슨 등의 고전적 제국주의론은 일종의 현대적 제국주의 이론으로 볼 수 있는 종속이론(참고 : Brewer, 1984)에 의해 비판받는다. 즉 제국주의의 문제를 종속국가들의 관점에서 파악하지 못하였다는 점이(아민, 1980 : 40) 비판당한다. 종속이론가들은 바란의 제국주의론을 수용하여, 중심부 독점자본의 주변부로의 침투는 주변부의 정체를 유발한다는 점을 강조하고 있다(에반스, 1984 : 358).

종속이론에는 다양한 유파가 존재하고 또한 통일적인 체계를 결여하고 있지만, 다양한 입장을 관류하는 기본적인 문제의식은 자본주의 발전법칙에 내재되어 있는 국제적인 차원에서의 서열적이고 착취적인 성격에 놓여 있다(임현진, 1987 : 6). 종속이론의 구성논리로서는 1) 이중경제론에 대한 비판, 2) 중심·주변이론, 3) 불평등 교환론, 4) 종속적 부르조아지론을 들 수 있다(서관모, 1984 : 251-254). 종속이론에서 '종속'개념은 일반적으로 경제적 종속을 지칭한다. 그러나 반드시 경제적인 의미만을 함축하는 것은 아니며, 정치·군사·기술·정보·문화 등 여러 차원에서 형성될 수 있는 것이다. 어떠한 차원에서 규정되든, 그 요체는 외세 또는 외국문물의 침투로 인해 자율성을 상실하게 되는 것을 의미한다(김호진, 1984 : 97). 왈러스타인(I. Wallerstein)에 의하면, 자본주의적 세계경제의 팽창은 문화제국주의의 자기정당화의 기제를 갖는다. 즉 자본주의 세계경제의 팽창과정에서 이른바 서구화, 근대화란 이름아래 세계적·부르조아적 문화가 과학적, 보편적 문화라는 관념으로 강요·세뇌됨으로써 보편주의에 대한 신앙이 하나의 이데올로기로서 정착되고, 그러한 과학주의·보편주의 신앙은 타국의 부르조아지, 전문가, 관료, 기술자 및 교육자들에게 신봉되며, 그것은 궁극적으로 생산과정의 통합강화, 원활한 자본축적의 진행에 기여하게 된다. 또한 자본주의 팽창과정에서는 주변부의 문화개혁이 강요되기도 한다(Wallerstein, 1983 : 94–97). 이상과 같이 논의한 다양한 제국주의의 개념 속에는 공통적으로 두 가지 구성요소, 즉 지배와 착취요소가 내재되어 있다. 비마르크스적 자유주의론자와 마르크스주의자 사이에는 전자가 지배와 착취관계를 자본주의와 양립할 수 없는 것으로 보거나 굳이 자본주의에 국한시키지 않는 반면, 후자는 그것을 전적으로 자본주의 발전과정상의 불가피한 현상으로 제시한다는 차이가 있을 뿐이다.

　문화적 제국주의론은 제국주의론 특히 마르크스적 제국주의론과 종속이론을 그 이론적 기저로 삼고 있다. 전자에 의거 종속적 문화산업의 구조와 역사적 발전과정을 실증적으로 밝히는 동시에 삼세계의 문화산업·미디어산업 역시 세계 자본주의체제의 시장논리에 따를 수밖에 없다는 점을 드러내고 있다. 예컨대 쉴러(H. I. Schiller)에 의하면, 문화지배는 자본주의 경제구조의 필요성에 의해 창출된 것이고 세계시장이 최우선의 필요조건으로 하는 것이므로 세계시장구조가 계속 지원·발전시키게 될 영속적인 형태를 갖는 것으로 주장된다(Schiller, 1976 : 8). 또한 문화적 제국주의론은 종속이론을 원용함으로써 구미 다국적 기업에 의한 문화지배 과정과 구조를 설명하고 삼세계의 문화산업이 세계 자본주의체제의 이데올로기적 하부구조를 형성하고 있다는 사실을 규명해 내고 있다(강명구, 1987 : 467).

　문화적 제국주의 개념은 한 사회가 어떤 과정을 밟아 세계체제에 통합되는가, 그리고 그 사회의 지배계급이 어떻게 유혹, 압력, 강압, 또는 뇌물에 의해서 세계체제 중심국의 지배세력의 가치 및 구조의 존속과 발전에 봉사하는 새로운 사회제도를 형성하고 있는가에 대한 종합적 설명을(Schiller, 1976 : 11–12) 시도한다. 즉, 문화적 제국주의는 자본주의 세계체제 중심부의 주변부에 대한 문화지배, 문화침투 현상을 지칭하는 개념이다. 문화적 차원에서의 지배 종속관계의 형성은 자본주의 세계체제 내에서의 제국주의적 지배·착취관계에 완결성을 부여한다.

　그러나 문화종속은 외부의 적에 의한 침략의 결과라기보다는 국가발전이라는 미명아래 종속적 **지배계급** 스스로 **선택**한 결과이기도 하다. 이러한 선택을 통해 주변부의 문화는 세계적 자본주의 문화에 동질화되어 간다. 그 결과 대다수 국민의 삶의 선택권은 제한되고, 전반적인 삶의 조건이 외부로부터 형성되어 간다(Dagnino, 1980 : 299-300, 305). 요컨대, 문화종속, 문화침투, 문화동질화는 세계 자본주의 경제체제 내에서의 중심부와 주변부의 지배세력들간의 통합체계에 의해 실행된다는 점에 주목해야 한다.

(2) 문화적 제국주의의 전략과 기제

문화적 제국주의의 개념을 분명히 이해하기 위해서 제국주의 개념 붙박혀 있는 두 가지 구성요소, 즉 지배와 착취요소가 파악되어야 한다. 제국주의의 첫번째 구성요소로서 논의될 '지배'의 개념은 피지배국을 어떤 형식으로 억압하고 있는가 하는 억압의 관계와 억압의 구조에 대한 이해를 통해 제국주의의 유형을 갈라내게 만든다. 제국주의에 붙박혀 있는 지배요소에 의하면, 제국주의는 형태상으로는 군사적 제국주의, 경제적 제국주의, 문화적 제국주의 등으로 분류된다.

제국주의를 구성케 만드는 두번째 요소는 '착취'이다. 착취는 제국주의 국가가 종속국가로부터 재화나 경제적 잉여를 뽑아내는 지배의 한 형태이지, 결코 종속국가와 지배국가간에 벌어지는 경제적 잉여의 전이 형태가 아니다. 제국주의에 있어서 착취 개념은 재화축적의 공정성·불공정성 여부를 구별하지 않는 개념이다. 착취 개념은 단순히 제국주의 국가가 다른 나라에 기반을 둔 자국의 경제적 기구나 기업의 영향을 통해 종속국의 재화, 경제적 잉여를 뽑아내는 행위 그 자체만을 의미한다.

본 글에서 강조하는 점은 이런 일반적 제국주의가 모든 사회에 하나같이 적용된다는 점이다. 자본주의 국가이든 사회주의 국가이든 관계없이 모두 적용되는 점을 강조하고 싶다.

또한 본 글은 국가간의 제국주의적 관계와 제국주의 구조가 꼭 자본주의적 중심국가와 주변국가간에만 국한되어 있는 것도 아니라는 점을 시인한다. 이런 관계는 20세기에 들어와 선진 자본주의 국가간에도 일어나고, 선진 사회주의 국가간에도 제국주의적 관계와 구조가 형성된다. 예를 들어, 미국과 캐나다의 사회·정치·군사적 관계는 제국주의적 지배와 식민지적 종속현상으로 설명되며, 북경과 평양, 모스크바와 프라하의 관계 역시 제국주의적 지배구조를 반영하고 있다. 결국 문화제국주의의 문화침투 역시 제국주의 세력이 어떤 형식이든 다른 나라를 향한 문화적 지배와 착취를 정당화시키는 구조적 폭력현상이었다는 것은 부인하기 어렵다.

구조적 폭력현상은 어떻게 정당화되는가? 구조적 폭력으로서의 제국주의가 정당화되는 과정과 현상을 이해하기 위해서는 제국주의의 기제가 논의되어야 한다. 제국주의는 네 가지 기제를 동원, 활용함으로써 제국주의라는 구조적 폭력의 정당성을 확보한다.

제국주의를 성립하기 위해서는 지배국은 네 가지의 기제를 단계별, 혹은 혼합 병용시킨 고차원의 폭력관계와 폭력유형이라는 폭력구조를 종속국내에 구축시켜야만 한다. 제국주의가 성립하기 위한 네 가지 기제는, 첫째 불평등의 기제, 둘째, 침투의 기제, 셋째, 분할의 기제, 넷째, 변방화의 기제로 분류된다.

불평등의 기제는 국가간의 관계를 상호호혜라는 명목 아래, 비대칭적으로 만들어놓는 작업이다. 두 국가간의 비대칭적 관계가 누적되어 갈수록, 상호관계는 불평등관계로 변모된다. 즉, 어느 한 국가는 상호의존의 교환효과로부터 최대의 이익을 얻게 된다. 특히 경제적 불평등 관계를 구축하기 위한 착취는 세 단계를 거쳐 진행된다. 첫째, 지배국은 종속국으로부터 원자재, 원료를 아무런 보상도 제공해주지 않고 탈취한다. 이때 종속국은 노예상태로 전락한다. 그러나 이런 일이 언제나 가능할 수는 없다. 이때부터 지배국은 착취의 2단계로서 값싼 노동력을 최대한 활용한다. 즉 싼 값으로 종속국의 노동력을 활용하거나, 값싼 물건을 종속국에 제공한다. 그러나 항상 염두에 두는 것은 값비싼 것을 종속국으

로부터 취득해야 한다는 점이다. 지배국이 종속국에 제공하는 보상내용
은 보잘것없거나 우스꽝스러운 것이다. 예를 들어 노동력을 최대한 활
용하는 대신 피임도구를 무상으로 제공하는 식의 일을 전개한다. 마지
막 단계는 짐짓 종속국과 지배국간의 균형을 유지하는 척하는 단계이
다. 즉 상호호혜의 관계가 유지되는 식으로 나타나는 단계이다. 그러나
상호호혜의 결과나 효과는 구조적으로 차별적이며, 상호작용의 부정적
차이가 구조화되는 단계이다. 예를 들어 종속국에서 채취되는 원유라는
천연자원과 지배국의 트렉터가 서로 맞바꾸어지는 식의 상호호혜관계
가 유지되나, 실상으로 그 상호호혜 속에는 종속국의 전반적 사회구조
적 지배국에 예속되는 예속의 폭력구조가 내재되어 있게 된다. 종속국
민중이 원유를 지배자의 얼굴에 던져 보았자 그것은 소용없는 일이다.
왜냐하면 자동차를 만들 수 있는 지배국은 이미 탱크를 만들어 놓고
있기 때문이다. 종속국이 스스로 지배국과의 불평등 관계를 시정하거나
추월하고자 어느 특정분야에 역점을 두면 이미 지배국은 다른 신분야
를 개척해내고 있게 된다. 즉, 종속국이 비행기 부품을 만들 수 있는 단
계에 들어오면, 이미 지배국은 로케트를 쏘아 올려, 우주경쟁을 하는 단
계로 넘어가 있게 마련이다. 한마디로 불평등 착취기제는 종속국에게
지속적인 압박감을 주며, 반대로 지배국은 최대의 이득을 보장받는 제
국주의 기제이다.

　'침투'는 제국주의의 정당성을 확보하기 위한 제국주의 성립의 두번
째 기제이다. 침투는 종속국으로 하여금 자율과 자존을 포기하게 만드
는 제국주의의 기제이다. 성공적인 침투는 종속국에게 복종·의존·공
포의 세 요소를 가미시킨 예속을 정당화시킨다. 침투기제에 의해 복종
과 종속의 의미가 보다 분명해진다. 성공적인 침투를 시도하기 위해서
는 침투의 전진기지나 교두보를 확보해야 한다. 국제기구나 포교기관
등과 같은 것이 침투의 교두보 역할을 담당한다.

　침투를 위한 전진기지에는 두 가지 사회문화적 현상이 풍미되어야
한다. 첫째, 주변국과 중심국간의 불평등 관계가 타당한 것으로 인식되

어 있어야 한다. 이때 중심국의 대중과 주변국의 대중간에는 그 어떤 유기적인 관계도 성립되지 않는다. 단지 두 계층간에는 대립·불화 관계만이 존재하게 만들어야 한다. 불평등 관계의 확산은 두 국가간의 생산관계가 수직적인 노동분화에 기초할 때 비로소 가능하다. 즉 생산양식에서부터 생산공급에 이르기까지 양국가간의 불평등한 상호작용과 교환현상이 상호호혜의 한 형식으로 이해되어야 한다. 둘째, 중심국의 지배집단과 지배집단간의 의식구조적인 조화가 필요하다. 즉 지배집단 수준에 상응하는 자유의 개념, 평등의 개념을 일반대중에게 내면화시키며, 통신수단의 확보 등을 통해 양지배집단의 이해관계의 유지가 최우선화되도록 만들어야 한다. 이해관계가 유지되는 과정 동안 돈과 자본과 언론매체가 삼위일체가 되어 지배집단의 이해관계 유지에 공헌하게 된다. 이해관계 유지의 기재는 양지배집단에 공생관계를 확인케 만든다. 즉 망하면 같이 몰락한다는 공생공사의 운명을 확인케 만든다.

문화적 공생관계는 중심국의 기업가나 과학자가 주변국의 동료를 만나러 가서, 그가 비행기를 내리는 공항환경에서부터 분명해진다. 바로 그 순간부터 그는 마치 자기의 고국에 있는 것처럼, 고국과 똑같은, 조건을 주변국으로부터도 즐길 수 있어야 한다. 칵테일 파티에서의 대화나 그들의 문화적 삶의 양식이 혼돈스러울이만치 종속국과 중심국간에 유사해야 한다. 그러나 도심지에서 몇 발자국만 더 내디디면, 곧 주변국의 빈민굴과 찌들린 가난의 형상이 즐비하게 깔려 있게 된다.

공생관계 유지는 주변국에서, 지배집단과 일반 대중간의 엄격한 사회·정치·경제적 차단을 요구한다. 왜냐하면 다수의 대중과 소수의 지배집단을 분리시킴으로써, 중심국은 싼 노동력을 이용할 수 있으며, 소비재의 수출을 용이하게 만들 수 있기 때문이다. 이로써 중심국은 주변국의 사회·정치·경제구조를 원격적으로 조정 주도할 수 있는 기반을 조성할 수 있다.

침투에 의한 교두보가 중심 및 주변국 양국간 지배집단의 공생구조 관계로 확보되었을 때, 복종의 의미와 종속의 의미는 정당화된다. 중심국의 제국주의적 지배와 착취의 정당성을 주변국이 내면화시킨 상태가 바로 복종의 상태이다. 예를 들어 양국이 중심국의 언어를 국어로 쓴다든가, 양국이 공통의 지적 풍토와 지적 논리를 구사한다든가 하는 현상에 대해 아무런 문제를 제기하지 않는 상태가 복종의 상태이며. 종속은, 주변국의 지배집단의 욕구가 주변국의 욕구로 대변 변질됨으로써 끝내 주변국은 중심국의 욕구만족을 위한 하부구조로서 중심국의 생산구조 얽매여드는 상태이다. 종속이 정당화되면 중심국은 주변국에 새로운 생산양식과 생산틀을 제공하는 중심제공처가 된다. 이런 종속현상은 약물중독처럼 고질화된다. 이때부터 종속국은 중심국을 경제적 피신처, 문화적 피신처, 군사적 피신처로 여기게 된다. 예를 들어 동구의 체코슬로바키아나 헝가리가 소련을 마치 모국으로 대접하는 것은, 소련이 체코나 헝가리의 군사적 피신처임을 예시하는 하나의 예에 지나지 않는다. 미군정 실시 이래 한국에서 양성된 한국의 지도자들은 대체로 미국식으로 편향된 미국 선호주의자들임을 부정하기는 어렵다는 것이 바로 이런 논의를 가능하게 만든다.

제국주의의 정당성을 확보하기 위해 중심국은 '분할'의 기제를 동원한다. 분할은, 한 국가를 착취할 수 있는 중심국은 다른 나라도 착취할 수 있다는 명제에서 비롯된다. 분할을 하기 위해서는 침투와 성공적인 전진기지의 확보가 중요하다. 분할은 중심국과 주변국들과의 관계가 위계적이면서 동시에 중심국과 위계적 질서를 맺고 있는 주변국들간에는 아무런 상호작용도 일어날 수 없게 만드는 제국주의적 정당화 기제이다. 주변국간의 상호작용을 봉쇄하기 위해서, 중심국은 주변국간의 지리적 거리를 이용하거나 사회정치적 거리를 이용하여 각국의 교제를 분리시키기도 한다. 때에 따라서는 주변국들을 이간질시켜 상호반목하고 갈등하도록 만들기도 한다.

분할의 기제에 의해 주변국들은 중심국을 상대하기 위한 정책이나 장면에 동등한 자격으로 끼이지 못한다. 각 주변국은 분할에 의해 서로 다른 삶의 방식을 택하게 됨으로써 서로는 아무런 문화적 관계를 갖지도 못한다. 때로는 각 주변국끼리 갈등을 일으키고 분화하게 된다. 주변국간의 반목이나 불화는 궁극적으로 중심국의 지배집단에 이득을 준다. 중심국과 주변국이 사회·정치·문화적으로 갈등하게 될 때, 분할의 기제는 중심국의 구지배집단과 중심국의 민중집단간의 화합을 촉진시키는 부수효과도 갖고 온다. 왜냐하면 중심국에서 대중들이 자기들의 지배집단을 바꾸고 싶어도 새로 등장하는 신지배집단이 자기가 속한 중심국과 주변국들간의 종속관계를 망치거나, 불이익을 줄 수 있다는 우려가 심정적으로 작용하기 때문이다. 결국 주변국들을 성공적으로 분할시키고, 중심국의 지배집단은 영속적인 지배를 보장받을 수 있으며, 사회적 변혁이나 혁명은 중심국이 아니라 주변국에서만 폭발적으로 혹은 파괴적으로 야기된다.

제국주의의 정당성과 지배집단의 지배는 이중분할을 성공함으로써만이 가능하다. 즉 주변국가들간의 분할과 국가내 계층집단간의 분할을 성공적으로 유도 유지할 때 제국주의적 정당성과 지배집단의 패권유지가 가능해진다. 후자, 즉 한 국가내의 분할현상은 계급대립과 계급모순인 국내적 식민주의의 한 형식으로 이해되기도 한다. 이중분할은 중심국이 주변국의 지배체제를 이원화시켜, 주변국의 지배집단과 주변국의 대중집단을 분할시켜 제국주의의 정당성을 확보하게 만든다. 즉 중심국은 주변국 지배집단의 이해관계를 보장해주는 척하면서, 이 지배집단을 불신하며 직접 주변국 대중집단을 주변국지배집단과 분리시켜 각기 동등하게 지배하게 만든다. 이리하여 주변국의 주변집단은 중심국의 지배집단 중심국의 주변집단, 주변국의 지배집단으로부터 삼중적으로 착취당한다. 이때, 교육은 알튀세르가 말하는 이데올로기 국가기구로서 혹은 클라크와 디어가 말하는 하위 국가기구로서 문화적 재생산에 기여한다.

제국주의의 정당성을 확보하기 위해 중심국이 활용하는 마지막 제국주의적 기제는 변방화 기제이다. 변방화는 개별적 제국주의를 예속중심 협력적 제국주의로 전환시키는 과정에서 나타난다. 즉 변방화는 특정 중심국과 특정 종속국과의 일대일의 개별적 제국주의적 관계를 중심국들의 이해관계에 합당한 중심국끼리 결탁하여, 각 중심국에 예속된 종속국들을 한데 묶어 집단적으로 유지시키는 제국주의 유지 정책이다.

개별적 제국주의가 협력적 제국주의로 전환될 때의 징조로서 국제조직기구의 창출을 지적해볼 수 있다. 국제조직에는 중심국과 종속국이 동등한 자격으로 참여하지만, 실질적인 주도권 행사에 있어서 두 국가간의 서열과 경계는 철저히 구획된다. 국제기구에서의 중심역할은 일등국가인 발전국이 담당하고, 보조역할은 종속국이 전담한다.

중심국은 제국주의의 유지를 위해 국제사회에서 끊임없이 자기 패거리를 구축하며 자기 이해관계에 반하는 외부세력을 갈라낸다. 중심국은 변방화 기제에 의해 외부세력인 중심국과 이와 관련된 주변국을, 고립시키면서, 문화·정치·군사·사회의 중심을 자기 패의 중심국에 고정시킨다. 예를 들어 유엔기구 같은 것은 중심국의 자기 패거리 형성을 위한 중심국의 전진기지 같은 역할을 수행한다. 제국주의적 패거리에 직접적으로 관여하지 않은 상태로 있는 독립 중심국도, 이데올로기가 같으면 같은 패거리의 기능을 담당한다. 예를 들어 미국은 유럽 경제공동체에 직접적으로 간여하지 않는 독립 중심국가이다. 그러나 미국은 경제·군사·정치적으로 주변국을 변방화시키면서 유럽경제공동체의 이해관계에 동참하고 있는 코포라티즘적인 중심국가인 것이다.

제국주의는 단순한 착취와 지배만을 의미하지 않는다. 노상강도는 제국주의가 아니다. 그것이 단순한 착취로서 간주될 수 있을지 몰라도 제국주의는 아니다. 제국주의는 구조적 폭력을 정당화시키는 고차원의 정치적 문화적 구조를 갖고 있어야 한다. 구조적 폭력의 정당성을 위한 고차원의 구조는 이미 지적했듯이 불평등·침투·분할·변방화의 기제를 통해 이뤄진다. 제국주의적 기제간의 고리와 연접을 가능케 만들며, 고차원의 제국주의 구조를 구축케 만드는 것이 바로 교육이다.

신식민지적 문화적 삼투나 문화적 종속은 외부의 물리적 힘에 의한 타생적 결과라기보다는 문화적 종속국의 지배세력이 그들 스스로의 문화적 이해관계를 위해 국가적 문화발전이라는 명목 아래 그들 스스로 외부의 문화적 힘에 종속자세를 보이거나 교두보적 역할을 선택한 결과이다. 결국 문화적 제국주의는 거시적인 입장에서 보면, 제국주의의 일반적 침투과정과 분할과정이 어떻게 작용할 수 있는가를 예시해주는 제국주의의 한 유형으로 이해될 수 있다. 문화적 제국주의는 기본적으로 주변국을 영속적인 학습자의 위치로 설정하는 특징이 있다. 즉 교사와 학생간에 일어나는 수직적인 노동분화처럼 중심국과 주변국의 관계가 위계적인 노동분화로 확정된다. 중심국은 교사의 위치를 점유한다. 즉 무엇을 가르칠 수 있으며, 무엇을 배워야만 되는지를 결정하고 규정해준다. 종교의 교리에서부터 과학의 원리에 이르기까지 모든 것이 중심국의 입장으로 선별·결정된다.

주변국은 배우며 수용하는 학습자의 위치를 그 스스로 인정하면서 중심국을 문화적으로 예우한다. 조선이 중국을 향해 보였던 사대주의가 바로 이런 예 중의 하나이듯이, 주변국은 중심국에게 가르쳐달라는 일보다 더 중심국을 즐겁게 만드는 일이 없음을 스스로 깨달아 중심국에게 문화적으로 조공한다. 중심국의 문화는 주변국에는 모형과 본보기로 수용된다. 만약 주변국이 중심국에게 무엇인가를 가르쳐주려고 한다면, 그것은 갈등과 불화를 불러일으키는 일이 된다. 예를 들어 체코는 소련에게 사회주의 이념의 실체를 가르쳐주려다가 소련에게 무력적인 봉변을 당했었다. 결국 주변국이 자국의 문화를 전수한다는 말은 함축적으로는 중심국의 문화를 주변국의 중심과 본보기 문화로 삼으며, 중심국의 문화적 지도자들의 권위를 수용하고 그에 뒤따르고 있다는 말을 의미하게 된다.

주변국과 중심국가간에는 문화적인 전이는 있지만, 이런 문화적 전이는 항상 시간적으로 지체화된 상황 속에서 전달된다. 문화적 지식과 이론에는 일정한 수명이 있다. 어떤 지식은 유행성적인 것이 있다. 주변국에서 수용하는 지식은 중심국에서는 유행의 말기나 이미 유행성이 가버린 것들이다.

문화적 제국주의는 기술분야에서도 노동의 불평등분화를 구조화시킨

다. 중심국의 과학자들은 주변국에 들어가서 원자료를 수집, 사람들의
태도나 견해를 청취해서 새로운 이론을 구성한다. 연구과정에는 필요상
주변국의 과학자들이 참여하기도 한다. 이렇게 다듬어진 연구결과는 제
품화되거나 이론화되어 다시 주변국으로 송출·판매된다. 한마디로 연
구 결과는 다시 중심국을 위한 제국주의 수단으로 재활용되게 된다.

　문화적 제국주의가 정착되어가는 동안 주변국에서는 '두뇌유출현
상'(brain drain)과 '노동력유출현상'(body drain)이 끊임없이 상호연관
적으로 야기된다. 이는 근본적으로 문화적 종속국에게 교육적 저발전의
발전현상을 심화시키는 요인으로 작용한다.

(3) 문화적 제국주의와 교육

　세계 자본주의체제의 주변부는 그 주변성으로 말미암아 발생하는 제
모순을 정당화, 은폐시키기 위한 강력한 문화적 이데올로기적 장치가
절실하게 요청된다. 그러한 정당화 및 은폐기능이 효과적으로 발휘되었
을 때, 세계 자본주의체제의 제국주의적 질서는 더욱 확고하게 유지·
강화된다. 여러 논자들에 의해 이러한 문화적 이데올로기적 장치의 하
나가 교육인 것으로 제시되고 있다.

　교육을 문화적 제국주의의 일 수단으로 파악하는 논자들은 고전적
마르크스적 제국주의론보다 종속이론을 더욱 많이 원용하고 있다. 종속
개념, 중심·주변, 세계체제 등의 분석범주를 곧장 이용한다(참고 :
Arnove, 1982 ; Altbach, 1982). 그러나 종속이론 자체가 레닌적 제국주
의론의 영향을 받은 것이므로, 거기에는 제국주의론이 이론적 기저로
작용하고 있다고 볼 수 있다.

　교육을 문화적 제국주의의 일 수단으로 파악하는 연구자들의 기본가
정은 중심부와 주변부간에는 지식과 교육실제의 불평등한 이전이 존재
하며, 그것은 주변부에 불리하고, 주변부의 통제하에 있지 않다는 것이
다(McLean, 1984 : 21). 다시 말하면, 문화적 제국주의적 교육적 지배

혹은 교육적 침투는 최소한 네 가지 가정을 요구하고 있다. 첫째, 문화
적 종주국과 문화적 종속국간에는 지식과 교육실천의 불평등한 전이현
상이 있다는 전제가 있어야 한다(Carnoy, 1977 ; Altbach & Kelly eds,
1978 ; Spitzberg ed., 1980 ; Wells, 1972 ; Goonatilka, 1975). 문화적 제
국주의의 한 주요영역으로서 교육적 종속을 설명하기 위해 수용되어야
할 두번째 가정은 문화적 제국주의이론에서 빼놓을 수 없는 부분으로
서, 문화적 종주국과 문화적 종속국간에 거래되는 지식의 전이는 궁극
적으로 문화적 종속국에는 별 이득이 없거나, 심지어는 해당종속국 민
중에게는 해롭다는 점이다. 셋째, 전이되는 (선진국의) 지식에 대한 통
제나 영향력은 문화적 종주국에 의해 행사된다는 점과, 설령 문화적 종
속국에 의해 지식의 통제가 가능하다고 하더라도 그것은 문화적 종주
국의 사전계획이나 원격조정에 의해 실시되는 형식적인 지식통제라는
점도 인지되어야 한다. 마지막으로 문화적 종주국은 문화적 종속국에
필요한 '문화'가 무엇인지를 정의해주거나 규정해줄 수 있는 절대적
권리를 행사한다는 점도 문화적 제국주의론에 내재되어 있게 된다.

   알트박(P.G. Altbach)에 의하면, 세계인구의 30%를 차지하는 34개 개
발국이 각종 서적(book title)의 81%를 생산한 반면, 세계인구의 28%를
차지하는 18개 아시아 개발도상국은 1967년 현재 총 서적의 7.3%, 총
복사물의 2.6%를 출판하였다. 인구 백만명당 아시아는 32권, 유럽은
417권이었다(Altbach, 1975 : 227-228). 사회과학 저널의 경우, 전제의
62%가 미국, 영국, 프랑스에서 발행되었다. 또한 대부분의 순수·응용
연구는 서구에서 수행되고, 서구언어가 지식시장에서 지배적인 언어로
사용되고 있다(Altbach, 1982 : 475). 또한 세계 전체 사회과학자의 90%
가 산업개발국 출신이고, 총 연구개발 자금의 90%가 서구의 10개국에
서 지출되었는데, 그중 98%가 산업개발국에서 사용되었다(Gareau, 1983 :
383).

   학술서적, 저널 등의 지식교류 수단과 연구개발 자금이 개발국의 수
중에 놓인 결과, 그들은 지식의 세계적 흐름을 결정하게 된다. 이것은

제삼세계의 필요를 충족시키지 못함을 의미한다. 중심국과 주변국의 국제지식교류망에서 주변부 대학들은 부, 권력, 자원의 국제적 불평등을 반영하는 여러 요인의 복합적 결과로 주변적 위치에 서게 된다. 반면 주변부 대학들은 국내에서는 중심연구기관으로 활동한다. 그러나 국제 지식체계 내에서의 주변성 때문에 주변부 대학들은 외국의 모델을 기초로 하고 있으며, 외국 기관의 가치, 조직형태를 반영하고 있다(Altbach, 1980 : 43, 51 ; 1978 : 311).

마쯔루이(A. Mazrui)는 아프리카 대학들이 초창기에는 해방의 잠재력으로 기능하였지만, 이후 다국적 기업의 필요에 부응하는 문화지배의 현시물로 존재하게 되었다고 주장한다. 아프리카 대학들은 자국의 언어, 음악, 문화를 가르치는 대신, 유럽제의 문화상품을 판매하는 일종의 상업에 종사해 왔고, 다국적 기업이 필요로 하는 서구화된 인력의 양성, 교육받은 엘리트의 서구화를 통한 상품시장의 창출에 기여하였다. 즉 아프리카 대학들은 문화침투, 문화종속, 문화지배를 영속화시키는 주요 기관이었으며, 그것은 다국적 기업의 필요에 부응하는 기능을 하였다고 평가되고 있다(Mazrui, 1975 : 194-199).

연구물의 출판, 분배수단, 지적자원의 불균형뿐만 아니라 개발국의 지배적인 이론, 방법론이 연구와 교육에 있어 국제적인 준거로 사용됨으로써 개발국과 저개발국간의 지적 불균형은 더욱 심화된다. 저개발국 출신의 해외유학자들은 개발국의 상황에 적합한 기술, 가치를 배우기에 여념이 없고, 귀국후에도 미국 또는 유럽의 대학들과 긴밀한 학문적 유대관계를 맺고 있다. 따라서 삼세계의 대학·연구소들이 중심부 국가의 지적 전초기지의 역할을 함으로써 중심 주변간의 지적 수직관계를 강화하는 역할을 한다고 주장되기도 한다(Gareau, 1983 : 382).

중심국과 주변국간의 지적 불균형의 결과, 주변국의 학교교육은 신고전적 발전이론이 주장하는 것처럼 하나의 '해방시키는 과정', '아동을 전통적 개인에서 근대적 개인으로 변모시키는 과정'으로 파악되기보다는, 학교교육은 소수 계층에만 유리할 뿐만 아니라 학교지식은 아동을 식민화시키는 지식으로 기능한다. 또한 학교제도는 중심부 학교제도의 복사판이고, 중심부 경제구조의 복사판 역할을 하게 된다(Carnoy, 1977 : 33, 65-67).

그리고 저개발국의 지적 패러다임의 종속은 삼세계의 토착적인 지적 체계의 왜곡, 수입된 이론·방법론의 부적합성 등의 문제점을 유발한다(Alger & Lyons, 1974 : 139 ; Altbach, 1982 : 476-477 ; Gareau, 1983 : 382-383).

국제적인 지적 중심·주변관계 하에서 삼세계 학자들은 세 가지 선택의 기로에 서게 된다. 즉 국제 지식공동체의 일원으로 참여하거나, 단지 국내대학에서 승진확보에 전념하든지, 아니면 자신의 연구물을 지역사회의 비학문 영역에서 이용하거나, 관심을 갖게 하는 데 몰두하게 된다(Akiwowo, 1974 : 422). 또한 삼세계 학자들은 일정한 연구행위상의 특징을 보이게 된다. 알라타스(S. H, Alatas)는 아시아 사회과학자들의 사고경향을 '사로잡힌 정신'(captive mind)으로 표현하고 있다. 대부분의 아시아 사회과학자들은 과학적 과정에서 필요로 되는 '개조'과정을 거치지 않고, 유럽과 미국의 사회과학지식의 확대·이용에만 몰두해 있다는 것이다(Alatas, 1972: 9-10). '사로잡힌 정신'의 주요 특징으로 다음과 같은 점이 제시되고 있다. 첫째, 그러한 정신은 국내외에서의 고등교육의 산물이고, 무비판적 모방적 방법으로 서구사상에 의해 지배되고 있다. 둘째, 창조적이지 못하고, 독창적인 문제제기를 하지 못한다. 셋째, 기존의 편견에서 벗어난 분석적 방법을 고안해 내지 못한다. 넷째, 보편성과 특수성을 구별해 내지 못함으로써 보편적으로 타당한 과학지식을 국내상황에 적용시키지 못한다. 다섯째, 국내의 지적 전통으로부터 소외되어 있다(Alatas, 1974 : 691). 알트박은 그것을 '노예상태의 정신'(servitude of mind)으로 규정한다. 식민주의의 유산, 중심부 기관 또는 관행의 계속적인 침투로 인해 삼세계 내에서는 개발국을 근대적인 것의 표본으로 간주하고, 자국의 토착적인 모델을 경시하는 일종의 심리적 종속감이 형성되었다는 것이다(Altbach, 1982 : 474, 481).

2. 문화침투의 내적 조건과 교육패권동맹의 형성

중심부와 주변부간의 관계를 문화적 제국주의의 관점에서 논의하고, 그것을 다시 상부구조와 토대간의 관계와 관련시켜 규명하려 할 때, 특수한 역사적 산물로서의 교육패권동맹의 형성 배경과 그것의 교육내적 기능은 어떻게 제시될 수 있는가? 본 절에서는 이 문제를 중심적으로 논의한다.

먼저 교육패권동맹에 대한 구체적인 내용의 전개에 들어가기 전에 이에 관계된 개념들에 대한 기술이 필요하다. 교육패권 동맹에서 중요한 개념은 헤게모니이다. 몇몇 학자들은 이 개념을 정당화(legitimation)로 보거나 교화(indoctrination)의 과정인 허위의식으로 간주하고도 있다 (참고 : Miliband, 1969 ; Boggs, 1976). 이 경우 헤게모니는 단순히 이념적이고 문화적인 활동으로 축소해석된다. 그러나 헤게모니라는 현상은 헤게모니가 행사되어지는 여러 집단들의 이해관계에 대한 설명을 전제로 한다. 또한 어떤 타협적인 균형이 형성되어야 한다는 점도 상정한다. 즉 지배집단이 큰 이익을 위해 경제주의적 조합주의적인 이익의 희생을 어느 정도 감수해야 한다는 사실도 전제로 삼는다(Gramsci, 1971 ; 161). 따라서 헤게모니는 정치적·문화적인 것이기도 하지만 동시에 경제활동과 밀접한 관련을 갖는 개념으로 인식해야 한다. 이와 더불어 헤게모니 개념파악과 패권동맹과의 관련에서 간과되어서는 안될 점은 동의와 강제력 사이의 변증법적 관련성이다. 이점을 염두에 두고 헤게모니를 종합적으로 정의한다면, 헤게모니는 첫째 제도, 이데올로기, 관습, 도덕, 행위자 등으로 구성된 유기적 복합체로서, 둘째 그것은 언제나 사회내에서 표현되며, 사회내에서 포용적이며, 셋째 보편적인 세계관을 형성함에 필요한 정치적, 지적, 도덕적 지도력을 행사할 수 있는 능력(최장집, 1985 : 40)으로 나타난다. 즉, 헤게모니의 정상적인 행사는 강제력과 동의의 조합으로 나타나며 이 양자는 서로 균형을 이루어 그 강제력이 과도하게 동의를 압도하지는 않지만, 그럼에도 불구하고 이때 요구되는 그러한 동의는 강력한 물리적 강제력의 존재를 전제로 삼는다는 점이 주목받아야 한다. 강력한 강권력의 뒷받침이 없은 동의는 끝내 효과적으로 조직화될 수 없게 된다. 강제력은 또한 동의에 기반된 것인 양 믿도록 만들어져야만 한다.

그람시는 지금까지 논의한 헤게모니의 개념을 국가와 관련시킨다. 그가 국가개념을 사용할 때, 그는 국가를 좁은 의미의 국가와 넓은 의미에서의 국가 양자로 가르고 그것을 차별적으로 사용했다. 그가 '보통의' 또는 '제한적인' 등과 같은 형용사를 사용한 좁은 의미에서의 국가는 정부 혹은 강제력으로서의 국가를 의미한다(Sassoon, 1982 : 147). 반면 그가 논한 넓은 의미에서의 국가는 확장국가(extended state)이다. 그는 '국가는 정치사회와 시민사회의 복합체이다'라는 등식으로 "확장국가"개념을 제시하고 있는 데, 이때 국가는 '강제력의 갑옷에 의해 보호되는 헤게모니'(Gramsci, 1971 : 263)로 이해된다. 확장국가개념에서 표현된 국가는 통치기구뿐만 아니라 헤게모니적 기구를 의미한다. 따라서 국가는 강제력에 의한 지배의 역할과 헤게모니를 행사하는 복합체로 이해된다.

한 사회내에서 지배집단이 피지배집단 위에 행사하는 동의와 강제의 변증법적 관계와 확장된 국가에 대한 그람시의 견해는 우리가 본연구에서 논하는 교육패권동맹을 이해하는 데 매우 중요하다. 왜냐하면, 이 개념은 맑스적 의미의 시민사회, 경제사회의 유기적 발전에 기반을 갖지 못한 국가 또는 이러한 국가에서 경제적 토대로부터 창출되는 개혁의 의미를 새롭게 이해하게 만들기 때문이다. 변혁의 압력이 강하나 경제적 기반의 취약성으로 인해 그에 대한 대처능력이 확보되어 있지 않은 경우, 국가는 어떤 식이든 자체의 국가기구를 동원하여 스스로 발전의 조건을 창출하여야만 한다. 이러한 상황속에서 한 지배집단의 헤게모니는 대중적 기반에 있어서 약하며 동시에 그 집단내에서도 극히 제한적인 것으로 작용하게 된다. 제한적인 헤게모니 상황은 불가피하게 관료주의적·엘리트주의적 사회적 재생산 기제를 도입할 수밖에 없고,

그 결과 관료주의적 중앙집권적 통치형태를 취할 수밖에 없다. 교육패권동맹은 이와 같은 사회경제적 배경 속에서 관료적·중앙집권적 교육집단체제로 형성되고 조직화된다. 교육패권동맹이 한 사회내에서 차지하는 위상은 사회정치적으로는 이중적인 성격을 갖는다. 첫째, 물리적 강제력을 배경으로 한 억압장치와의 관계에 있어서, 교육패권동맹은 통치지배집단의 헤게모니 확보에 기여하게 되지만 그렇다고 그것의 부속기관으로 전락하지는 않는다. 그러한 역할수행의 과정에서 어느 정도 자신의 이익을 확보해 나가는 불안정한 균형관계를 유지한다. 둘째, 교육체제 내에서는 학문적으로 동시에 정치적으로 패권세력으로 현재화된다. 즉 교육이념, 교육이론, 교육제도, 교육행정 등에 대한 그들의 견해는 교육정책적으로 지배적, 지도적인 것으로 간주된다. 또한 이들 세력은 강권력으로 후원된 통치지배집단과의 불안정하지만 상호보완적 관계를 유지하고 있기 때문에, 그들의 영향력은 전체 사회에 유포되고 동시에 교육정책에 결정적으로 중요한 것으로 수용되게 된다.

교육패권동맹을 구성하는 집단들을 경제적·계급적 차원에서 본다면, 그들에겐 지배계급적 성격이 강하다. 그러나 경제적·계급적 성격만으로 그 내부구성을 완전히 이해할 수는 없다. 왜냐하면, 통치지배집단과의 불안정한 균형, 갈등, 알력의 과정이 반복되고, 새로운 형식으로 지양되는 과정에서 그들은 일종의 지위집단적 성격을 취하기 때문이다. 여기서 지위집단이란 동일한 지위상황 즉 다른 사람들이 그의 사회적 지위에 대해 평가를 내리고, 그럼으로써 그에게 어떤 형태의(적극적 혹은 소극적) 사회적 위광이나 존경을 부여해 주는 상황을 공유한 특정 집단을 지칭한다. 계급과는 달리 지위집단은 거의 항상 자신의 공통적 지위를 의식하고 있다(Giddens, 1971 : 250-251). 그런데 지위집단의 창출과 그들의 문화적 세력의 유지에 있어서 핵심적인 자원은 공통적인 사회정치적 감각과 문화적 감각과 태도이다. 공통의 문화적 자원이라는 수단에 기반을 두고 조직되는 지위집단의 목적은 위신을 얻기 위한 투쟁에만 한정되지 않고, 경제적 지위와 권력지위를 독점하기 위해 문화적으로 기초된 조직을 이용하려고 하는 데 있다(Collins, 1977 : 8－9).

그렇다면 동의확보 기제의 하나로서 교육패권동맹의 구체적인 기능은 어떻게 나타나는가? 신식민지적 상황하에서 제국주의 세력과 교육패권동맹과의 관계는 어떤 식으로 표출되고 있는가? 교육패권동맹의 내부구성원은 어떻게 확보되는가 즉 그 원천은 무엇인가?라는 문제제기가 가능해진다. 이에 대한 답변은 본 연구에서 계속적으로 논의된다. 본 절에서는 이 문제에 대한 몇 가지 가설을 제시한다. 이런 이유는 이에 대한 실증적 연구가 아직 충분히 확보되지 않았기 때문이다.

정치적인 탈식민화 이후 신식민주의에로의 진입을 경험한 제삼세계적 상황에서, 먼저 교육패권동맹의 기능은 이중적 성격을 갖는다. 첫째, 교육패권동맹은 경제적 토대에서 발생하는 제모순을 중재하면서 상부구조와 하부구조를 연결하는 기능을 발휘한다. 자본주의체제는 일반적으로 생산의 사회적 성격과 독점의 사적 성격 사이에서 모순이 발생되어 나오게 마련이다. 따라서 자본가들은 어떠한 형태로든지 그들의 사적인 헤게모니 장치와 국가를 통해서 토대에서 발생하는 모순을 중재하려 한다. 상부구조를 구성하는 하나의 요소로서 교육 자체도 이러한 기능을 담당한다. 그러나 모든 교육행위 자체가 스스로 자연적으로 이러한 중재기능을 행사한다고 보는 견해는 극히 낙관론적일 뿐이다. 왜냐하면, 제삼세계에서는 특수한 역사적 산물인 교육패권동맹의 패권적 역할이 존재함으로써 그러한 중재기능은 구체적인 형태를 띠고 정책화·이론화·대중화되어지기 때문이다.

밀리아로와 미주라카(Migliaro & Misuraca)가 관료제에 대한 맑스의 견해를 비판한 데서 우리는 결정적인 시사점을 얻어 낼 수 있다. 밀리아로와 미주라카는 이 점에 관해 다음과 같이 그들의 입장을 밝혔다 :

> 맑스는 헤겔의 '시민사회'가 사적 개인적 이익의 영역일 뿐 아니라 공동의 특수한 이익의 영역이기도 하다는 점, 그리고 결과적으로 헤겔의 분석에서 '시민사회'가 또한 법인체로 조직된 실체라는 점을 깨닫지 못하였다.……

맑스가 헤겔의 저작을 이런 식으로 이해하여 시민사회를 경제관계로 환원시키고 시민사회와 국가로부터 관료제(그리고 지식인 계층)를 제거해 버린 순간 그는 경제와 국가, 하부구조와 상부구조 사이의 구체적인 관계를 파악할 수 있는 기회를 상실하게 되었다. 이런 관계가 현실에서는 특정사회범주(관료계층, 지식인 계층)에 의해 수행되므로, 이 범주들이 각각의 특수기능에 따라 규정되지 않는다면 경제와 사회가 실제로 국가와 관계를 맺는 구체적 방식을 분석할 수 없으며 따라서 결정, 대응, 반영, 조건규정(conditioning) 등과 같은 사변적 개념에 준거하여 단지 추상적으로 이 구체적 방식을 관찰하게 된다. 국가문제에 관한 헤겔과 맑스의 저작을 탐독함으로써 그람시는 이러한 사변적 성격을 하부구조와 상부구조, 시민사회와 국가 사이의 관계에 대한 '미신적 기적'이라고 비판하였다. 그는 특히 지식인계층(상부구조의 관리)과 관료주의가 수행하는 연결기능을 이해하였다.(Migliaro & Misuraca, 1982 : 125-126)

바로 이와 같은 점으로부터 상부구조와 하부구조, 시민사회와 국가 사이의 관계에 대한 '미신적 기적'을 폐기하고, 하부구조의 모순을 중재함으로써 양자를 연결하는 구체적인 기제 중의 하나로 교육패권동맹 개념을 상정해 내게 된다.

둘째, 교육패권동맹은 제국주의적 문화침투의 매개로서 작용한다. 쉴러나 다그니노 등에 의하면 제국주의는 중심부의 주변부에 대한 강요에 의해서 침투해 간다기보다는 주변부 국가의 자발적 선택에 의해서 그것이 가능해 진다(참고 : Dagnino, 1980 ; Schiller, 1976). 그러나 그들은 문화침투가 제3국에서 사회적으로 가능해지도록 만드는, 주변부 내에 존재하는 구체적인 실체나 대행체 내지는 그런 기구의 성격을 지적하는 데는 미흡하다. 본 글은 이런 문화침투의 대행체 중의 하나가 바로 교육패권동맹임을 상정시키고 있다.

셋째, 교육패권동맹은 이중적 기능을 발휘하고 있기 때문에, 즉 교육패권동맹이 한편으로 문화침투의 매개자로 작용한다는 점 때문에 교육패권동맹의 또다른 기능 말하자면 토대에서 발생하는 모순에 대한 중재기능의 효과는 겉으로 들어나지 않은 채 제한된다. 더욱이 토대의 모순을 중재하려 함으로써 얻어지게 되는 교육내적 모순과 교육패권동맹의 매개기능간의 관계는 언제나 상수적으로 부착되어 있게 된다.

학교의 중재기능에서 니타날 수 있는 교육내적 모순은 여러 가지가 된다. 즉 1) 과잉교육의 창출, 2) 학교가 표방하는 민주주의의 역작용으로 인한 부르조아지의 헤게모니에 대한 위험, 즉 생산관계의 재생산 및 국가에 대한 위험발생, 3) 교사, 행정가, 학생들에 의한 독자적 교육 전략의 채택, 4) 사회적 재생산과 일치하지 않는 청년문화의 창출 등으로 제시된 바 있다(Carnoy, 1982). 물론 이러한 카노이의 견해는 미국교육구조에 해당되는 논의일 뿐이다. 민족모순이 노·자간의 모순만큼이나 중요하게 부각되어야 하며, 또한 양자가 상호규정적으로 읽혀들어 가고 있는 주변부적 상황에서는 카노이의 주장은 부분적으로만 설득력이 있을 뿐이다. 왜냐하면, 주변부에서 중심부에서와 동일한 교육내적 모순이 발생한다 할지라도, 그러한 모순의 발생원인은 주변부의 특수한 교육상황을 반영할 수밖에 없기 때문이다. 즉 카노이는 교육패권동맹이 문화제국주의적 침투를 매개하는 주변부 내적 기제의 작용을 제대로 파악하고 있지 못했기 때문에 큰 설득력을 상실했다. 교육패권동맹의 매개기능에 의해 여과과정 없이 유입되는 국외 중심부의 교육이론, 교육관행, 교육이념, 교육행정, 교육정책 등으로 경제적 토대에서 발생하는 모순에 대한 중재가 시도됨으로써 그런 중재과정에서 발생하는 여러 교육내적 모순은 교육패권동맹의 매개적 성격과 중요한 인과 관계를 맺을 수 있다는 과정과 구조파악이 더욱더 체계화되어야 한다.

넷째, 교육패권동맹은 정치권력의 성격이 변함에 따라 이합집산하는 가변적 성격을 갖는다. 그러나 제국주의적 세력이 제삼세계 정치권력의 후원자가 되거나 배후 조정자로 대두될 정도로 정치권력 자체의 물적 기반이 취약할 경우, 정치권력과 불안정한 균형을 유지하고 있는 제삼세계에서의 교육패권동맹은 제국수의 세력의 사회정치적 변화에 일차적으로 반응하고 그에 의해 그 세력의 속성이 규정되면서 자체 내부세력 구성을 재조정한다.

다섯째, 구식민지적 사회·경제관계가 해체되면서 여러 가지 형태로
파편화되거나 붕괴된 봉건적 지주 혹은 관료, 외국원조를 매개로 형성
된 특정지역의 유학생집단, 그리고 문화제국주의적 침투의 대행체 즉
선교사 집단, 교육사절단 등이 교육패권동맹세력과 그들 내부구성의 주
요원천으로 작용한다. 교육패권동맹내에서의 이들 집단이 갖는 상호관
계는 정치·경제의 상황이 구조적으로 변해감에 따라 변한다. 또한 이
들은 시기별로 다른 모습으로 나타나지만, 그들의 문화·정치적 속성의
본질은 그대로 유지된다. 다음절에서는 이런 가설에 관한 논의가 시도
된다.

참고문헌

강명구.(1987). "문화종속 현상으로서의 대중문화." 강현두(편), 한국의 대중문화. 서울 : 나남.

권용립.(1984). "제국주의 이론의 허와 실." 현대사회, 4(1), pp. 15-40.

김호진.(1984). "종속이론의 비판적 고찰." 한국정치학회보, 제18집, pp. 95-113.

린드크비스트, K.(1986). "신식민주의와 다국적기업의 역할." 한겨레편집부(편), 신식민주의론. 서울 : 한겨레.

서관모.(1984). "종속이론에 대한 마르크스주의의 비판." 오늘의 책, 여름호, pp. 247-268.

슘페터, J.A.(1981). "사회적 격세유전으로서의 제국주의." 박순식(편역), 제국주의란 무엇인가. 서울 : 까치.

아민, S.(1980). "세계자본축적과 저개발." 변형윤, 김대환(편역), 제3세계의 경제발전. 서울 : 까치.

에반스, P.(1984). "산업화와 제국주의 : 주변의 성장과 정체." 김호진(편역), 제3세계 정치경제학. 서울 : 한울.

임현진.(1987). 현대한국과 종속이론. 서울 : 서울대학교 출판부.

최장집.(1985). "그람시의 헤게모니개념." 김홍명, 최장집, 손영원, 국가이론과 분단한국. 서울 : 한울.

한준상.(1982). "문화적 식민주의의 극복." 대학주보(경희대). 1982. 4. 19. 제3면.

Akiwowo, A.(1974). "Discussion." *International Social Science Journal*, 26(3), pp. 414-426.

Alatas, S.H.(1972). "The captive mind in development studies." *International Social Science Journal*, 24(1), pp. 9-25.

Alatas, S.H(1974). "The captive mind and creative development." *International Social Science Journal*, 26(4), pp. 691-699.

Alger, C.F.& Lyons, G.H.(1974). "Social science as a transnational system." *International Social Science Journal*. 26(1), pp. 137-149.

Altbach, P.G.(1975). "Literary colonialism : books in the third world." *Harvard Educational Review*, 15(2), pp. 226-236.

Altbach, P.G.(1978). "The distribution of knowledge in the third world-a case study in the neocolonialism." in P. G. Altbach & G.P. Kelly(eds.) *Education and Colonialism*. New York : Logman.

Altbach, P.G.(1980). "The university as center and periphery." in I. J. Spitzberg(ed.), *Universities and the international distribution of knowledge*. New York : Praeger.

Altbach, P.G.(1982). "Servitude of the mind? education, dependency, and neocolonialism." in P.G. Altbach, R.F.Arnove & G.P. Kelly(eds.) *Comparative Education*. New York : Macmillan Publishing Co., Inc.

Altbach, P.G.& Kelly, G.P.(eds.).(1978). *Education and colonialism*. New York : Longman.

Arnove, R.F. (1982). "Comparative deucation and world systems." in P. G. Altbach, R. F. Arnove & G. P. Kelly(eds), *comparative Education*. New York : Macmillan Publishing Co., Inc.

Boggs, C.(1976). *Gramsci's marxism*. London : Pluto Press.

Brewer, A.(1984). *Marxist theories of imperialism* ; 염홍철(역), **제국주의와 신제국주의**. 광주 : 사계절.

Carnoy, M.(1977). *Education as cultural imperialism* ; 김쾌상(역), **교육과 문화적 식민주의**. 서울 : 한길사, 1980.

Carnoy, M.(1982). "Education, economy and the state." in M.W. Apple(ed.), *Cultural and economic reproduction in education*. London : Routledge & Kegan Paul.

Chilcote, R.H.(1988). *Theories of comparative politics* ; 정치사회학 연구회 (역), **비교정치학이론**. 서울 : 한울.

Collins, R.(1977). "some comparative principles of educational stratification." *Harvard Educational Review*, 47(1), pp. 1-27.

Dagnino, E.(1980). "Cultural and ideological dependence : building a theoretical framework." in K. Kumar(ed.), *Transnational enterprises, their impact on the third world societies and cultures*. Colorado :

Westview Press.

Eckstein, M.A.& Noah, H.J.(1985). "denpendency theory in comparative education : the new simplicitude." *Prospects,* 15(2), pp. 213-225.

Gareau, F.H.(1983). "Multinational version of social science." *International Social Science Journal,* 35(2), pp. 379-389.

Giddens, A.(1971). *Capitalism and modern social theory,* 임영일, 박노영(역), **자본주의와 현대사회이론.** 서울 : 한길사, 1981.

Goonatilka, S.(1975). "Development thinking as cultural neo-colonialism." *IDS Bulletin,* 7. pp. 4-10.

Gramsci, A.(1971). *Selections from the prison notebooks.* Q.Hoare & G.N. Smith(tr.), New York : International Publishers.

Hamelink, C.J.(1983). *Cultural autonomy in global communication* ; 김지운 (역), **제3세계의 문화종속.** 서울 : 성균관대 출판부, 1988.

Lenin, V.I.(1988). *Imperialism-the highest stage of capitalism* ; 박세영(역), **제국주의-자본주의 발전의 최고단계.** 서울 : 과학과 사상사.

Magdoff, H.(1969). *The age of imperialism* ; 김기정(역), **제국주의의 시대.** 서울 : 풀빛, 1982.

Mazrui, A.A(1975). "The African university as a multinational corporation : the problem of penetration and dependency." *Harvard Educational Review,* 45(2), pp. 191-210.

McLean, M.(1984). "Educational dependency-two lines of enquiry." in K.Watson(ed.), *Dependence and interdependence in education.* London : Croom Helm.

Migliaro, L.R.& Misuraca, P.(1982). "현대 관료주의론." 앤 S. 사쑨(편저), 최우길(역), **그람시와 혁명전략.** 진주 : 녹두, 1984.

Miliband, R.(1969). *The State in capitalist society.* London : Weidenfeld and Nicolson.

Mommsen, W.J.(1980). *Theories of imperialism* ; 백영미(역), **제국주의의 이론.** 서울 : 돌베개문고, 1983.

Sander, B.(1985). "Education and dependence : the role of compartive education." *Prospects,* 15(2), pp. 195-203.

Sassoon, A.S.(1982). "수동적 혁명과 개혁의 정치학." 앤 S. 사쑨(편저), 최우길(역), **그람시와 혁명전략**. 진주 : 녹두, 1984.

Schiller, H.I.(1976). *Communication and cultural domination.* New York : International Arts & Sciences Press ; 강현두(약), **커뮤니케이션과 문화적 제국주의**. 서울 : 현암사, 1985

Spitzberg, I.J (ed.) (1980). *Universities and the international distribution of knowledge.* New York : Praeger

Walker, R.B.J (ed.) (1984) *Culture, ideology and world order.* Colorado : Westview Press.

Wallerstein, I. (1983). *Historical capitalism* ; 배손근(역), **역사적 체제로서의 자본주의**. 서울 : 나남, 1986.

Wells, A(1972) *Picture-tube imperialism.* New York : Orbis Books.

眞木實彦. (1987). "제국주의론의 역사적 의의". 박민(역), **제국주의론**. 서울 : 한울.

Ⅳ. 미군정기의 교육과 문화침투

1. 미군정기의 정치권력적 집단화 단계와 교육관료의 자질

해방정국의 교육활동이 교육사적 의미를 갖기 위해서는 이 시대의 교육활동은 하나의 축을 따라 통시태적(通時態的) 혹은 역사적으로 읽혀질 필요가 있다. 즉 한 시대에서 다음 시대, 한 사건에서 다음 사건으로 읽혀져야 하고, 동시에 또다른 하나의 축을 따라 공시태적(共時態的 : synchronic) 혹은 현재적으로 읽혀져야만 된다. 다시 말해서 수직으로 나란히 기록된 각기의 교육적 사건은 하나의 대형 단위와 관계다발을 형성하기 때문에 교육활동에 대한 역사적, 문화적, 교육사적 이해도 이런 관계다발과 그 관계의 심층구조에 대한 이해를 요구한다.

역사적 사건들의 관계의 양태 역시 다양하다. 즉, 어떤 사건들은 서로 서열적 등위적 관계를 이루고 있을 수 있으며 반면 어떤 사건들은 범주적 관계망 속에서 모순의 관계를 맺고 있을 수도 있다. 또, 어떤 관계들은 상호 이중전제 상태에 있는 대치(對峙) 관계를 이루며 어떤 관계들은 단순전제를 의미하고 함의(含意) 관계를 맺고 있을 수도 있다(Greimas, 1966). 해방정국의 교육을 이해하기 위해서는 해방정국에 대한 공시태적이며 통시태적인 이해가 선행되어야 한다.

(1) 해방정국의 정치적 각본

해방정국의 교육 상황을 둘러싸고 일어난 교육적 활동이나 사건들은 각기 어떤 관계를 맺고 있는가? 이것에 대답하기 위해 먼저 해방정국의 정치적·사회적인 여러 관계에 대한 조감도와 간단한 관련각본을 구성해 볼 필요가 있다. 해방정국의 정치상황은 정치적·교육적 군웅들의 각축시대로 요약될 수 있다.

본 글의 정치사상적 의미를 파악하기 위해 해방정국을 간단히 정리해볼 요량으로 군웅이 각축을 벌였던 해방정국 3년사를 간추린다면 특기할 만한 내용은 여섯 가지가 된다. 이렇게 해방정국을 간추리는 것은 본 글은 정치사연구가 아니고 교육사회학적 연구이기 때문이다.

첫째, 해방정국을 주도한 미군정의 장교나 한국에 파견된 외교관급 인물들이 한국을 위해 별로 신중히 선택되지도 않았음에도 불구하고, 해방 정국의 정책수행에 관한 그들의 재량권이나 권력행사는 지대할 수밖에 없었다. 게다가 이들은 한국에 대한 정책의 의미를 명확히 인식하지도 못했을 뿐만 아니라 대한정책을 명확하게 공식화시키지도 못했다. 단지 미국 워싱톤 행정부가 취한 냉전의 테두리 속에서 그들의 개인적인 능력에 따라 한국의 문제를 그날 그날 대처하는 입장을 취했다. 바로 이런 일을 담당한 대표가 미군사령관 하지 중장과, 군정장관 아놀드 및 러취였다. 이런 상황은 이미 미소공위가 냉전의 기류 속에서 결렬될 수밖에 없음을 예고하는 것이었다.

둘째, 사회주의와 민족주의의 접목을 시도한 여운형의 집단이 국내에서 형성된 건국동맹을 발전적으로 해체 확장해서 건국준비위원회를 결성했다는 점은 재평가될 수도 있다. 왜냐하면 건준은 역사적으로도 독립운동선상에서의 정통성을 가질 만했을 뿐만 아니라 그 당시 국내에 잔존해 있었던 독립운동 세력과 민족지도자를 광범위하게 포용할 수도 있었기 때문이었다. 그러나 건준은 우파계열의 불참과 거부에 의해 좌파세력의 영향권 아래 예속되는 국면에 이르게 되었다. 건준을 주도한 여운형은 후에 조선인민당을 만들었으나 이도 실패작으로 끝났다. 여운형과 조선 인민당은 끝내 온건 좌파의 입장을 취하며 와해되었다.

셋째, 김성수와 송진우는 극우의 정치노선을 내걸었다. 이들은 자각적인 보수주의자였으며 철저한 현실주의적인 정치적 감각으로 미국 행정부의 속셈, 즉 냉전 정치화를 의식하고 건준의 독무대를 잠식해들어간 장본인들이다. 이들의 정치 기반인 한민당은 일제의 괴멸로 인해 정치적 기반을 상실한 지주나 부일자본가, 일제치하 관료, 특정 언론기관 종사자들이 이해관계의 주축을 이루었다. 그들의 입장은 자기들의 이해관계를 유지하는 선에서 중경임시정부를 지지하며, 반대로 이를 거부하는 미군정과의 절대적 협력관계 유지라는 이중적 태도를 유지했다. 또한 반탁을 온건한 입장으로 전개하면서, 남북협상파를 냉전의 시각에서 배격하고 단독정부의 수립을 적극적으로 수용했던 보수주의자 집단의 영수들이었다.

넷째, 해방 후 개인자격으로 귀국한 김구는 한독당을 통해 이상적으로 미군정, 극우파, 사회주의 세력들과 민족주의 감정으로 경쟁함으로써 시대착오자라는 낙인을 받게 되었다. 한독당은 정치적으로는 보수우파의 성격을 표방했지만 민주주의를 구체적인 정치제도로 파악하기보다는 그것을 관념론적으로 인식 수용함으로써 민주주의 정치체제의 현실적인 적용 가능성을 도외시하였다. 게다가 조선의 식민지적 상황이나 사회구조적 조건 및 속성에 대한 현실적인 고려 없이 민주주의의 실현을 고수했었다.

다섯째, 정략가인 이승만은 외교제일주의를 내세웠으며 철저한 친미주의자였다. 그는 미국의 입장에 서서 그가 그토록 혐오하는 일본의 팽창을 견제하고 저지하려고 하였다. 그러나 그는 세계열강의 제국주의적 이해관계가 국내정치에 큰 영향을 끼친다는 인식을 결여한 채, 외세를 이용해서라도 자기의 권력유지를 꾀하려고 시도하였다. 권력쟁취를 위해 이승만은 한민당을 적절히 활용도 하였으며 필요시에 따라 친일세력까지 동원했다. 또한 그는 정치문제에 대한 경찰개입의 정당성과 선례를 남김으로써 경찰의 정치화를 촉진한 장본인이기도 하다.

여섯째, 조선공산당과 남로당 계열은 해방정국 상황 하에서는 극좌파에 속한다. 이런 세력의 장본인인 박헌영은 일제말기에 다졌었던 생각, 즉 공산주의운동이 다른 운동에 비해 상위 개념이라는 생각을 갖고 있는 채 민족해방을 민중, 민족 개념에서 혁명운동화하려 했다. 건준 발족에 주도적으로 참여하지 못한 박헌영은 건준의 타도를 목표로 삼고 여운형 및 허헌과 함께 조선인민공화국의 수립을 급조했다. 인공의 급조는 무엇보다도 곧 한반도에 진주하게 될 미군에게 자생적 정권 수립과 정권 수용 태세를 기정사실로 인지시켜 기득권을 획득하려는 의도에서 비롯되었다. 이는 중경임시정부와의 정치적 대결에 있어서 유리한 위치를 선점하겠다는 의도에서 창작된 것이었다. 그러나 그는 끝내 낙오했다. 박헌영과 남로당의 역할을 보다 객관적으로 검토하기 위해서는 아직도 세 가지 일이 보다 철저해질 필요가 있다. 즉, 1925년 조선 공산당 창설에서 해방에 이르기까지 박헌영의 정치적 활동에 관한 객관적인 분석, 미군정하에서 보여준 박헌영의 정치적 역할, 마지막으로 월북 후 남·북 노동당과 조선노동당 결성 이후 전개된 김일성과 박헌영과의 정치적 갈등에 대한 다양한 분석이 이루어져야 한다(참고 : 황성모 편, 1987).

결과적으로 해방정국의 한국 정치상황과 미군정 3년은 독립과 해방을 사회·정치·경제·문화적으로 다지기 위한 3년이라고 볼 수 없다. 해방 3년은 냉전체제에로의 강제적 편입을 둘러싼 분단체제 고착의 첫 단계로서 두 가지 특징이 부각된, 즉 '냉전 문화'의 보편화와 '권력집단의 정치적 패권경쟁'이 극도에 달한 정국이었다.

해방정국에 대한 이런 각본은 미군정의 정치·사회·문화적 상황 관계에 대한 관계망을 가설적이나마 간략히 여섯 가지로 생각해보게 만든다. 첫째, 미군정과 이북의 소련 진주는 남한과 이북의 각 정치적 세력보다 정치적 힘이 우세하기 때문에, 남한 및 이북의 정치세력과 서열적 관계를 가졌고, 둘째, 미군정과 이북의 소련 진주는 이중전제의 상호대치 관계를 맺고 있었다고 볼 수 있다. 셋째, 미군정과 남한에서의 좌파개혁세력(여운형의 인공과 박헌영의 남로당)간의 관계와 이북의 소련과 남한의 정치적 우파(구 친일세력 포함)와의 관계는 각기 상호부정의 모순관계를 가졌고, 넷째, 남한에서의 한민당이나 한독당 같은 정치적 우파와 여운형이나 박헌영 같은 정치적 좌파(경우에 따라서는 고립된 민족주의 진영 포함)간에는 상호대치적인 이중전제의 관계를 맺었다고 볼 수 있다. 다섯째, 남한의 정치적 우파와 미군정간의 관계와 남한에서의 정치적 좌파와 이북의 소련(김일성 포함)간의 관계는 단순전제의 관계, 즉 함의의 관계를 맺었다고 볼 수 있다. 따라서 정치적 우파와 미군정간의 관계는 겉으로 상호갈등했든 혹은 안했든 간에 남한에서는 허용되는 정치적 관계였으며, 이북의 소련과 남한에서 일부 고립된 민족주의자나 정치적 좌파세력간의 관계와 유관된 활동은 그것이 남한의 정치상황에 영향을 주었든 안 주었든 간에 남한에서는 금지된 정치관계일 수밖에 없었다. 여섯째, 남한에서의 정치적 상황, 즉 정치적 좌파의 활동 금지는 극우로서의 한민당과 보수 우파인 한독당간의 갈등을 자연스레 대칭적으로 야기시켰다. 이와 마찬가지로 해방 정국의 미군정 아래 진행된 교육내용은 그 당시 상황으로 미루어 보건대(표Ⅳ-1)과 같은 관계망을 갖게 된다. 각 관계망에 대한 해석은 미군정 상황을 단순화시켰다는 위험이 있음에도 불구하고 해방정국의 정치·사회적 관계망에 대한 해석과 동일한 수준을 유지하게 된다.

(표Ⅳ-1)은 이 글에서 논의될 남한에서의 해방정국 교육활동에 대해 한 가지 주요 사실을 제공한다. (표Ⅳ-1)에서 보면 미국식 교육 이론 지향적인 교육활동과 일제의 식민지적 잔재를 포함한 식민지 교육간의

(표Ⅳ-1) 해방정국과 교육활동들 간의 관계망

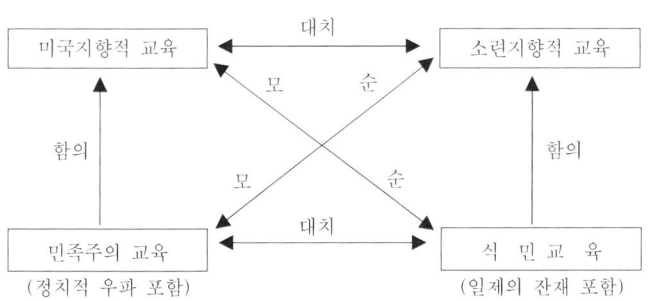

관계는 표피구조상으로는 상호모순의 관계이어야 한다. 그러나 이 두 개의 관계가 심층적인 구조에 있어서는 상호모순의 관계로 존재하는 것이 아니라 상호의존·상호동일시의 관계로 수용되었기 때문에 해방 정국에 있어서의 교육문제는 이데올로기적인 혼돈과 와중을 경험할 수밖에 없었다. 왜냐하면 민족주의 교육은 표피구조상으로는 일제식민지 교육과 대치적인 상황에 있어야 했었으나, 오히려 심층적으로는 함의관계에 있어야 할 미국주의적 교육과 대치상황을 유지해야 될 위치에 있었기 때문이었다. 이로 인해 민족주의 교육은 모든 국면에 걸쳐 미군정의 교육정책과 실질적으로 갈등할 수밖에 없었다. 미군정은, 북한에서 전개되는 소련지향적 교육과 대치할 정치적 필요성을 느끼지 않는 상황 속에서 미국의 문화적 우위를 확보하기 위한 군사적 전략으로 민족주의 교육활동에 미군정이라는 국가·권력적인 영향력을 행사해야만 했다. 반대로, 남한에서 본다면 미군정을 있는 그대로 수용하는 정치적 우파는 소련지향적인 북한교육을 또 다른 형식의 식민교육으로 간주하게 된다. 이 점은 미군정기 교육주도세력의 권력동맹과 교육정책을 분석하면서 보다 구체적으로 논의된다.

(2) 미군정의 성격과 미군정 교육관료의 자질

해방정국의 사회성격은 일제가 남겨놓고 간 식민지적 유제를 그대로 지닌 반봉건적 지주와 소작관계의 농업구조와, 일본 자본주의에 부속물적인 공업 및 상업구조를 갖는다고 볼 수 있다. 이런 사회성격에서 나타난 것이 바로 기형적 계급분화와 계급모순 현상이었다. 이를 정치적으로 최대한 이용하려고 시도한 정치적 세력은 건국준비위원회나 조선인민공화국이었다(참고 : 돌베개 편, 1982 ; 홍인숙 1984). 이런 사회정치적 상황에 대해 미군정이 무력사용에 있어서 속수무책은 아니었다. 오히려 미군정은 자신들의 물적 기반을 확보하기 위하여 일제로부터 귀속공장을 그대로 넘겨받았고, 그것을 관리인 제도로 묶어두었다. 다른 한편으로, 미군정은 미국 워싱톤 정부의 군사·정치적 이익과 미군정 체제에 호응하는 보조수단으로서의 한국측 지원세력을 구축해보려고 다각도로 시도했다. 물론 미군정 보조수단인 한국측 지원세력에겐 반대급부로서 정치적 지배와 패권장악의 폭을 넓혀주었다. 결국 미군정으로서는 해방정국의 한국이 갖고 있는 경제적 상황에 대한 정확한 인식이나 개혁보다는 자신의 물적 기반확보가 일차적인 목표였다. 미군정은 일제가 갖고 있던 식민지적 경제구조의 과감한 해체와 식민지적 지주세력, 부일·예속자본가 세력의 해체라는 절대절명의 과업을 변질시켜 미군정의 물적 기반 확보작업으로 대체, 활용했다(참고 : 돌베개 편, 1983).

미군정 장교로서의 군정 관료들은, 한국경제에 대한 식견이나 훈련이 결여된 사람들(참고 : Meade, 1951)이었으며 그들이 소수의 한국측 지원세력과 미군정 존속을 위한 물적 기반을 확보할 수 있는 기간 동안 더욱더 그들의 추종세력으로 간주되는 일제치하의 관료, 부일사업가, 지주들의 농경, 무역, 공장운영에 관한 자기이해 보존식 조언을 주는 그대로 따르며 정책화시켰다.

미군정은 한마디로 한국의 식민지적 경제구조와 부일예속자본가 세력을 해체해야 되는 과제를 포기했다. 그 대신 미군정 체제에 순응하여 미국의 이해관계를 보장해 줄 수 있으며 그런 이해관계를 위해 실제로 미국의 문화적 제도를 성공적으로 전이, 내면화시켜 줄 수 있는 보조세력을 구축하는 일들을 추진시켜 나갔다. 이런 보조세력으로 선택된 정치적 집단이 바로 한민당이었으며 이 계열의 정치가, 식자, 교육자들만이 사회정치적 패권경쟁의 대열에 설 수 있었다(참고 : 한성진, 1986 ; 유희원, 1986 ; Cumings, 1981).

과연, 그렇다면 한국에 진주하여 한국을 통치했던 미군정은 어떤 속성을 갖고 있는 집단이었으며 이 당시 미군정은 어떤 사회정치적 속성을 갖고 있었는가? 여기에서 국가를 미리 사전적으로 정의해본다면, 국가란 국민·영토·주권을 포괄하는 정치적이며 법률적인 기관이나 제도를 의미한다. 이 정의에 의하면, 미군정은 한국의 정치상황을 운영하는 정치기구일 수 있지만 한국민과 한국의 영토, 한국의 주권을 대표하는 법률적 정치기구는 아니었다. 그러나 미군정이 한국땅에 점령군적 지위를 갖고 들어왔으며, 미군정은 그 스스로 한국의 국가체제처럼 한국의 영토, 국민, 주권을 대표하고 법률적 정치적 기관으로 존속했다. 이점 때문에 미군정이 한국의 국가형성 과정에 어떤 식으로 작용했는가를 분석하는 것은 미군정의 문화삼투적 속성과 한국교육상황간의 관계설정을 위한 지름길이다.

(3) 미군정의 창출과 한반도 정세

> 일본에서 실시된 미군정과 한국에서 실시된 미군정을 비교해 볼 때 왜 한국에서 직접적인 군정을 세웠는가 하면, 한국에서의 직접적 군정은 간접적 통치보다 세우기도 쉽고 관리하기도 쉬워 그랬을 것 같다는 인상을 주기 십상이다. 그러나 그것은 어디까지나 추측일 뿐이다. 한국에서 직접적인 미군정을 실시한 이유를 캐내기 위해서는 보다 많은 시간과 보다 '탁 트인관점'(a greater perspectives)이 요구될 뿐이다(Taylor, 1948: 363). (강조는 인용자)

왜 미국은 미군으로 하여금 한국을 직접 통치하게 만들었는가? 그런 이유를 설명하기 위해서 왜 엄청난 시간과 탁 트인 새로운 관점이 필요하다는 주장이 나왔는가? 한반도에서의 미군정 실시는 참으로 어처구니 없는 상황 속에서 착수되었다. 미국은 일본이 그렇게 빨리 항복할 줄은 미처 몰랐었다. 그러나 적국의 땅인 일본 점령이 그 언젠가는 미군에 의해 이루어질 것이라는 희망 아래, 미군은 일본을 지배할 수 있는 행정기구를 구상해 볼 필요가 있었다. 미군은 일본이 항복하기 몇 달 전부터 일본군 점령지였던 사이판, 괌, 필리핀, 오키나와 등에서 행정적 통치를 위한 군정기본계획을 세워 놓았었다. 군대배치, 군정요원 훈련, 각 행정업무 부과 등등 철저하게 군정계획을 세웠었다. 이런 군정

계획을 세우면서도 한국에 대한 군정계획은 아예 포함되어 있지 않았다. 한국에서 군정의 실시 가능성 및 이와 관련된 기본 교육은 일본이 미군에게 항복한 지 두 달이 지난 후에야 비로소 군정학교에서 마지막 2시간에 걸쳐 실시되었을 뿐이었다.

군정학교에서 실시한 한국에 대한 소개나 정보는 일본이나 한국에 진주할 미 10군 예하 24군단 군정 요원에게는 별로 도움이 될 만한 것이 못 되었다. 왜냐하면 한국에 대한 교육은 한국에 진주할 실질적인 24군단 군정 요원에게만 해당된 것이 아니었고, 일반적인 상식 정도에 지나지 않았기 때문이다.

미10군 예하 24군단은 10군단장으로부터 한국 진주 명령만 받았지 한국에 대한 군정계획이나 실질적인 군정 요원을 할당받지는 못했다. 한국에 대한 무지 상태에서 미24군단은 한국 진주에 앞서 세 가지 군사적 위협을 심각하게 염려하게 되었다. 즉, 첫째 한국 땅에서 일본군의 저항 가능성과 저항정도, 이에 대한 군사적 대처문제, 둘째 미군에 대한 한국민의 반응문제와 이에 대한 군사적 행정적 대처, 셋째 38선 이북에 진주하기 시작한 소련군과 군사 외교적 관계문제와 이에 대한 전략적 대처 문제라는 세 가지 문제가 염려되었다.

한국 진주명령을 받은 24군단장은 급한 김에 미10군에서 당장 할 일이 없는 고사포 사령관을 차출, 그를 한국 군정관(military governor)으로 임명하고 24군단 예하 병력 중에서 배속받지 않은 장교들을 군정 요원으로 차출, 미군정행정부를 구성케 했다. 고사포 사령관은 24군단에 남아 있던 보병 장교 중 12명을 차출, 이어 미10군에서 군정관계 교육을 받은 장교 중에서 약 20명을 차출, 총 30 내지 35명 정도의 한국 군정 행정부를 구성했다. 처음 차출된 24군단 소속 12명은 군정이나 한국에는 절저히 무지했었다. 게다가 미국 본토에서 군정교육을 받았던 20여 명 마저 한국에는 아무런 정서적 지적 군사적 흥미도 없었던 전투병과 장교였었다. 그러나 군정 교육을 받았던 장교가 있었기에 그나마 한국에 대한 군정 실시가 용이해질 수 있었는지도 모른다.

워싱톤 행정부나 마닐라의 맥아더로부터 아무런 구체적 훈령을 받지 못한 상황 속에서, 한국 군정관인 고사포 사령관은 군정장교에게 한국에서의 군정실시계획을 수립하도록 명했다. 이들은 한국군정계획을 세우기 위해 여섯 가지 자료를 활용했다. 즉, 육군성의 전투지침(War Department Field Manual), 카이로선언문, 한국에 관한 해군통합조사서(Joint-Navy Intelligence Survey on Korea : JANIS 75), 군정에 관한 기본지침(Basic Field Manual on Military Government : FM 27-5), 군정 및 민사활동에 관한 기본지침(Military Government and Civil Affairs : FM 27-10), 육군전투규정(Rules of Land Warfare) 등을 한국군정계획 기본 자료로 활용했다.

이중에서 군정팀은 한국군정설립을 위해 세 가지 자료를 중점적으로 검토, 군정계획에 활용했다. 이들은 카이로선언으로부터 한국의 독립 가능성, 즉 적절한 절차에 따라 한국은 독립될 수도 있다는 점과 경우에 따라서는 그 반대의 사태가 있을 수도 있음을 감지했었다. 해군정보조사서(JANIS 75)로부터는 한국의 전술적 군사적 가치를 검토 재확인했다. 한국에 관한 해군정보조사서는 한국의 정치, 경제, 문화, 사회에 관계된 학술적 조사가 아니라, 일본군을 효과적으로 공격하기 위한 필요에서 조사된 군사적 전술자료였다. 즉, 38선의 군사적 가치, 한국 인구수, 효과적 전술을 위해 한국에서 이용가능한 물질적 자원의 내용 및 활용 가능성에 관한 전술적 군사정보자료였다. 마지막으로 미군정팀들이 한국 점령을 위해 철저하게 활용한 자료가 FM27-5, 즉 육군성이 발행, 미군전군에게 배포한 군정에 관한 기본 활동지침이었다. FM27-5는 미군정이 3년동안 한국 땅에서 왜 그토록 엄청난 시행착오적인 일들을 벌였는지, 또 그들이 한국에 관한 미행정부의 문화 삼투적 계획을 어떤 식으로 전개했는지를 밝혀주는 기본 지침서가 된다.

(4) 미군정 기본지침(FM27-5)과 한국점령 목적

미육군성(War Department)은 1940년 6월 30일 전세계 점령지에서의 군정실시에 관한 기본활동지침(FM27-5)을 발행, 각군에게 하달했다. FM27-5는 전쟁과 인사관계에 관한 1899년 및 1907년의 헤이그협약 (Hague Convention)정신을 겉으로는 충실히 반영하고 있었다. 1907년 헤이그협약 제32조, 즉 점령군은 최선을 다해 점령지역의 안정과 공공질서를 확립 복구하는 데 총력을 경주해야 한다는 점령국 보호정신의 수용과 실시를 강조하고 있었다.

헤이그협약의 정신을 준수하기 위해 미행정부 FM27-5는 다섯 가지 기본정책과 네 가지 부수 정책을 표방했다. 첫째, 점령지에서 적군과 군사적인 전투 종결을 최대한 빨리 성공적으로 끝낼 것, 둘째, 점령지역의 안녕과 질서유지에 최선을 다할 것, 즉 점령지역에서의 군정은 가능한 공명정대하게 동시에 인본주의적 정신을 발휘하면서 유순하게 실시해야 하고 점령지역 주민들의 종교나 사회문화적 욕구에 귀를 기울일 것 등이 강조되었다. 셋째, 군정은 점령지 상황과 국민의 욕구를 시간적 추이에 따라 융통성을 가지고 처리할 것, 넷째, 점령지에서의 경제적 문제나 활동에의 참여를 극소화시킬 것, 다섯째, 정책의 변경을 가능한 삼가고 정책의 일관성을 유지할 것 등이 FM27-5의 기본 원칙이었다.

이를 위해 부차적으로 강조된 부수 관련정책은 첫째, 점령지를 군사령관이 완전장악하여 통치할 것, 둘째, 점령지에서 적대행위가 지속되는 한 한치의 양보도 없이 군정요원을 배치하고 그곳을 철저히 지배할 것, 군정요원은 현지 주둔군에서 차출, 임용할 것, 셋째, 점령지역의 행정부 관료들은 무조건 억류시키고 그들의 행정적 경험이나 수완을 통해 점령지역의 사회문제를 용이 주도하게 처리하게 할 것, 마지막으로 점령지역에서 실시되던 기존의 법률, 관습, 각종 사회기관, 제도를 원상태로 유지, 존속, 기능케 할 것 등이 첨가되었다. 한마디로 FM27-5는 점령지 국민들이 미군의 위엄과 군사적 힘에 대한 공포를 학습하도록 만들기에 충분했다.

1940년 6월 31일 발표된 군정 활동의 구체화를 도모키 위해 미육군성은 1942년 미국 버지니아대학교에 군정학교(School Military Government)를 설치하여 운영하기 시작했다. 미군정학교는 점령지역에서 군정업무를 직업적으로 관장할 기간 군정 요원을 배출하기 위한 계획의 일환으로 세워진 것이었다. 미군정학교가 미군정 요원을 배출하면서 각종 군정관계 업무를 가르치는 동안 미군정학교가 제시한 육군성의 FM27-5는 운영상의 문제뿐만 아니라, 이론적으로 문제투성이임이 미군 고위장교들에 의해 신랄하게 지적받게 되었다. FM27-5가 미군의 군사적 위엄과 공포를 주기에 충분함에도 불구하고 이에 대한 비판의 방향과 내용은 세 가지 영역에서 신랄하게 지적되었다. 첫째, 미군정은 점령국을 위한 복지후원기관이 아니라는 점이 강력하게 제시되었다. 즉 FM27-5에서 제시된 점령지역에서 실시되는 복지후원정책이 군사정책보다 우위에 있거나 그것과 동격이라는 인상을 준다면 그것은 의도와 어긋나는 잘못된 것이다. 미군정은 점령국에 문명의 빛을 건네주기 위해 실시되는 호혜적인 것이 아니다. 그런 착각은 절대로 잘못된 것이다. 미군정의 목적은 전쟁을 승리로 이끌기 위한 하나의 전술이라는 점이 FM27-5에서 강력히 부각되어야 한다는 점이 강하게 지적되었다.

> 미군정은 점령국의 시민들을 일정하게 억류시키는 후방전투의 한 방법이다. 군정은 결코 선교사업이 아니다. 군정이 점령국 시민들을 위해 후생복지에 신경을 쓰는 이유는 그곳에서 야기될 수도 있는 적군의 공격을 피하기 위한 하나의 전술 방법이다. 따라서 점령지역에서 실시되는 후생복지 정책이 마치 미군정의 목적 그 자체라고 판단하는 잘못을 저지르지 말아야 한다. 군정이 행하는 모든 일은 그것이 군사적 목적에 합당한지 어떤지, 아니면 군사적 목적을 해치는 것인지 어떤지가 면밀히 검토 분석되어야 한다(Underhill, 1943).

결국 FM27-5에 미사여구식으로 슬쩍 반영되었던 점령지에서의 점령지 시민을 위한 후생복지 개념은 철저히 수정 폐기되고, 전술적인 목적만이 새로이 직설적으로 강화되게 되었다.

FM27—5에서 문제시되었던 두번째 부분은 미군정의 행정부의 행정적 능력문제에 관한 것이었다. FM27—5에 의하면, 점령지에서 실시되는 경제적 정치적 결정권은 군사적인 성질이 될 수 없고 다분히 민사적인 것이어야만 했다. 따라서 FM27—5가 규정한 점령지에서의 미군정이 감당해야 될 군정의 활동범위는 실질적으로 축소되어야 했으며 동시에 제한적이어야만 했다. 미군정은 군정에 참여하는 민간요원에 의한 민간통치라고 잘못 인식되는 오류를 범했다(Motherwell, 1943 : 439—446). 그러나 FM27—5에 규정된 이런식의 군정역할 제한은 전쟁이 악화되거나 전세가 미군에게 불리할 때, 점령지에서의 적대 행위가 미군에게 치명적일 때에는 무의미할 수밖에 없다. 이때 FM27—5는 끝내 한 장의 휴지에 불과할 수밖에 없었다. 다시 말해서 FM27—5는 미군의 전투력과 군사적 점령의 의미를 약화시킬 우려가 있기 때문에 FM27—5 그 자체는 무용할 수밖에 없었다. 이것을 수정하여 군정은 군사적 점령의 목적을 위한 것이라는 이념이 강화되게 되었다.

FM27—5가 갖고 있었던 마지막 문제점과 비판내용은 점령국의 관료를 억류시키며 동시에 그들을 통해 점령지를 행정적으로 통치해야 한다는 점이었다. 만약 점령지의 법률, 관습, 각종 행정적 기관을 있는 그대로 놔두고 점령국 관료를 행정관리로 쓴다면 미군은 점령지 정권, 예를 들어 나치독일정권이나 파쇼 무솔리니 잔당을 있는 그대로 인정한다는 말이 아닌가? 결국 이것은 미군정관이 점령국의 법 아래서 점령국의 행정통치정책을 그대로 유지하는 기관에 지나지 않음을 내보이는 것에 지나지 않은가? 그렇다면, 미국의 이해관계는 무엇이며, 미군은 무엇 때문에 전투를 했다는 말인가 하는 미국의 이해득실, 이해관계의 문제가 제기될 수밖에 없었다.

세 가지 비판 때문에 FM27—5는 전면적으로 개정될 수밖에 없었다. FM27—5의 전면적 개정은 시실리 점령에서의 실패에 의해 더욱더 철저히 가속화되었다. 미군은 시실리를 점령한 후, FM27−5의 원칙을 표면적으로 있는 그대로 적용했었다. 그때 나타난 문제점은 첫째, 시실리의 법률, 관습, 사회기관을 있는 그대로 존속시키고 군정을 실시한다는 것은 한마디로 미군에게는 말도 안되었고, 둘째, 정치적 결정이나 정책적 결정이 결여된 채 점령지를 행정적으로 통치한다는 것이 정치적 허구였다는 점이 입증되었다.

이 결과 미육군성은 FM27−5를 1943년 12월 22일 군정과 민사에 관한 미합중국 육군 및 해군지침(United States Army and Navy Manual of Military Government and Civil Affairs : FM27−5 and OPNAV 50E−3)으로 개칭하고 내용을 전면 수정했다. 진주만이 공격당한 지 2년이 지난 후 개정된 군정지침서는 이론보다는 이탈리아, 아프리카 등지에서 경험했던 미군정의 실제 실패경험을 전폭적으로 반영했다. 특별히 새로이 개정된 군정지침은 미국행정부의 국익과 미군의 전술적 입상을 대폭 강화하여, 군정은 철저히 군사적 목적을 위한 것이며 종전 후에 전개되거나 야기될 점령지에서의 민사문제에는 미군이 거의 아랑곳 할 필요가 없이 군사적 목적을 달성해야 한다는 특징을 갖게 되었다. 즉 군정지침에서 항상 고려되어야 할 점은 군사적 목표의 성공적 수행을 위한 것이며, 군사적 목표 달성이 바로 군정의 지침이며 이것은 미국의 국익을 위한 것이기 때문에 미군사령관은 미군정의 총 책임자로서 소임을 다해야 한다는 점이 개정된 군정지침의 핵을 이루고 있었다(FM27−5 and OPNAV 50E−3 : 5).

개정된 군정지침이 개정 전의 FM27−5에 비해 강화되었거나 달라진 내용 중에서도 대표적인 것은 다음과 같았다. 첫째, 점령지 국민의 복지 및 후생문제를 군정의 기본 목적에서 완전히 삭제했다. 그 대신, 적군을 미군의 아군으로 만들기 위한 최적의 방법이라고 판단되거나, 그럴 필요성이 있을 때에만 점령지의 국민에 대해 적대 행위를 자제할 수 있도록 규정했다. 점령지 국민에 대한 원조나 후생복지 활동은 군사적 전술적 목적 때문에 그 필요성이 인정될 때에 한해, 인도주의적 차원에서 어느 정도 배려할 수도 있으며, 그 필요성이 없어지거나 군사적 목적에 어긋날 때는 가차없이 언제라도 취소할 수 있게 했다. 군정장교는 아예 점령지 주민과 사적인 친교를 금해야 한다고 규정했다. 즉 "미군정을 대표하는 사람들로서 민사 장교나 민사 관계자들은 점령지의 주민이나 그 곳 관리들과의 공적인 자리나 상황을 제외하고는 일체의 비공식적인 친교관계를 맺을 수 없다"(FM27-5 and OPNAV 50E-3 : 10)고 규정했다.

둘째, 개정된 군정지침은 점령지에서 법률, 관습, 정치 관료를 필요에 따라 군정임의로 수시로 교체, 폐기시킬 수 있다고 못박았다. 미군정에 비우호적인 태도를 보이는 정당이나 그런 정치기구에 소속한 인물들은 소속회원 그 자체가 직위 해제의 요건은 아니었으나 그런 단체에서 간부나 지도자 역할을 담당했던 사람들은 군정실시 그때부터 직위 해제시켜야 된다. 또한 미군정이 신뢰할 수 없다고 판단하거나 미군정에 만족스럽지 못한 정치지도자들은 철저히 배제되어야 함을 명시했다.

점령지에서 미군정의 행정적 효율화를 도모하기 위해 점령지의 관습, 법령 등은 그 언제나 폐기, 변경시킬 수 있다는 명문과 함께 필요하다면 옛것, 예를 들어 나치독일이 폐기했었던 관습이나 법률의 복구도 가능하도록 규정함으로써 통치목표를 위해 어떤 정치적 수단도 활용 가능하도록 만들었다.

개정된 군정지침은 점령지에서의 언론의 자유와 출판의 자유를 표면적으로는 허용했지만 미군정의 군사적 이해관계와 상충되지 않는 범위 내에서의 언론, 출판의 자유였었다. 따라서 언론·출판의 자유에 대한 다양한 해석이 가능하게 되었다. 이런 다양한 해석의 가능성은 언론의 자유를 구속의 요건으로 악용할 근거를 마련해 줄 수 있게 되었다.

셋째, 개정된 군정기본지침은 점령지 정치단체 인물에 대한 철저한 경계와 불신 정책을 강화시켰다. 이 원칙을 시실리에 적용함으로써 큰 효과를 얻었었기 때문에 미행정부는 이 부분에 대해 자신감을 갖고 있었다. 미행정부의 행정적 이점에 의거 미군정은 점령지의 정치단체나

당에서 추천한 인물의 임용은 그들이 아무리 미군정에 우호적인 감정을 갖고 있다 하더라도, 아주 특별한 경우를 제외하고는 의도적으로 기각, 금지했으며(참고: FM27-5 and OPNAV 50E-3 : 10), 미군정에 비우호적인 정치단체와 정치적 인물들은 처음부터 미군정의 정책에 간여할 수 없게 되었다. 결국, 이 새로운 규정은 미군정 관계자로 하여금 점령지 정치단체를 미군정에 대한 이적단체와 동급으로 생각하게 만들어 놓았다.

넷째, 개정된 군정지침은 점령지역에서의 경제정책과 경제활동에 관한 군정의 군사적 역할을 강조했다. 즉, 미군과 동맹국의 군사목적을 위해 지역경제를 활성화시키고 생산을 촉진시킬 수 있다고 규정함으로써 미군정의 물적 기반을 점령지에서 확보하게 만들어 놓았다. 이것은 군사적 목적이나 민사적 필요 충족을 위해 미군정이 지역물자를 최대한 활용해야 한다는 전리품적 사고를 정당화시킴으로써 점령국에서의 승자와 패자간의 위치를 경제적으로 묶어두는 목적을 달성하게 만들었다. 따라서 점령지 주민에게 필요한 경제적 물자생산은 부차적일 수밖에 없었고, 그 활동은 최소단위로 한정되었다. 또 이 모든 것은 전쟁에서 미군이 이기기 위한 것이지 결코 적지에서 적군의 국민(enemy population)을 보호하기 위한 것이 아님을 예시한 것이다. 적지에서의 경제적 활성화는 이차적으로는 점령지 주둔군의 안녕 복지를 위하고 궁극적으로는 미국의 국익과 관련된 경제적 필요를 충족시키기 위한 것이라는 점을 개정된 군정지침으로 확인시키는 것이었다.

마지막으로, 개정된 군정지침에 의하면, 점령지에서의 군정시책은 군정지침에만 의존하는 것이 아니었다. 특수한 상황에서는 "다른 방법"에 의존해야 한다고 규정함으로써 군정의 정치·외교적 성격의 가변성도 강화시켰다. 통치의 가변성을 규정하는 사람은 군사령관이 아니라 미국 대통령, 외국의 원수, 미육군성 각료들로서 이들은 군정의 필요성, 성격들을 정치·2002년 1월 14일 외교적으로 처리할 수 있는 최종 결정권자들이었다.

한마디로 개정된 미군정지침은 미군정의 성격을 국제적 정치구상하에서 설정하여 미군의 전술적 승리를 기초로 한 점령지 지배와 경제적 예속을 겨냥함으로써 점령지의 미국화를 겨냥하는 정치·경제·문화·사회적 삼투전략서일 수밖에 없었다. 미군에 의한 한국의 점령과 미군정은 바로 이 개정된 FM27-5에 의거해서 계획되고 실시되었다는 점 때문에 처음부터 미군은 한국의 복지와는 아무런 관련이 없었다고 볼 수 있다.

(5) 미군정의 한국 군정활동 계획안의 실행과 군정기구의 조직

카이로 선언문으로부터 한국 독립의 가능성과 불가능성의 양면성을 다함께 고려하고, 해군정보처조사보고서로부터 한국의 전술적 가치를 검토하고, 개정된 FM27-5로부터 한국점령에 대한 무력적 지배의 군정적 정당성을 타진한 24군단 군정행정부는 한국점령의 구체안을 만들기 시작했다. 한국을 독립국보다는 일본과 똑같은 위치로 설정시켜 놓고 미군의 점령지로 간주한 24군단의 한국군정팀은 1945년 8월 태평양지구 미육군 사령부(AFPAC : Army Forces in the Pacific)로부터 군사지침 제4호를 접수함으로써 더욱더 그들의 입장이 정당함을 확인할 수 있게 되었다. 태평양지구 미육군 사령부 군사지침 제4호에 의하면 미24군단 군정팀은 일본을 점령하고 있는 미6군과 미8군처럼 일본 제국주의 정부의 각 기관이 행하고 있는 행정적 기능과 활동을 계속 감독하라고 지시받음으로써 한국을 독립국이 아니라 미군정의 군사적 목적상 필요한 적지로 묶어두는 정책을 쓸 수밖에 없었다.

만약 첫째, 미국정부가 한국이 일본 제국주의의 희생물이었으며, 이제는 더 이상 한국에 일본 제국주의적 행정기관이 존속할 수 없다는 인식을 가졌었더라면, 둘째, 보다 적극적으로 미정부가 한국을 소련을 의식한 미국주도 세계질서 개편의 한 부분으로 편입시키려는 의도가 없었더라면 24군단 한국 군정팀은 개정된 군정지침 FM27-5를 한국에 적용시키지 않았을 것이다(Taylor, 1948).

이런 군사적 정치적 상황을 인지하면서 미 24군단 군정팀은 배를 타고 오는 도중에서까지 막연하나마 계획(미군정 작전지침 NO, 45, Annex 7, 8)을 완성하고 1945년 9월 8일 인천에 진주했다. 미군의 인천 상륙을 논의하면서, 우리는 미군정팀이 인천에 상륙하기 이틀 전인 1945년 9월 6일에는 이미 24군단 소속 아르고(Argo) 대령이 군정대표 자격을 갖고 단신으로 서울에 도착했다는 사실에 주목해야 한다. 왜냐하면, 이것은 미군정의 국가 기구적 속성을 논의하게 만드는 단서를 제공하기 때문이다. 아르고 대령은 일본 총독, 경무국장 및 한국 주둔 12만 2천 명의 일군을 무장해제시키는 밀명을 갖고 있었다(Sawyer, 1962). 이 당시 미군정팀에게는 미군의 진주에 무력적 두려움을 줄 수도 있는 군사적 장애물을 제거하는 것이 가장 급선무였다. 즉, 미군의 무혈입성과 이에 대한 남한에서의 완전 장악이 급선무였다.

24군단 군정팀이 한국 땅에 도착해서 느꼈던 것이 있다면 그것은 한마디로 한국정국의 혼란과 파국이었다. 이런 상황속에서 24군단 군정팀은 FM27-5에 입각하여 자기들의 계획대로 미군정을 실시하느냐, 아니면 일본식 제국주의 행정체제를 계속 유지시키느냐는 양자택일의 갈림길에 놓이게 되었다. 한국 땅에 주둔한 지 2주일이 지나자, 이들에게 미 대통령 훈령, 즉 국무성 육군성 해군성 조정위원회(SWNCC ; State, War, Navy Coordinating Committee)가 결정한 한국에서의 민사행정을 위한 미합중국의 입장과 정책에 관한 훈령이 날아 들었다. 이 훈령은 별안간 FM27-5와는 약간 달리 한국의 위치를 일본과 분리시켜 한국 군정계획을 세울 것을 명령하고 있었다. 이 훈령 때문에 24군단 군정팀은 어리둥절한 상황에서 FM27-5의 전면 수정 없이 미군정 실시 계획을 실행에 옮기게 되었다.

24군단장인 하지 중장은 아놀드 소장을 한국군정장관으로 임명하였다. 아놀드를 미군정장관으로 임명한 것은 미군정의 성격을 미국총독부로 만드는 바로 그것의 전초전이었다. 즉, 군사적 필요성에 의해 임명된 미24군단 소속군정관(United States Military Governor)은 미국식 한국 총독부의 총독(Governor General of the Korean Government General) 으로써 한국의 정치, 군사, 경제, 문화, 사회 등 모든 것을 지배하는 통치자가 된 것이다(Taylor, 1948 : 360).

 이런 이유 때문에 미군정 관계자들은 24군단장인 하지가 보여준 미군정의 총독부적 입장을 있는 그대로 수용했다. 즉, 인천에 도착했을 때 하지 중장의 태도는 한국에 대한 정복자의 그것이었지 결코 한국해방을 위한 그것은 아니었다. 하지는 개정된 FM27-5의 내용대로, 또 맥아더의 명령대로 미군의 명령에 불복하는 자는 그 누구나 다 사형에 처해질 것이라고 경고함으로써 한국인이 미군에 대한 두려움을 배우도록 만들었다. 하지 중장은 한때 미군 자신들에게는 동료였던 일본이 그들에게 보여주었던 적대감을 되돌려줄 수밖에 없는 적과 한국인을 동일시함으로써 한국인들은 일본인들과 똑같은 종자(참고 : Kolko, 1972 ; Gayn, 1948 : 428 ; Meade, 1951 : 103)라고 간주했던 미군장교였다. 그는 한국독립을 위해서는 아무 소용도 없는 그런 직업 전투군인이었다. 그러나 그에 대한 한국교육계 인사들의 인상은 달랐다. 한국지도자들 눈에 비친 하지 장군은 상당히 호감이 가는 씩씩한 군인이었다. 하지는 적국의 정치적 지도자와는 상종하지 말라는 개정된 FM27-5의 지시대로 남한에서의 어떤 정치집단과의 정치적 타협을 거부했고, 미군정이 합법적 행정통치기구임을 내세웠다. 예를 들어, 하지는 미군사령부를 맨 처음 방문한 여운형에게 일본의 앞잡이라 부르고 자기의 집무실에서 나가라고 소리쳤던 사람이었다(Gunter, 1950).

 이런 하지의 총독자연하는 분위기 속에서 총무정감격인 아놀드는 한국군정을 위해 24군단 군정장교를 군정관계관으로 배속시켰다. 처음의 미군정 조직은 8과(Secretary), 9국(Bureu), 1연락처(Laison)로 구성되었다.

(표 Ⅳ-2) 초기 미군정조직체계*

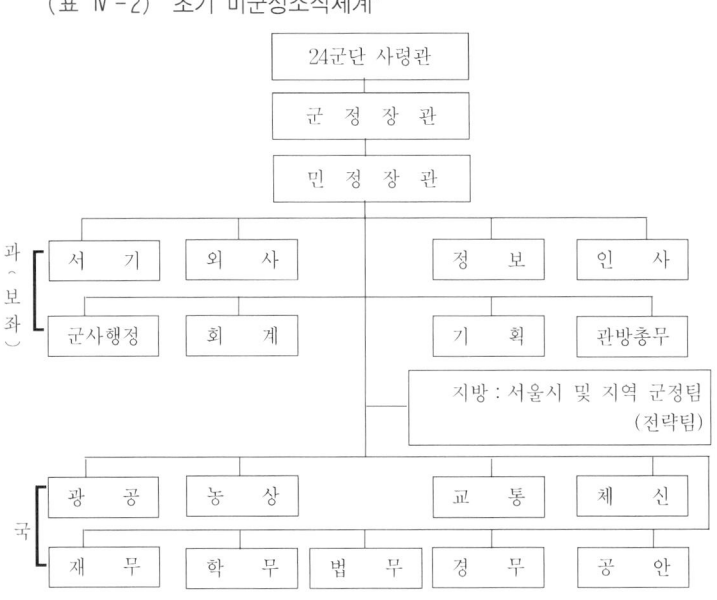

* 본 체계의 직제에는 미군정이 제시한 미군정의 직제 명칭 및 한국에서
발표된 직제 명칭과 상이한 것도 있다. 이것을 시정하기 위해 주로 한국 명
칭, 즉 한국에서 통용되는 명칭을 쓰기로 하였다.

　각 국(局)의 장은 군정장교로 임명되었고, 말단 부하직원으로는 영어
가 어느 정도 가능한 한국인으로 충원되었다. 각 국의 장과 민정관이
미군정의 각료가 되어 이들이 한국의 행정을 관장했다. 행정절차는 각
국은 안건을 각 보좌관에게 넘기고, 각 보좌관은 그 안건을 검토, 민정
관에게 넘기고 다시 그것을 군정장관, 24군단 사령관에게 넘겨 최종의
재가를 얻는 식으로 처리되었다. 이 기구에서 인사담당 보좌관은 한국
인과의 민사문제를 담당했다.

　이런 식으로 조직된 군정은 1945년 12월 말까지 아무것도 제대로 행
하지 못하는 이름상의 군정기구였다. 기껏해야 군정장교를 각 부처장으
로 뽑아 내는 일이나 처리할 수 있었다.

　군정의 조직은 서울에서는 별 문제가 없이 그런대로 처리될 수 있었

으나 각 지방군정의 사정은 엉망이었다(참고 : Meade, 1951 ; Taylor, 1948 ; Gayn, 1948). 왜냐하면 각 도 지구 군정은 행정보다는 전술적 군사적 가치에 따라 구성되는 전략적 군정조직이었기 때문이었다. 지역 상황에 따라 군정의 활성화가 달라질 수밖에 없었기 때문에 서울지구 군정과 도지구 군정간에는 유기적인 행정관계가 형성되기 어려웠다.

　각도의 지방 군정과 서울지구 군정간의 행정관계 수립, 즉 남한에서의 단일 군정체제를 수립하기 위해, 24군단 사령관 하지는 1946년 1월 4일 한국주둔 미육군사령부(USAFIK ; United States Army Forces in Korea) 일반 명령 제1호로 한국주둔 미군정부(United States Army Military Government In Korea ; USAMGIK)를 설치하였다. 한국주둔 미군정은 1월 14일 모든 군정관계사무를 통괄, 장악하게 되었고 이때 군, 읍 지방의 군정업무가 한국주둔 미군정부(USAMGIK)에 의해 관장되기 시작했다. 이어 4월에는 군정의 행정적 효율화를 위해 한국주둔

〈표 Ⅳ-3〉 주한미군정(USAMGIK)의 행정기구

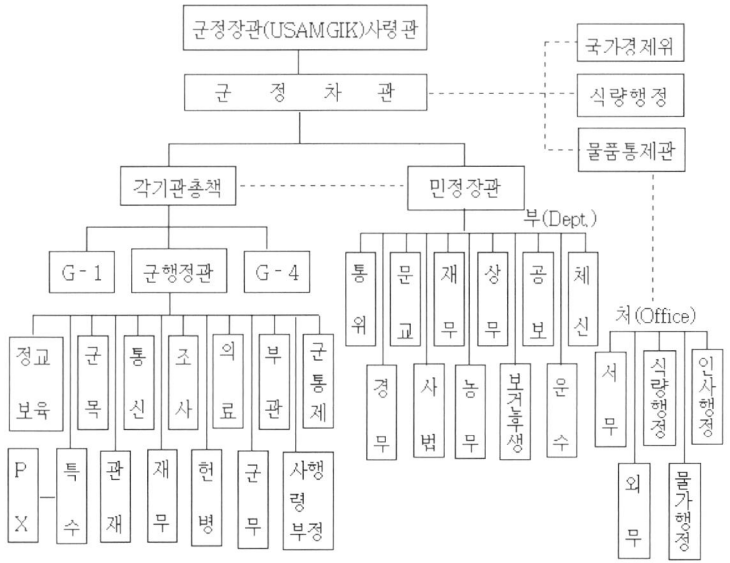

미군정부는 재조직되었다. 각 보좌관은 처(Offce)로 바뀌고, 각 국은 부(Department)로 개칭되고, 각 부에는 부장(Director)을 임명하게 되었다(참조 : 표 Ⅳ-3).

지금까지 군정 조직, 군정의 創出 冬期를 살펴본 후 끄집어 낼 수 있는 질문이 있다면 그것은 처음에 제기된 문제, 즉 왜 한국에서의 미군정은 다른 나라에서 보았던 군정보다 그 실시가 어려웠는가? 라는 질문 그 이상을 넘어서지 못한다. 왜, 정말로 한국에서의 미군정은 어려웠는가? 이에 대한 대답을 편년체적 역사적 사실에서 찾자면 그것은 한국민과의 민사문제에 대해 아무 것도 모르는 전투군인들에게 한국 군정을 떠맡긴 것이 잘못이라는 귀결에도 달하게 된다. 즉, 한국군정요원들은 처음부터 한국군정을 위해 훈련받은 사람들이 아니라는 점, 단지 점령지를 군사적 전술적 가치로만 판단케 한 개정된 점령지 군정지침(FM27-5)으로 한국 군정 계획을 짰다는 점, 단 한 명의 군정관을 내세워 한국총독에 해당되는 민사상의 책임과 권력을 송두리째 주었다는 점, 게다가 군정의 효율화를 위해 군대 조직인 한국주둔 미군정부를 군정장관 산하에 두었다는 점 등을 비판하는 형식으로 끄집어 낼 수 있다.

그러나 이러한 비판적 문제 제기는, 한국에서의 미군정이 벌인 일들을 이해하기 위해 "탁 트인 관점이 필요하다"는 군정장교 출신 테일러(Taylor)의 식견에 아직도 근접하고 있지 못하다. 이를 이해하기 위해서는 미군정이 갖는 국가기구적 속성과, 군정과 한국군정 요원들 간의 관계를 보다 치밀하게 분석해 볼 필요가 있다.

(6) 미군정의 조선총독부적 위상작업

미군정팀이 한국에 진주하기 이틀전 비밀리에 한국에 도착한 아르고 대령이 무엇을 했으며, 그 이후부터 미군정이 집요하게 추진한 일들을 이해한다면, 미군정의 국가기구적 성격을 이해하는 데 도움을 얻을 수 있다. 결론을 미리 이야기한다면 그것은 미군정의 첫번째 관심이 경찰력 보강에 있었다는 점이다. 왜 미군정의 최대 관심사가 경찰력에 관한 것이었을까?

미군정 특사자격으로 1945년 9월 6일 몰래 내한한 아르고 대령은 1945년 9월 7일, 즉 24군단이 한국에 진주하기 하루 전날, 24군단의 해리스(Charles S. Harris) 준장으로부터 비밀명령을 접수했다. 그것은 조선총독부 산하 경무국장(Japanese Commissioner of Police)의 해임에 관한 명령이었다(참고 : McCune, 1950 ; Sawyer, 1962 ; 김천영, 1984). 아르고 대령은 해리스 준장의 명령을 제대로 수행했다고 볼 수 없다. 왜냐하면 그 당시 총독부 관리들은 그에게 미24군단의 평화로운 한국 진주를 위한 치안 담당을 경무국이 계속 유지할 것을 강력히 요청했고, 아르고 대령은 그것을 긍정적으로 수용했었기 때문이다. 이것 때문에 미군을 환영하는 한국민에 대한 일제의 발포가 합법화되었다고 볼 수 있다.

24군단이 한국에 도착한 후 24군단장 하지 중장은 24군단 헌병감인 쉬크(Lawrence E. Schik) 준장에게 경무국 해체와 이를 대신할 수 있는 한국 경찰병력 양성의 특권을 위임했다. 경무국 해체 당시 경찰병력의 30퍼센트 정도가 한국인이었으나 그들의 직제상 지위는 기껏해야 몇몇을 제외하고는 대체로 순사보나 하수인 정도였다. 이에 당황한 미군정은 변환기의 치안공백을 메꾸기 위해 10월 15일부터 서울에 있는 구 경찰양성학교(Japanese Police Academy)를 재개하고 마구잡이로 모집한 한국 청년들에게 1개월간의 기본교육을 시키기 시작했다. 이들이 바로 한국 민주경찰의 간성을 이루게 되었다. 이와 아울러 미군정은 11월부터는 남한만의 치안유지를 위한 국가경찰기구의 창설을 서두르기 시작했다.

미군정청은 11월 13일 경무국과 군무국, 육해군부를 총괄하는 국방사령부를 설치하고 초대사령부장에 쉬크 준장을 임명했다. 국방사령부 직원은 주둔군 장교로 충원되었다. 국방사령부는 육・해・공군을 모체로 한 국방계획을 용의주도하게 세웠다. 국방계획은 경찰병력을 약 2만 5천 명, 1개군단의 육군, 1개 수송·2개 전투비행대대 등 4만5천여 명의 육·공군 병력, 약 5천여 명의 해군 및 해안수비대 병력을 양성하려는 국방계획이었다. 군제는 기본적으로 미군의 군제를 따르며 군사설비는 미군의 잉여장비로 보충할 계획으로 입안된 국방계획은 군정사령관 하지에 의해서 11월 20일 비밀리에 승인되었다. 그러나 이 안은 맥아더에 의해 일단 수정되어야 할 것으로 기각받게 되었다. 맥아더의 수정안은 군대 창설이 아니라 미군의 무기를 소유하면서 그것을 작동할 수 있는 법적 지위를 갖는 경찰병력의 육성이었다. 이렇게 수정된 안은 워싱턴 행정부에서 심한 논란과 토의의 주제가 되었다.

워싱톤에서 이 계획이 검토되는 동안 군정청 쉬크 준장은 국방계획안이 확정되어 실시됐을 때 나타날 여러 문제점 중에서도 시급하게 한 가지 문제점을 지적, 보완할 것을 명했다. 그것은 언어장벽문제의 해소에 관한 것이었다. 한국어를 이해하는 미군은 적었고 또한 자격을 갖춘 통역원도 확보하기가 어려웠던 미군정은 이를 위해 영어학교 개설 계획을 세웠다. 워싱턴의 구체적인 재가도 받지 않고 미군정청 국방사령부는 군사 영어학교를 임의대로 12월 5일 개설하였다. 이것이 바로 국군창설 기간요원 양성의 모체였다. 우선 미군정은 군경력을 지닌 200명(구 일본군)을 차출, 이들에게 영어와 미군 군대기술을 한달간 훈련시킨 후, 그중 110명에게 경력을 참작하여 소위에서부터 대령에 이르는 계급을 부여하여 군인을 만들어 놓았다.

이런 일이 한반도에서 일어나는 동안에도 국방계획안의 확정은 워싱턴 당국에 의해 공식적으로는 1945년 말까지도 지지부진 하도록 되어 있었다. 왜냐하면 첫째, 미국행정부는 모스크바 외상회의와 이를 토대로 설치되는 미소공동위원회가 신탁통치 중심의 임시정부 수립의 골격을 전략적으로 마련할 것이라고 의미심장하게 기대하였으며 둘째, 워싱턴의 국무성·육군성·해군성 조정위원회(SWNCC)는 미소공위 운영에 그들의 국방계획안이 그들의 속셈을 들어내 악영향을 끼칠 것 같다는 판단을 하였기 때문이었다.

한국에서의 국방계획은 한국진주 미군에게 그들이 짊어진 치안담당의 부담을 경감시켜줄 것이라는 계산에 의해 작성되었음에도 불구하고, SWNCC는 국방계획의 전술적 가치와 소련과의 냉전 대비 문제를 치밀하게 고려하면서도 그 안에 대해 침묵을 지킬 수밖에 없었다. 워싱턴의 훈령을 기다리다 지친 하지는 12월 20일 국방사령부장을 챔페니(Arthur S Champeny)로 경질시키면서, 그에게 기존의 국방계획안은 너무 많은 변수를 고려하게 만들어 워싱턴에 의한 승인이 전략적으로 어려울 것이라고 전한 뒤, 보다 구체적인 실용성이 큰 국방계획을 세우라고 명령했다. 이에 따라 챔페니는 새 계획을 세웠다. 그 국방 계획은 2만 5천명 정도의 소규모 보병 창설 계획으로 변경되어 하지의 승인을 받았다. 원래의 국방계획안과는 질적으로 다르게 변경된 챔페니안은 뱀부(Bamboo)계획이라 명명되었고 이 계획은 경무국 산하 국방경비대의 창설의 모체가 되었다.

미소공위 소련측 대표단이 서울에 도착하는 그날인 1946년 1월 15일 미소공위의 효과적인 운영을 위해 미군정청 국방계획안을 공식적으로 승인하지 않은 워싱턴 3성조정위원회의 의도를 제나름대로 읽은 하지는 국방경비대를 창설했다. 이때 초대 총사령관에는 미군정청의 마샬 대령이 임명되고 전 일본군 대령이었던 이형근은 국방부장 고문역으로 취임했다. 또한 한국인 지휘관으로는 채명덕 대위가 임명되었다. 태능에서 1개연대로 발족된 국방경비대는 대한민국 국군의 효시가 된다.

왜 미군정 사령관 하지는 처음부터 집요하게 미군식의 국방경비대를 창설하려고 했는가? 이에 대한 대답으로서 남한의 국방유지를 위한 궁여지책이라는 기능적인 결과론을 내세울 수 있다. 그러나 보다 더 중요한 이유로서 국방경비대 창설로 미군정이 담당하던 치안담당업무를 경감시키려는 노력과, 그 이면에 깔려 있는 구조적인 것을 끄집어 논의해 볼 필요가 있다.

다시 말해서 왜 국방경비대를 워싱턴 당국의 의도된 묵인 아래 미소

공위 소련측이 서울에 도착하는 그날 발족시켰는가? 왜 남한의 치안업무를 맥아더가 기대했던 식의 경찰력 확보 그 이상의 병력으로 미군장교의 지휘아래 조직화시켰는가? 왜 워싱턴 당국은 이에 대해 가부의 판단을 보류한 채 하지의 계획에 동조했는가? 하는 데 대한 논의가 우선되어야 한다. 이에 대한 대답으로 몇 가지를 끄집어 낼 수 있다. 즉, 첫째, 남한에서 벌어지고 있는 소련과의 냉전에서 우위를 확보하려는 심리전의 표현과 둘째, 남한에서 정치운동적으로 미군정측을 궁지에 몰아넣고 있는 반대 세력에 대한 가장 효과적인 대응책이 바로 미군정에 의한 한국의 국방계획과 수정된 경찰병력 확보였다는 점을 지적해 볼 수 있다.

이런 점은 한국주둔군 사령관이며 "기왕의 용어로 빌어 말한다면 조선총독인 셈인"(참고 : 김천영, 1984 : 21) 하지의 미군정이 갖고 있는 국가적 속성이 무엇인지를 일깨워준다. 미군정의 국가적 속성은 첫째, 알튀세의 용어를 있는 그대로 빌어쓰고 둘째, FM27-5에 명시된 군정의 독재적 군사적 기능을 고려해 본다면, 폭력을 기반으로 하는 억압적 국가기구이자 국가권력으로 집약된다. 억압적 국가기구와 국가권력의 상징인 미군정은 미국의 거대한 세계질서 개편 계획 아래 미군정이 끝난 후에도 미국의 영향력을 배제할 수 없게 만드는 즉, 결속력이 원천적으로 배제된 연관관계를 임의적 유대관계로 만들어 줄 정치사회구조를 한국 땅 위에 배태시켰다. 즉, 미국은 미군정이라는 대리적 국가기구를 통해 역사적으로나 문화적으로 아무런 지배, 피지배, 간섭, 자율의 끈이 없는 상황을 새로운 인위적 끈으로 묶여지도록 만드는 문화·군사적 삼투 계획을 실천에 옮겼다고 볼 수 있다.

지금까지의 논의를 짧게 각본화시킨다면 이렇게 제시될 것이다. 즉, 미군정의 국가기구적 성격은 미국의 이익을 대표하는 폭력적 국가기구였다. 억압적 기구로서의 미군정은 이미 20세기 초기부터 혹은 2차세계대전 직후부터 예정해 두었던, 미국에 의한 남한에서의 미군정의 지배를 정당화하기 위해 이념적 국가기구로서 미국식 교육기구를 설정했으며, 이런 문화적인 이데올로기적 설정 위에서 미군정이 실시한 교육은 세 가지 일을 전개했을 것이라는 문화적 각본을 상정시켜볼 수 있다. 첫째, 해방정국과 미군정 3년을 둘러싸고 전개된 교육활동은 미국의 문화정책과 경제적 자본의 축적에 공헌하는 인지 및 기술 등을 생산해냈을 것이고, 둘째, 한국내에 형성된 패권유지 집단들의 계급성에 합당한 기술의 배분과 문화자본론적 생산관계를 재생산해냈을 것이며, 마지막으로, 미군정의 교육구조는 미군정이 갖는 억압적 국가기구의 속성을 대변하는 이념적 국가기구로서의 폭력적 기능 즉, 지배집단과 민중부분과의 분리 기능을 발휘했을 것이라는 시나리오가 가능해진다.

　이런 기능들은 미군정의 억압적 국가기구와 미군정이 동원한 이념적 국가기구로서의 교육부문이 해방정국이라는 역사적 시기에 있어서 상호 자율성을 누리면서 서로 중복결정되어질 때 더욱 더 갈등했었다. 그 갈등으로 인해 폭력적 국가기구의 억압적 개입이 필요했다는 빌미를 주게 되었고, 그것 때문에 정치 혁명 같은 유형의 교육적 변혁은 거의 상정될 수가 없었다. 해방정국 당시 이데올로기적 국가기구로서의 교육부문이 상대적 자율성을 누렸다는 말은, 교육 부문에 간여한 권력동맹들이 어떤 방식으로든 여러 모순들 간의 대립을 중화시켰으며, 어떻게든 적대적 모순들을 비적대적 모순들로 도치시키는 데 일단은 성공했었음을 의미한다. 과연 해방정국과 미군정 시기에 있어서 교육부문을 둘러싸고 전개된 교육부문의 권력동맹관계는 어떤 것이었는가?

2. 교육패권세력의 형성과 그 성격

(1) 교육패권세력의 사회·정치적 동맹관계

　지식인을 그 무엇으로 정의해 보든 간에, 지식인은 그들 내심의 공통적인 열망이 있게 된다. 그런 공통적인 열망은 사회정치적 지배질서에 대한 그들의 태도를 결정하게 만든다. 이 과정에서 지식인들은 그들의 열망을 인정받고 싶어하는 욕심이나 기대, 즉 그들의 지성적이며 사회적 지위는 보통사람보다 우월하며, 그런 사회적 우월성을 인정받고 싶어하는 소망으로 구체화된다(Moffer, 1987).

해방정국에 있어서, 교육에 관계된 그들의 지도력을 인정받고 싶어하거나 교육과 관련된 사회정치적 질서를 개편, 주도하기 원했던 사람들, 말하자면 유억겸이나 오천석 등과 같은 교육관리들은 개인적 자격으로 활동하기보다는 집단적인 사회정치적 배경을 활용하며 활동하기 시작했다. 해방정국 상황 속에서 미군정의 직접적인 정치적 지원을 받았거나 미군정으로부터 어느 정도의 간접적 지원을 받으며 교육계에 등장한 교육관계집단들로서 꼽을 만한 단체들이 바로 조선교육연구회, 한국교육위원회, 조선교육심의회, 조선학술원, 조선교육자협회, 민주교육연구회, 한국교육문화협회 등이었다. 이들 단체에 소속된 사람들은 군정 초기 학무국에 어떠한 형식으로든 동원되어 한국교육의 개편작업에 참여한 사람들이다.

이런 단체 결성과 활동에 앞서서 우리가 눈여겨보아야 할 교육자의 단체적 모임이 하나 있다. 그것이 한국교육사와 미국의 문화체제간의 연접을 가능하게 만드는 천연동(天然洞) 모임이다. 1945년 8월 하순경부터 3, 4회에 걸쳐 김성수, 유억겸, 백낙준, 김활란, 오천석 등이 김활란의 친구집인 서울 서대문구 천연동에 모였다. 이들은 곧바로 미군의 진주를 놓고 나타날 한국교육계의 문제를 논의했었다. 이들은 미군이 진주하더라도 한국교육만큼은 한국인의 자주역량으로 실시해야 되며 이를 위한 대안을 찾자고도 했다. 이 모임의 주도자는 바로 오천석이었다. 이 천연동 모임의 주선자인 오천석은 확실히 미군 진주와 자기 학문이나 교육배경간에는 상당한 관계가 맺어질 것이라는 것을 모를 리 없었을 것이다. 이런 오천석의 제안에 대해 대지주였던 김성수는 국제 시류에 맞게 '민주주의 교육'의 필요성을 내세웠고, 그것을 위한 학제를 6·3·3·4제로 채택, 개편할 것을 제안했다. 이런 학제주창은 그 당시 기상천외한 것이었다.

김성수의 제안에 오천석은 찬성했다. 1929년경 김성수를 미국의 콜럼비아 및 뉴욕 대학교에 관광차 안내해준 경험이 있는 오천석은 김성수가 제안한 6·3·3·4제의 교육제도적 묘미를 천연동회의에서 상당히 교육원리적으로 논증했었다.

> 학제가 많기는 하지만 6·3·3·4제가 제일 새롭고 최근에 들어와 미국의 일부 주에서 신학제로 인기가 높습니다. 심리학 기초도 있고 3·3을 끊는 묘미도 있구요. 그리고 우리나라와 같이 가난한 형편에서는 중등교육과정을 6년 또는 5년으로 하게 되면 학부모들의 부담이 커서 중도에 학업을 그만두는 학생이 많을 걸로 생각됩니다(교원복지신보, 1985. 4. 8).

천연동의 모임이 어떻게 종결되었는지는 불확실하다. 그렇더라도 천연동모임에 모였던 인사들이 주로 교육계 주도세력을 형성했다는 점에는 정치적인 분석의 초점을 맞출 필요가 있다. 왜냐하면 조선교육위원회, 조선교육심의회, 조선학술원에 소속한 사람 모두가 미군정의 사회정치적인 지원을 거의 같은 정도로 균등하게 받았던 것이 아니었기 때문이다. 또한 그런 단체에 가입했던 사람들 모두가 미군정의 교육정책에 찬성을 보냈던 것도 아니었기 때문이다. 개중에는 미군정에 반대했거나 혹은 미군정 관계 한국측 인사들과 사회정치적으로 갈등관계에 있던 사람들도 있었다. 이들 반대파들은 대체로 좌익계 교육정책을 지원한 조선교육심의회의 이극로, 조선학술원의 백남운, 김양하, 윤행중, 신남철, 도상록, 최용달, 김종원, 계응상, 박문규 등이었다. 또는 극우적인 민족주의를 표방한 조선교육연구회의 안호상, 안재홍, 손진태, 최규동, 이호성, 윤태영, 이인영, 심태진, 이득봉, 심현구, 송흥국, 최병칠 등도 미군정의 교육정책, 말하자면 천연동 주축의 교육정책에 반기를 들었었다. 이런 이유 때문만은 아니었지만 대체로 이들은 미군정의 학무행정권에서 배제되었을 뿐만 아니라, 교육주도세력의 일원으로서도 철저히 견제되었다.

미군정의 행정적 지원을 얻으며 한국교육정책에 관여할 수 있는 정
치적 기반을 갖고 있었던 교육주도세력은 조선교육위원회 소속인 유억
겸 등 11명 정도, 조선교육심의회 소속인 오천석외 약 60여 명, 조선학
술원 소속인 윤일선 외 20여 명 등이었다(표 Ⅳ-4 참조).

<표 Ⅳ-4> 군정 초기 교육주도세력 단체와 구성원

단 체 명	주 요 인 물 명
조선교육위원회	유억겸, 김성수, 백낙준, 김활란, 김성달, 현상윤, 최규동, 윤일선, 조백현, 정인보, 백남훈
조선교육심의회	하경덕, 백낙준, 김활란, 홍정식, 정인보, 유억겸, 김원규, 이훈구, 이인기, 오천석, 최규동, 최우선, 현상윤, 이묘묵, 사공환, 이호성, 이규백, 이승재, 정석윤, 조동식, 고황경, 송석하, 서원출, 이흥종, 정문기, 장면, 조백현, 정리욱, 장덕수, 김애마, 신기범, 손정규, 허현, 유진오, 김성수, 박종홍, 조병옥, 최현배, 장지영, 조진만, 조윤제, 피천득, 황신덕, 김성달, 심호섭, 이용설
조 선 학 술 원	박병래, 최상채, 고병간, 윤일선, 최둥, 정구충, 정문기, 이양하, 이원철, 박동길, 최경열, 조백현, 이병도, 윤일선, 김준연, 최현배, 이태규, 김계숙
조선교육연구회	최현배, 조윤제, 사공환, 허현

이들 4개의 교육관련 단체에 의해 추천되었거나 미군정에 의해 산발
적으로 선발된 인사들이 미군정 초기의 학무국에서 교육적 활동을 주
도하게 되었다. 그러나 그후부터 서서히 천연동 모임과 뜻을 달리하는
사람들은 탈락되기 시작했다.

1946년 2월 현재 미군정측이 인정, 그들의 학무국에서 일할 수 있는
한국계 인사라고 간주받은 사람들은 대체로 유억겸, 오천석, 김현익, 길
성운, 김명한, 한태수, 홍정식, 최현배, 장지영, 유진복, 이호성, 이승재,
김용하, 이흥종, 배희성, 함인섭, 정춘모, 김명선, 사공환, 송홍국, 황에스
더(애덕), 최승만, 윤세구, 최종목, 이원철 등이었다. 미군정 학무국의 일
반 행정을 위한 몇몇 기간요원 이외의 일반 학무관계 담당 요원들은
조선교육위원회, 조선교육심의회, 조선학술원, 조선교육연구회와 밀접한
관계를 맺고 있는 사람들이었다. 이들은 한국교육의 문제를 자기들의

식견과 경험으로 요리할 주도권 경쟁에서 유리한 고지를 점령했던 사람들이었다.

이미 교육사회학적 연구에 의해(이숙경, 1983) 밝혀진 바와 같이, 이들 교육패권 유지세력의 사회정치적 배경과 학문적 배경은 대체로 네 가지 공통점을 갖고 있었다. 첫째, 미군정 교육관계 주도세력들은 극우적인 민족주의 세력과 좌익세력을 정치적 배제과정에서 거의 같은 급으로 동일시시키는 입장을 고수하며, 견제세력의 학문적 사회정치적 입장을 미군정 교육정책과 교육활동으로부터 철저히 소외시키는 선에서 미군정의 입장을 교육학적으로 옹호했다. 이 입장을 위해 문교교육세력들은 미군정에서 도구적 보조적인 기능을 발휘해주었다. 미군정에 조력한 한국측 교육주도세력은 한국에서의 미군정이 갖는 점령군적인 군사적 정치적 지배권을 강화해 주거나, 혹은 미군정을 향한 국민의 비판적 여론을 중화시키는 완충세력의 기능을 발휘했다. 미군정 실시지침에 나타나 있는 것처럼, 미군정 지역에서 미군정이 취해야 될 것은 점령 지역민의 후생복지를 위한 것이 아니었고, 점령지 주둔군, 즉 미군의 군사적 우위성과 그들의 후생복지였다. 따라서 미군정에 관계하는 한국측 인사들은 미군정에 있어서는 정치적 도구이거나 전술적 소모품으로 간주될 수밖에 없었다.

제한된 기능과 업무의 범위 속에서 한국측 교육주도세력이 그들 나름대로 최대한의 사회정치적 기득권 확보와 교육적 패권쟁취에 기선을 제압하려 했던 정치적 움직임도 있었다. 그것은 바로 누가 어느 계열이 미군정 학무국 교육정책에 깊이 간여하는가로 측정되었다. 결과론적이지는 하지만, 미국의 냉전논리를 체계화해주고 미군정의 총독부적 지배권을 확대해줄 수 있는 세력으로서 한민당 지원세력이 미군정에 의해 채용되었다는 것은 그 당시 당연했다. 한민당은 그들의 중도적 민족주의에 정치기득권을 사실화시켜줄 수 있는 복고주의적 보수주의를 접목시켜, 미군정의 정책에 무국적주의와 추종주의로 봉사했다는 여러 연구 결과들이 바로 그것의 사실성을 입증해준다. 이 결과 1945년 12월말경

한민당은 미군정 학무국의 한국측 기간요원으로 9명을 확보하고 미군
정민주주의 교육활동에 깊이 간여하게 만드는 데 성공했다.

둘째, 미군정관계 교육패권세력은 해방정국의 상황을 최대한 자기의
편으로 끌어들여 사회정치적으로 생존해야만 될 역사적이고도 필요 충
분한 조건을 갖고 있었던 사람들이다. 이들은 미군정을 생명의 구원세
력으로 활용할 수밖에 없었던 사람들이다. 당시 교육주도세력은 대체로
일제시대에 있어서 관료·양반·지주 출신으로서 고학력의 소지자였다.
일제 당시 고등교육을 받을 수 있었거나 유학을 갈 수 있었던 조건은,
선교사의 배려를 받은 특수인이거나 대체로 그 당시 지배자적 신분을
가진 사람일 수밖에 없었다. 게다가 애들은 일제통치 말기에 일제의 통
치적 합법성을 위해 노력했거나 소극적 저항의 친일적 태도를 보여줌
으로써 친일 내지는 부일의 노력과 무관하지 않은 가문의 전력을 갖고
있었다. 미군정은 이 점을 전술적으로 십분 이용했다. 즉 한국에 대한
미군정민주주의 통치기술상 이들의 자구적 충성심을 최대한 활용하여
그들의 군사적 목적을 달성해갔다.

셋째, 미군정의 한국측 교육관계 교육주도세력이 갖고 있는 또다른
특징 중의 하나는 이들이 대체로 교직경험이 있는 관료주의 교직자라
는 특징을 들 수 있다. 즉 학교 경영주였거나 학교행정 책임자, 아니면
일제시대의 교육계관계 종사자로서 일본군국주의 교육행정과 교육제도
의 우수성을 그 나름대로 체득한 관료주의 추종자들이었다. 바로 이 점
은 자유주의적 교육행정을 내세우는 미군정 미국측 요원들과 행정적
갈등을 일으키는 요소로 작용하기도 했다. 때에 따라서는 이런 갈등이
그들의 의지대로 한국의 교육제도를 중앙집권화시키는 결과를 얻어내
는 힘이 되기도 했다. 예를 들어 국대안은 미국식 고등교육제도가 아니
라 이들 한국 교육주도세력이 경성제대와 동경제대의 본을 그대로 이
어받아 국립서울대로 환원시켜본 하나의 정치적 작품이라는 판단도 가
능하다(한준상, 1983 ; 이희수 1986 ; 최혜월, 1986). 주지하다시피 미국은
국립대학을 허용하지 않은 대표적인 국가이기 때문에, 한국에서의 국립

대학 설치를 생각해 볼 수가 없었다.

넷째, 미군정 한국측 교육주도세력은 발전의 개념을 단일 직선상의 차용으로 해석하고, 외국문화를 손쉽게 한국교육계에 적용해보려는 정신구조를 갖고 있었다. 학문적인 노력보다는 현장유람식의 식견과 견문을 치세의 술로 삼은 유학(遊學)자들이 교육정책 입안에 참여했다. 이 당시 상황을 고려하면 그것도 그럴 수밖에 없었지만 이들은 고등교육의 문제를 학문적인 입장보다는 지위집단의 구성요건(Collins, 1971 : 1002-1019 ; 한준상 1983)으로 삼는 속성을 갖고 있었다. 실제로 미군정 교육관계 주도세력 중의 상당수가 그들 스스로 미국의 컬럼비아, 영국의 몇몇 대학, 일본의 동경제대, 와세다, 경도제대 등에 유학했던 경험이 있기 때문에 외국의 문물을 보다 적극적으로 수용할 수 있는 정신적 자세를 갖춘 사람들이었다. 따라서, 일본식 교육제도가 퇴조되었을 경우 미국식 교육제도를 일단은 손쉽게 참고 수용할 수도 있는 정신구조를 갖고 있었다. 또한 그런 문물의 소개 자체가 하나의 지위상징이나 그들의 식견을 돋보이게 만드는 상징적 대체물로 작용했던 것도 사실이다.

앞에서 논의한 네 가지 주장들은 교육학계에 의해 부분적으로 타당한 것으로 규명되고 있다. 이들 네 가지 주장은 미군정 교육주도세력에 의해 창출된 교육개혁안이나 교육정책이 한국교육에 실제적으로 무의미했거나, 미국측의 입장을 보완하거나 자기들의 사회정치적 입장을 강화하기 위한 것으로 일관되어 있었다는 점을 내세우기 위해 다시 한번 더 논의될 것이다.

(2) 미군정 학무국의 교육활동과 관련된 정치적 일정

미군정의 학무국이 군정 중앙행정기구의 개편과 더불어 1946년 4월부터 1부장, 1비서실, 1차장, 7국(총무, 보통교육, 고등교육, 편수, 성인교육, 교화, 관상), 1국사관의 직제를 갖춘 문교부로 바뀌기 전까지 어떠

한 활동을 전개했는가를 간략하게나마 이해하기 위해 미군정 요원이 인
천에 상륙해서부터 미군정 학무국의 제1차 보고서가 씌어지기 직전인
1946년 2월 말까지의 활동사를 편년체적으로 살펴보면, (표 Ⅳ-5)와 같
다.

교육담당 군정요원으로 발령받은 라카드(Earl N. Lockard) 대위가 미
군정 학무국장으로써 8개월을 소모하면서 전개시킨 교육활동 업무의
내용은 몇 가지로 요약될 수 있다.

(표 Ⅳ-5) 미군정실시 8개월간의 교육활동사(1945. 9~46. 2)

1945. 9. 9.	미군정 요원 인천상륙.
9. 10.	미군정 요원 서울도착.
9. 11.	교육담당장교 중앙청에서 업무 개시.
9. 14.	학무국 담당장교를 학무국장으로 임명(일반명령 2호).
9. 16.	조선교육위원회 구성 인선작업회의 개최.
9. 17.	공립초등학교 재개(일반명령 제4호). 학교에서 한글을 사용하여 교수할 것 등도 명시.
9. 18.	조선교육위원회 첫번째 회의 개시.
9. 22.	학무국장 고문에 김성수 임명(일반명령 제26호).
9. 24.	공립초등학교 개교.
10. 1.	중등학교 이상의 관공립학교 재개.
10. 2.	관상대 복구결정.
10. 12.	학무국을 1국 6과로 개편.
10. 15.	한글 교과서 발행용 원고 승인.
10. 15.	기상대 실습학교 개설(중학졸업자 35명 등록, 훈련).
10. 21.	학교교육에 관한 훈령시달(학교행정체계, 교육과정, 교육정책 등에 관한 훈령).
10. 31.	한국교육원조추진심의회 제1차 회의 개최.
11. 15.	조선교육심의회 제1차 회의 개최.
11. 16.	학무국 각 과에 한국측 책임자 선임. 재개편.
11. 19.	학무국 각급학교 담당자 각 도 교육담당관 방문, 시찰.
11. 20.	『한글 첫걸음』과 『국어독본』을 미군정장관에게 증정.
12. 4.	국립박물관 재개.
12. 19.	학무국 한국측 국장에 유억겸 임명(군정장관 임명 제54호).
12. 19.	학무국이 9과로 기구개편.
12. 22.	초등학교 교사강습회 서울에서 개최(46년 1월 19일까지).
1946. 1.7~ 9.	서울에서 각 도 학무담당 군정장교 및 한국 관계자 연석회의 개최
1.9~ 18.	중등학교 교사강습회 개최.

1946. 1.7~ 9.	서울에서 각 도 학무담당 군정장교 및 한국 관계자 연석회의 개최
1.9~ 18.	중등학교 교사강습회 개최.
1~12	학무국 훈령 제1호 발부(모든 교육관계 증서나 문서는 국어, 혹은 국·영문이어야 한다).
1. 14.	각 도 성인교육관계관 회의, 서울에서 개최.
1. 21.	학무국 직제의 현재적 유효성 확인.
1. 22.	학무국 훈령 제2호 발부(각 도별 중등학교 교사 배출, 사범학교 설치 권한 이양).
1. 28.	한국관현악회 조직.
2. 8.	과학관 재개.
2. 12.	미군정 민정관 명령에 따라 7개 사범학교 설치, 운영에 관한 학무국 업무를 각도로 이관.
2. 16.	초등학교 음악교사 재교육 강습회 개최.

첫째, 그는 한국교육뿐만 아니라 한국 자체에 대해 무지했었기 때문에 일차적으로는 한국 상황을 이해하려고 노력했다고 볼 수 있다. 특별히 군정관계 요원 중 교육담당 군정장교들은 한국을 이해하기 위해 한국측 교육계 인사들의 식견을 경청하는 태도를 전략적으로 유지했다. 미군정 장교측의 이런 학습자적 태도를 한국측 교육계 인사들은 최대한 이용하였다. 사실 그런 기회를 그들의 이해관계 확장 조건으로 간주했다. 조선교육위원회 인선작업이나 조선교육심의회 인선작업 등이 바로 그들의 교육적 패권 유지를 위한 고지와 발판을 만들어 주었다. 이와 아울러 라카드 역시 학무국의 기구개편을 통해 자파 세력의 영입을 적극적으로 추진해나갔다.

둘째, 미군정 문교관계 장교요원 스스로, 한국교육의 성패를 좌우하거나 기본이 되는 교육적 관건에 깊이 관여하는 것을 피했다. 그 대신 전문적 식견상의 마찰이 적다고 판단되는 것들을 전술적으로 처리했다. 즉 국립박물관, 관현악회, 기상대 개설 등과 같은 일들을 군사적 목적으로 처리해나갔다.

셋째, 미군정측은 한국교육의 방향을 미군정의 군사적 목적에 부합시키는 노력을 게을리하지 않았다. 그것은 미군정측이 한국의 지리적 조건이나 군사적 조건을 우선적으로 고려하기 위해 다른 시급한 업무를 제쳐놓고 한국 진주 1개월 만에 관상대를 복구시키고 관상대측의 요원을 양성하는 계획을 구체화시켰다든가, 한국교육원조심의회를 개최한 일 등에서 역력히 나타나고 있다.

다음 장에서는 미군정 학무국이 문교부로 개편되기 전까지 전개한 교육활동을 논의함으로써 미군정과 한국측 교육주도세력간의 공생관계와 그들이 만들어낸 교육정책의 문화사회적 속성을 규명해보려 한다.

(3) 라카드와 그의 지지세력 : 교육주도세력의 형성과정

라카드는 1945년 9월 11일부터 군정요원으로서 한국 교육관계 업무를 관장하기 시작했다. 9월 14일 일반명령 제2호에 의거 그는 미군정 학무담당자로 선발 임명되었다. 라카드는 원래 일본 군정요원으로 선발되어 1945년 1월 미국 시카고대학교 민사훈련학교(Civil Affairs Training School)에서 단기훈련을 받았다. 이때 라카드는 미해군 예비군 소속 에레트 중위(Paul D. Ehret)와 함께 한조가 되어 일본제국주의 교육문제에 관해 34페이지짜리 연구보고서를 써냈다. 연구 제목은 「제국주의의 교육칙서와 수신 교과서에 대한 분석」으로서, 제국주의 수신 교과서의 내용을 분석한 것이었다. 라카드와 함께 훈련받았던 에레트는 10월 7일자로 미군정 학무차장으로 임명되었다.

라카드가 집무를 개시한 1945년 9월 11일의 상황을 「교육국사」(*History of Bureau of Education*, 1946, p. 42) 보고서는 이렇게 진술하고 있었다.

> 1945년 9월 11일 아침 군정장교들은 사무를 시작하기 위하여 중앙청 2층 동편 1실로 출근하여 사무에 관한 지시를 받았다. 오직 한 사람인 교육담당자는 공보관계 담당 5, 6인의 군정장교들과 더불어 한 방에서 일을 하게 되었는데, 그 까닭은 누군가가 이 두 기관은 서로 관련이 있다고 생각하였기

때문이다. 이것으로 말미암아 며칠 동안 공보담당은 교육담당자가 그에게 예속되어 있는 것으로 믿었던 것이다. 교육담당관은 당황하였다. 그는 어찌할 바를 몰랐다. 그래서 그날 하루 종일을 한국에 관한 육·해군합동 정보조사 보고서(JANIS)를 다시 들춰보는 일로 끝내버렸다. 그날 저녁 때 가진 군정 요원들과의 회의나 민사행정 관계자들과 나눈 대화는 어렴풋이나마 한국의 이 시점에서 무엇을 해야되는지를 일깨워주었다. 다음날 학무국 한인국장을 만나 교육제도에 관한 보고서를 제출할 것을 지시하고, 몇몇 한국인을 만나보았다. 첫째주일의 주요 사무는 한인 학무국장 및 한국인들과 회담하는 일이었다. 교육담당관으로서 그는 찾아오는 한국인을 누구나 만나보고 그들에게 교육에 관심을 가진 한국인이면 그 누구나를 가리지 않고 추천해줄 것을 요청하였으며, 다른 군정관들에게도 같은 요청을 하였다.

여기에서 지칭된 학무국 한인국장은 일제총독부 학무국장으로 있었던 엄상섭을 지칭한다. 또한 이 당시 한인으로서 교육계에서 고위직을 차지하고 있던 사람들은, 경기고녀의 교장인 박관수, 경복중학교 교장인 조재호였다. 라카드가 점령지 한국에서 제일 먼저 만나본 사람은 오천석이 아니라 도망가지 못하고 억류되었던 일본총독부의 한인 학무국장과 몇몇 직원들이었다. 미군이 서울에 진주하고 중앙청에서 군정업무를 개시하던 1945년 9월 11일 현재총독부 학무국 직원 104명 중 도망 못간 56명의 일본인들은 미군정에 억류되어 근무할 수밖에 없었다. 이 중에는 조선총독부 고위직에 오른 한국인이 2, 3명 있었는데, 미군정팀에게는 그들이 친일파였기 때문에 그 자리에 있었다는 인상마저 주지 못할 정도로 비쳐지고 있었다. 라카드는 그들이 능력이나 재주가 별반 출중치도 못하고, 모가 나지도 못해서 그 자리에 있게 된 사람이라고 판단했다. 따라서 라카드는 그들로부터 별반 특별한 정보와 식견을 얻어낼 수 없다고 판단했다. 일본교육, 특히 수신교육의 장단점을 잘 알고 있었으며, 어느 정도 그런 것이 한국에도 적용될 수 있다고 판단했던 라카드로서도 한국교육에 대해서는 속수무책이었다. 그 때문에 그는 미군정 사무실을 방문하는 사람을 닥치는 대로 붙잡고 한국 교육문제에 관한 식견을 청취하기에 이르렀다.

9월 12일부터 21일 사이에 만났던 한국측 교육인사들 중, 라카드에게 교육적으로 결정적인 영향력을 발휘한 사람들은 오천석, 최현배, 최승만, 유억겸, 김성수를 꼽을 수 있다. 특별히 오천석은 라카드가 9월 12일 만난 사람 중에서 가장 활용 가치가 있는 교육자로 판단되었다. 라카드는 9월 14일 오천석과 더불어 중앙청 본관 2층에서 별관으로 옮겨가 총독부 학무국을 정식으로 접수하고 재조직에 착수했다.

오천석은 미군정측의 그 당시 정보분석에 따르면, 미국 코넬대학교, 노스웨스턴대학교, 콜롬비아대학교에서 각기 교육학으로 학사, 석사, 철학 박사학위를 취득한 지식인이었으나, 그 당시 일제가 사회적으로 그의 학문적 업적을 냉대했으며, 그 결과 사립학교에서 교편을 잡을 수밖에 없었다. 그런 조건을 갖고 있었기에 그는 라카드와 만난 그 다음날부터 말하자면 라카드의 한국조수로서 교육에 관한 군정업무 개시 일주일간을 무보수로 봉사했다. 그후 오천석은 학교담당 책임자로 발탁되었으며, 이때부터 그는 조선교육위원회 인선작업에 깊이 간여하기 시작했다. 그리고 그는 1946년 1월 현재 학무국 차장으로 승진되었다. 50대의 라카드는 이 당시 한국 사람들에게는 고집불통의 군인으로 비쳐지고 있었다. 이는 라카드가 한인교육계 인사들에게 만만치 않았던 전투병과 장교였음을 간접적으로 시사한다. 라카드에 깊은 영향을 준 두번째 사람이 바로 최현배이다. 최현배는 일본 경도제대에서 교육받았으며 조선어학회에 관계했고 조선어 관계로 일제치하에서 옥살이까지 했던 사람이다. 라카드와 면접한 후 최현배는 편수과장으로 발탁되었다. 최승만은 라카드에게 깊은 인상을 끼친 세번째 사람이다. 그는 일본과 미국 스프링필드대학 출신으로서 10년간을 일본 동경에서 한국 YMCA 총무를 역임했던 사람이다. 미군정의 문화과장으로 발탁되기 전에는 한국에서 생존상 사업을 했었던 불운한 사람이었다. 오천석, 최현배, 최승만처럼 라카드와 직접적으로 연결된 사람 이외에도 미군정 학무국에 결정적으로 영향력을 발휘한 교육계 인사들은 유억겸과 김성수였다. 미군정

정보판단에 따르면 유억겸은 동경제대 법과 출신으로 미국·영국을 여행한 바 있고 그 당시 초기부터 조선기독교대학(연세대전신) 교수로 재직하고 있었다. 그는 미군정 초기부터 미군정 학무국활동에 깊이 관여했고, 조선교육위원회 위원으로 활동하다가 학무국 한국측 국장으로 취임하기 위해 조선기독교대학 학장을 사임해버렸다. 김성수는 대지주로서 와세다대학 출신으로 영국에 유학한 적이 있고, 한민당 책임자이며, 보성전문대학 창설자이기도 했다. 그는 미군정 장관 고문으로 활약했으며 조선교육위원회 위원으로 미군정 학무국 활동에 깊이 관여했다. 라카드에 깊은 감명을 준 다섯 사람 중에서 두 사람은 라카드와 의사소통이 가능했으나 나머지 세 사람은 거의 영어로 의사소통이 불가능했다. 단지 피차 감정만 어렴풋이 느낄 정도였다.

라카드는 한국교육의 실정을 위의 5인으로부터 청취해가며 그 나름대로 식견을 넓히기 위해 한국에 관한 참고문헌을 뒤지기 시작했다. 그 결과 한국에 관한 도서목록을 만들어 미군정 장교에게 배부했고 가능한 조속한 시일내에 일독해 볼 것을 권했다. 이 중에서 교육에 관계된 교육자료로 연희전문대학에서 강의하던 언더우드와 피셔 교수가 쓴 두 권의 책이 선정되었다. 또한 미군정 요원들은 군정요원 중 현지필요성 때문에 미군정 장교 그 누군가에 의해 만들어진 소략한 서울지도 한 장씩을 건네 받았다. 그러나 어느 누구도 독서가 권고된 책에 감동되었거나, 한국의 교육에 깊은 지식을 얻었다는 사람은 없었다. 사실, 이들 책에 지적인 호기심을 기울일 만한 지력과 정력이 이들 미군정 학무국 장교들에게는 결여되어 있었다. 단지 한국을 종전후 휴식처로 간주하고 싶어한 전투병과 군인들에겐 한 장의 지도가 보다 커다란 위안이 되었었다. 이 지도에 미군장교들은 그들이 필요로 하는 유흥가(예 : 국일관) 지역을 개인적으로 그려놓고 생활권의 지도로 삼았다.

(4) 학무국 기구개편과 교육주도세력들의 패권 경쟁

미군정 학무국의 본격적인 활동은 1945년 9월 11일 미군정 교육담당
관으로 배속된 라카드 대위(1946년 1월에는 소령으로 진급)가 중앙청에
서 그의 사무실을 개설함으로써 개시되었다. 라카드는 오천석의 개인적
인 도움과는 별도로, 9월 24일 그와 군정교육을 맡았던 해군 중위 1명,
육군 중위 1명, 사병 3명을 그의 행정통제 아래 두고 그의 학무국 활동
을 본격화시키기 시작했다. 다른 군정 장교들은 10월에 가서야 비로소
학무국의 각 부서로 배속되기 시작했다. 기간요원 수의 증가는 라카드
에게 학무담당 행정장교가 절실히 요청됨을 입증하는 것이었다.

1945년 10월 6일에는 여러 부서가 더 생겨났다. 그 결과 7개 부서, 즉
학교담당, 편수담당, 기획담당, 문화 및 후생복지담당, 관상담당, 법령정
비국, 사업국 등으로 갈라지게 되었다. 그것은 미군정관에 의한 충원계
획이 불확실했으며, 조직의 활동도 상당히 군대식으로 짜여져 민사를
처리하기에는 비효율적이었기 때문이었다.

이런 부작용을 최소화시키기 위해, 10월 12일 다시 학무국의 조직이
1국 6과로 개편되었다. 즉 편수과, 학교과, 예술 및 종교과, 복지과, 기
상과, 관리과 등으로 개편되었다. 이어 1945년 11월 16일에는 다시 학무
국이 개편되고, 이때 학무국은 학무부서, 행정부서 등에 한국 자문과 한
인 보좌관이 행정업무처리상 새로 첨가되었다. 학무국 국장은 편수과,
학교과, 예술 및 종교과, 기상과를 통솔하며 각과에는 한인 과장과 미군
정요원 과장을 두게 되었다. 이때부터 학무국에는 조선교육위원회 조선
교육의회가 상설기구로 등장하였다.

1945년 12월 19일에는 학무국의 조직이 세번째로 재개편되었다. 이때
학무국은 한·미군 행정으로 통합된 상태에서 직능상 서로 갈라져 있
는 이원조직을 갖게 되었다. 즉, 한인 학무국장과 미군정 학무국장 밑에
각기의 한인과장과 미군정 장교 출신 학무담당 과장들이 서로 분리되
어 교육관계 행정을 통괄하게 되었다. 따라서 학무국은 1국장 1부국장
2보좌관 9과 13계로 확대되었다.(표 IV-6 참조)

이 당시 미군정이 사회교육, 성인교육에 주력했다는 점은 미군정이

(표Ⅳ-6) 미군정 학무국 기구표(1945. 12. 19 현재)

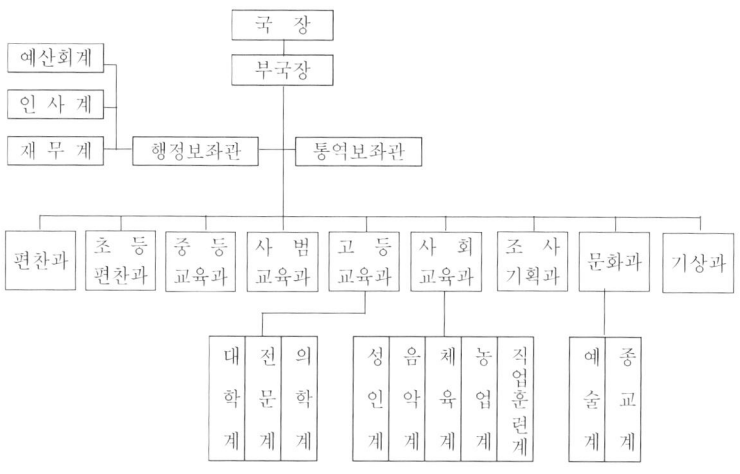

문화적 지배의 정당성을 받아내기 위해 큰 힘을 썼다는 증거를 마련해
주고 있다. 이런 사회교육활동에 의해, 한인과는 별다른 감정적 유대관
계가 없었던 미국의 양키문화가 한국인에게도 의미 있고 관계 있는 문
화로 수용되게 되었다는 점이 체계적으로 분석될 필요가 있다.

  라카드는 12월 19일 한국측 교육계 인사들의 의견을 받아들여 학무
국을 9과로 개편했다. 이때 유억겸은 한국측 학무국장으로, 오천석은 학
무국 부국장으로 발탁, 임명되었다. 유억겸은 학무국 한국대표로서 대외
적인 일만 전담했다. 교육에 관한 모든 내부적인 일과 전문적인 정책
결정은 오천석이 도맡아서 처리했다. 미군정 학무국의 교육정책은 오천
석이 독자적으로 입안하고 후속적인 결정은 라카드가 내리는 식으로
처리되고 있었다(한국교육문제연구소, 1974).

〈표IV - 7〉 미군정 학무국 미군장교측 책임자 명단

이 름	계 급	배 속 일	직위해제일	담 당 부 서
앤 더 슨	중위(육군)	1945. 11. 23		교과서
엔 젤	중위(육군)	1945. 11. 23		기상대
앤스테드	중위(육군)	1946. 2(날짜불명)		대학
벵 스 톤	중위(육군)	1945. 9. 30		회계 및 한국인 관계 인사행정
비 스 코	중위(육군)	1945. 9. 26		중등학교
챔 벌 린	소령(육군)	1945. 10(날짜불명)	1945. 12. 16	의학교(전문학교)
크로프스	소령(해군)	1945. 9. 24	1945. 12. 7	고등학교, 대학교
크 로 스	중위(육군)	1945. 12. 16		학무국장 보좌관
카 운 츠	소령(육군)	1945. 10. 19	1946. 2. 9	행정
딘	소위(해군)	1945. 11. 23		기상대
돈 댄 빌	대위(육군)	1945. 12. 17		의학교(전문학교)
에 레 트	소령(해군)	1945. 10. 7	1946. 2. 21	학무국차장
펄 리	대위(육군)	1945. 10. 10		교사훈련
포 크 너	소위(육군)	1945. 11. 23		음악, 대학교
페 처	소령(해군)	1945. 11. 16	1945. 2. 27	고등학교, 부장
기 파 드	대위(육군)	1946. 1. 21		문화
그 람	대위(육군)	1945. 10. 2		기상대
그 란 트	대위(육군)	1945. 11. 7	1945. 12. 10	문화
홀	중위(육군)	1946. 2. 27		초등학교
커 퍼	대위(육군)	1945. 9. 30		고등학교, 부장
크네즈비츠	대위(육군)	1945. 11. 20		문화
로리드슨	중위(육군)	1945. 11. 14		직업학교, 고등학교
라 카 드	소령(육군)	1945. 9. 11		학무국장
리 온	소령(해군)	1945. 12. 13		문화
밀 람	대위(육군)	1945. 11. 2		농업학교, 고등학교
미 첼	중위(육군)	1945. 10. 1	1945. 12. 28	문화
올 리 버	대위(육군)	1945. 10. 7	1945. 12. 6	초등학교
포 터	소령(육군)	1945. 10. 27		예산, 회계, 행정
로 즈	대위(육군)	1945. 9. 30		복지, 연구
스 미 스	대위(육군)	1945. 10. 7	1945. 12. 9	재산, 용도(행정)
스 틸	대위(육군)	1945. 11. 12	1945. 12. 1	문화
웰 치	중위(육군)	1945. 10. 18		교과서, 문화

(표 Ⅳ-8) 미군정 학무국 한국계 주요인사들의 보직(1946.2. 현재)

성 명	보직일자	보 직 처	담 당 부 서
유 억 겸	1945. 12. 19.	학 무 국	학무국장
오 천 석	9. 12.	학 무 국	부 국 장
김 현 익	11. 1.	행 정	검 사 관
길 성 운	10. 17.	행 정	인 사
김 명 한	10. 17.	행 정	재산·용도
한 태 수	12. 26.	행 정	서 무
홍 정 식	11. 1.	연 구	조사기획과장
최 현 배	9. 18.	교 과 서	편수과장
장 지 영	10. 1.	교 과 서	차 장
유 진 복	10. 8.	교 과 서	사 업
이 호 성	1946. 2. 14.	초등교육	
이 승 재	1945. 10. 15.	초등교육	과 장
김 용 하	12. 2.	초등교육	장 학 관
이 홍 종	12. 26.	중등교육	과 장
배 희 성	11. 10.	중등교육	기술학교
함 인 섭	1946. 1. 14.	중등교육	농업학교
정 준 문	1945. 11. 16.	고등교육	전 문
김 명 선	11. 17.	고등교육	의 과
사 공 환	9. 27.	사범교육과	과 장
송 홍 국	1946. 2. 5.	성인교육	과 장
황 애 덕	1945. 12. 3.	성인교육	차 장
최 승 만	9. 18.	문 화	과 장
윤 세 구	11. 6.	문 화	박물관 및 도서담당
최 종 목	11. 9.	문 화	종 교
이 원 철	9. 22	기 상 과	과 장

1946년 1월 21일에는 학무국이 미군정 설치 이래 네번째로 개편된다. 이때 학무국은 4실 7과, 즉 국장실(국장, 차장, 국장 보좌관, 자문 위원 회 : 조선교육위원회, 조선교육심의회), 총무실(서무, 예산·경리, 인사, 재산·용도), 조사실, 특수학과실(음악), 편수과, 초등교육과, 중등교육 과, 고등교육과(전문, 의학, 대학, 사범), 성인교육과, 문화과(박물관, 도 서관, 예술, 체육, 종교), 관상과로 개편되며 각 과의 한인 및 미군정 책 임자는 표 Ⅳ-7과 표 Ⅳ-8처럼 임명되었다(Headquarters, 1946). 짧은 기간 동안 네 번씩이나 학무국의 조직이 개편되었다는 점은 아직 구체 적인 증거가 확보되지는 않았지만, 학무국내에서 한국측 인사들이 내부

갈등을 빚어내고 있으며 그들에 의한 패권경쟁이 강화된 결과라고 볼
수도 있다.

이때부터 학무국의 일반 행정업무는 활기를 띠기 시작했지만 학무국
의 주요활동은 한국교육에 관한 세부적인 것이라기보다는, 그저 일반
행정 그 자체에 관한 것들이었다.

> 업무개시 첫 달 동안 보았던 엄청난 군정관계 서류작업과 더불어, 행정장
> 교들이 행정활동을 개시할 수 있도록 사무실을 청소한다든가, 전화도청을 방
> 지한다든가, 일상계획을 세운다든가, 방 배치번호를 단다든가, 교육국에 배정
> 된 비품·재산 목록을 만든다든가, 늘어나는 학무행정을 효율적으로 처리하
> 기 위해 기구조직의 수정을 가한다든가 하는 일이었다. 이때 미군정은 학무
> 국에 잔존하던 일본인 직원으로부터 학무국 기능을 청취해서 감을 잡는 일
> 과 기존 자료를 번역해놓는 일에 상당한 노력을 기울였다.

위의 인용에서 보는 것처럼 1945년 9월부터 6개월이 지나는 동안 미
군정이 한국교육을 위해 해 놓은 일은 행정적 편의를 위해 학무국 행
정기구를 개편하는 일이 주종을 이뤘다(Choi, 1986 ; Nam, 1962; Kang,
1970 ; 돌베개 편, 1982). 미군정세력과 밀접한 관계를 맺고 있던 한국측
인사, 즉 천연동 모임 주동세력이 학무국의 문교행정을 장악해가는 6개
월 동안 라카드가 기껏 해놓은 행정적 과업은 다섯 가지 정도로 간추
려질 수 있다.

첫째 조선교육위원회 설치, 둘째 학교교육에 관한 훈령 시달, 셋째 미
국교육원조추진심의회 구성, 넷째 조선교육심의회 설치, 다섯째 각종 교
육자문기구 설치 등이었다. 미군정 요원들이 시급히 설치한 자문기구로
서 성인교육자문위, 음악교육 자문위, 보이스카웃 자문위, 여가선용 자
문위, 예술 및 고적보존 자문위, 국립극장 추진 자문위 등을 들 수 있으
며, 이런 기구들은 근본적으로 미국문화의 보급을 위한 보조기구들이었
다. 문맹률 수준이 극심했던 한국 실정에서 영어고전 읽기를 권장하는
그런 식의 문화교육활동이었다.

라카드에 의해 입안되어 내려진 훈령은 한국교육에 관한 최초의 구상이었다. 1945년 10월 21일 학무국장이 각 학교에 시달한 학교행정체계, 교육과정, 교육정책에 관한 훈령은 군정장관인 아놀드가 미군정 학무국 관계자들에게 학무국의 임무와 책임범위를 명시하면서, 한국교육의 직제, 사립학교, 초·중등학교 교육과정, 보고서 양식, 학교교육 재정에 관한 미군정의 입장을 밝힌 것이어서, 한국교육에 대한 초기 미군정 문교정책의 특성을 이해하는 데 결정적인 단서가 된다. 물론 이 훈령은 9월 16일 결성된 조선교육위원회가 조력해준 몇 가지 안을 토대로 한 것이기 때문에 더욱더 이 당시 한국교육 패권경쟁자집단의 교육학적 소양의 폭이나 교육에 대한 식견을 평가하게 만들어주는 지침서가 된다.

(5) 학교교육에 관한 미군정 훈령의 내용

학교교육에 관한 훈령은 1945년 10월 21일 아놀드 군정장관이 24군단 예하부대인 40사단과 6사단 학무담당 군정 장교들에게 보낸 명령이다. 훈령의 주요 골자는 다음과 같이 정리될 수 있다.

첫째, 미군정은 변혁보다는 유지, 한국민의 교육적 욕구보다는 미군정 기관요원들의 행정적 이해관계를 최우선화시켰다. 왜냐하면 미군정은 38선 이남의 학교교육에 관한 미군정의 일반적 정책은 변경이 필요하다고 판단될 때까지 기존의 틀, 즉 일제의 교육제도 속에서 학교교육을 운영하겠다고 천명했기 때문이다. 기존의 교육체제는 상당히 중앙집권화되어 있었기 때문에 개혁이 되기 위해서는 전반적인 개혁이 요청되었다. 그런 개혁은 군정관의 명에 의해서만 가능하기 때문에, 군정장교들은 '기존의 체제에 의거해서 그들의 업무를 집행해야 된다.' 군정장교들의 임무는 교육체제를 1945년 9월 29일 명한 군정장관의 명령과 1945년 10월 5일 명한 민정관의 인사행정지침, 즉 한국의 특수한 조건을 고려하는 각기의 훈령에 따라 업무를 집행해야 된다. 군정 학무담당관들은 모름지기 지역사회의 정보를 통해 기존 교육체제에 친숙해져야

(표 Ⅳ - 9) 초등학교 교육과정(2부제 수업 실시*) (단위 : 1주일당 시간)

과목 \ 학년	1~3	4	5~6	고등과	교과서 유무
공　민	2	2	2	2	편찬준비중
국　어	8	7	6	6	편찬준비중
지리·역사	－	－	2	2	편찬준비중
산　술	5	4	3	3	구교과서(교사전용)
자　연	－	2	2	2	구교과서(교사전용)
음악·체육	3	3	3	3	없　음
전체시간	18	18	18	18	

* 오전수업 : 9시부터 12시까지. 오후수업 : 1시부터 4시까지.
　시간배당근거가 설명되어 있지 않다.

(표Ⅳ—10) 초등학교 교육과정(전일제 수업) (단위 : 1주일당 시간)

과목 \ 학년	1	2	3	4	5	6	교 과 서
공　민	2	2	2	2	2	2	편찬준비중
국　어	8	8	8	7	6	6	편찬준비중
역　사	－	－	－	－	2	2	편찬준비중
지　리	－	－	－	1	2	2	없　음
산　술 ⎫ 이　과 ⎬	6	6	7	〈5 3	〈5 3	〈5 3	구교과서 (교사전용)
체　육 ⎫ 음　악 ⎬	4	4	5	〈3 2	〈3 2	〈3 2	없　음
습　자	－	－	1	1	1	1	없　음
재봉·가사	－	－	－	3 (여)	3 (여)	3 (여)	없　음
도　화 ⎫ 공　작 ⎬	2	2	2	〈3 (남) 2 (여)	〈4 (남) 3 (여)	〈4 (남) 3 (여)	없　음
실과(직업훈련)	－	－	－	1 (여)	1 (여)	1 (여)	없　음
총 시 간	22	22	25	30 남(27)	33	33	

한다. 또한 차상급의 군정장교나 민정관계자들과 친숙한 관계를 수립해야 하며 이런 관계 형성을 통해 교육의 문제를 척결해나가야 한다.

둘째, 미군정은 교육행정 공무원의 직위를 일제가 쓰던 식 그대로 칙임관(勅任官), 주임관(奏任官), 판임관(判任官)으로 3등급화시켰다. 칙임관과 주임관 같은 고등관리는 학무국의 동의에 의해 군정장관이 재가, 임명하고, 판임관은 군정장관의 재가를 받지 않고 학무국장이나 각도 교육 전담 장교가 임명할 수 있도록 규정했다.

미군정에 의한 교육행정 직위의 3등급화 현상은 미군정이 일제 통치 하에서 통용되던 관리제도, 즉 1909년에 내린 칙령 제144호 고등관관등봉급령(高等官官等俸給令)을 수정 없이 수용, 한국현장에 적용시켰음을 의미한다. 미군정은 일제가 쓰던 직위제도, 즉 친임관(親任官), 칙임관, 주임관, 판임관의 4직급을 미군정 실시 8개월 동안 있는 그대로 활용했다.

셋째, 미군정 학무국은 모든 초등학교를 위한 교육과정을 준비해야 하며, 학교교육담당 군정장교는 2부제 수업을 되도록 전일제 수업으로 바꾸도록 최선을 다해야 한다. 2부제 수업 학교와 전일제 수업 학교의 교육과정은 표 Ⅳ-9와 표 Ⅳ-10처럼 편성, 실시 운영되어야 한다고 명시함으로써 일제식 초등교육과정보다는 약간 구체적인 교육과정을 제시했다. 그러나 시간수가 왜 이렇게 각 과목에 따라 분활되어야 하는지에 대한 타당한 이유를 제시해 놓지는 않았다. 이 결과 1980년대의 학교교육과정 시간배정수 역시 이때의 시간배정을 시간편성 기준으로 참고하는 우를 역사적으로 번갈아가며 범하게 만들어놓았다. 이런 시간배정은 1980년대 교육과정의 시간배정에 있어서까지 암암리에 그들의 역사적 근거를 마련해주는 자료로 활용되고 있는 실정이다.

(표 Ⅳ-11) 남자 중학교 교육과정 배당시간 (단위: 1주일당 시간)

과목 ＼ 학년	1	2	3	4	교과서 유무
공　민	2	2	2	2	편찬준비중
국　어	7	7	6	5	편찬준비중
역사·지리	3	3	4	4	편찬준비중
수　학	4	4	4	4	구교과서(교사전용)
화학·생물	4	4	5	5	구교과서(교사전용)
영　어	5	5	5	5	구교과서(교사전용)
체　육	3	3	3	3	없　음
음　악	1	1	2	2	없　음
습　자	1	1	－	－	없　음
도　화	1	1	1	1	없　음
실　업	1	1	2	3	없　음
총　계	32	32	34	34	

(표 Ⅳ-12) 여자 중학교 교육과정 배당시간 (단위 : 1주일당 시간)

과목 ＼ 학년	1	2	3	4	교과서 유무
공　민	2	2	2	2	편찬준비중
국　어	7	7	6	5	편찬준비중
역사·지리	3	3	3	3	편찬준비중
수　학	3	3	2	2	구교과서(교사전용)
화학·생물	3	3	4	4	구교과서(교사전용)
가　사	2	2	4	4	없　음
재　봉	3	3	3	4	없　음
영　어	4	4	4	4	구교과서(교사전용)
체　육	2	2	2	2	없　음
음　악	2	2	2	2	없　음
습　자	1	1	－	－	없　음
도　화	1	1	1	1	없　음
수　예	1	1	1	1	없　음
실　과	－	－	1	1	없　음
총　계	34	34	35	35	

넷째, 미군정은 공립 중학교 중학생이 배워야 될 교육과정으로 표 Ⅳ
-11과 표 Ⅳ-12처럼 각 과목 및 수업시간을 결정했다. 실업학교 교육
과정 역시 공립중학교 교육과정처럼 운영 실시된다. 사범학교 역시 공
립 중학교 교육과정을 고려하여 사범학교 교육과정을 새로 편성 운영
하기로 되어 있으나, 이때부터 눈에 두드러지게 나타나는 것이 영어시
간에 대한 대폭적인 증가 배정현상이었다. 영어교과서나 영어교사 하나
변변히 마련되어 있지 않은 상황에서 영어시간 배정을 확대시킨 것은
미군정민주주의의 문화적 우위주의 입장이 정책적으로 강요된 것임을
알 수 있다.

다섯째, 각도 학무국 및 학교담당 관계자들은 매월 15일과 말일자로
다음과 같은 항목에 유념하여 보고서를 제출해야 한다고 명시함으로써
교육행정의 관료화를 체계화시켰다. 즉 미군정 미군장교는 물론 한인관
리들마저도 ① 초등학교 총 개교수(사립·공립 분리), ② 초등학교 총
재학생수(사립·공립 분리), ③ 초등학교 총 교사수(교장 포함, 사립·
공립 분리), ④ 중학교와 고등학교 역시 ①②③항에 따라 각기 분리 보
고한다. ⑤ 학생들의 동향 보고(휴업동맹 및 기타 주요 사항), ⑥ 그 외
의 질문, 문제, 제안사항 등을 가능한 영어로 문서화시켜야 되었다.

여섯째, 미군정 학무국은 학교운영재원 확보를 학생 개인이 부담하는
수업료와 지방 재원으로 충당하려고 시도했다. 즉 공립 고등중학교의
재정적 지원은 국세로, 공립 중학교의 재원은 지방세 혹은 국가 보조로
충당하고, 공립초등학교의 재원은 국세 지원 아래 시·군 지방세로서
충당하기로 했다. 동시에 각급 학교는 종전대로 학생들에게 수업료를
징수할 수 있도록 규정했다. 이것은 그 당시 상황으로 보아 현실성과
실효성이 철저히 결여된 미국식 교육재정지원책이었다. 그러나 사실, 월
사금제도는 일제가 요구했던 수익자부담원칙을 미군정민주주의로 각색
해 놓은 것에 지나지 않았다.

일곱째, 공립 초등학교와 중등학교용 교과서는 준비중에 있거나 인쇄
중에 있으며, 국어 교과서 제작은 상당한 시일을 요하기 때문에 각급학

교 교사들은, 옛날 일제시대의 교과서를 사용하더라도 실정에 맞게 최선을 다해 가르쳐야 한다고 강조함으로써, 미군정은 시대적 상황논리로써 교육의 위기를 관리하려고 시도했다.

훈령 말미에 군정장관 스스로 비판과 협조를 기대한다고 명시해놓고 발표한 1945년 10월 21일자 '학교교육에 관한 훈령'을 통해 교육과정 및 교육재원에 관한 미군정의 문교정책적 입장은 다분히 미국식 교육제도에 기초한 교육위기관리책이었음을 알 수 있다. 왜냐하면 일제교과서를 폐지한다고 선언했으면서도 다시 일제의 교과서를 참조하게 만들었으며 학교재원을 지방자치제에 빗대어 확보한다고 하면서 수익자 부담을 현실화시킨 생각이나, 교육과정편성에 일본어 대신 한글시간과 비등하거나 더 많은 시간수의 영어과목을 강조하고, 이어 그 당시 한국상황에서는 전혀 어울리지 않는 직업훈련교육을 강화한 것은 다 위기관리책이었다. 또한 1940년대 당시 미국교육이 직업훈련을 강조했던 것을 있는 그대로 모방 복사한 결과이다.

이때부터 영어가 외국어로서의 높은 대접을 받았다는 점은 한국 중고등학교 교육과정사에서 주목해볼 만하다. 또한 일제시대의 수신·지리·역사 과목을 한데 묶어 사회교과로 만든 것도 특이할 만하다. 이 과목이 바로 친미교과를 상징하며 이것이 바로 미군정민주주의를 위한 정치사회화를 의미한다. 한마디로 조선교육위원회가 일본어 대신 국어를, 수신 대신 친미교육교과인 사회생활을 교과과정에 새로 집어넣은 것과 영어를 유일의 제1외국어로 대접한 것 이외에 만들어놓은 모든 교육 결정은 한국측 교육주도세력이 별다른 교육학적 소양이나 전문성을 결여한 채, 미군정 학무국장 라카드와 한때 미군정 학무국 차장으로 배속받은 에레트의 교육적 소양과 그들의 이해관계를 건드리지 않는 선에서 합법화 추인시킨 것이라고 볼 수 있다.

(6) 조선교육위원회의 활동과 사회 · 정치적 성격

조선교육위원회(KCE, The Korean Committee on Education)는 미군
정이 최대한 전략적으로 활용했던 문교관계 여러 위원회 중의 하나였
다. 미군정학무국이 각종 위원회를 최대한 활용할 수밖에 없었던 이유
는 여러 가지가 있다. 첫째, 미군정측이 고백하는 대로, 한국교육을 이
해하는 장교는 한 사람도 없었다. 게다가 학무담당 장교를 처음부터 중
요한 위치에 둔 것도 아니었다. 한국 진주 후 남아돌던 병력인 포병장
교 라카드를 단지 그가 일본 수신교과서를 연구했다는 이유 때문에 학
무국에 배속시켰을 뿐이다. 이런 상황에서 라카드는 직책상 한국교육문
제에 관한 한 그 어느 누구의 도움이라도 경청할 수밖에 없었다. 둘째,
미군의 한국 진주 후, 라카드가 만나본 조선총독부 학무국 소속 한인
교육담당 관리들은 대체로 낮은 직급에 있었기 때문에 한국교육문제를
논의해 볼 가치조차 없었던 인물들이었다. 고등직급에 있었던 한인들은
전부가 다 친일파였기 때문에, 그들 스스로 몸을 사렸을 뿐만 아니라,
그들의 조력을 얻는 그 자체가 한국민의 비난거리였다. 이런 장애물의
돌파구로 라카드는 제3의 조력자인 친미주의자들이 필요했다. 셋째, 미
군정에서 제대로 부릴 만한 교육전문가들이 너무 적었을 뿐만 아니라,
그들을 제대로 소집하는 일 자체가 하나의 커다란 행정적 과업이었기
때문이다. 또한 자원인사들의 출신성분을 면밀히 분석 검토하는 그 자
체도 엄청난 일이었기 때문에, 이런 일을 소화내거나 조력해줄 수 있는
행정적인 보조세력이 절대적으로 필요했다. 넷째, 한국의 교육체제를 어
떤 식으로든 미국의 문화적 이익에 맞도록 재개편시키는 일뿐만 아니
라, 미군정의 문교정책에 대한 교육세력의 여론을 전략적으로 청취해볼
필요가 있었기 때문이었다. 다섯째, 미군정은 현실적으로 경비를 줄여가
며 문교정책을 효율적으로 입안하고 싶었기 때문이었다. 미군정은 각종
위원회의 위원이 무보수로 일하게 된다는 점을 최대한으로 활용했다.
이 당시 천연동 회의 주선자인 오천석만이 미군정 개시 처음으로 미군

정 학무국에 정식 직원으로 채용되어 봉급을 타고 있었을 뿐이다.

미군정은 한인 교육계 인사들의 한맺혔던 개인의 명예욕을 최대한 활용했고, 한인 교육계 인사들은 이런 기회를 통해 그들의 주도권을 장악하려 했다. 이런 교육주도권을 장악하는 데 성공하도록 만들어준 기회가 바로 조선교육위원회 설치였다.

9월 16일 구성된 조선교육위원회는 9월 16일 현재 7명으로 구성되었다가, 11월에는 다시 10명으로 확대 개편되었다. 무보수로 일하게 된 조선교육위원회는 오천석의 의도대로 구성되었다. 왜냐하면 오천석이 주선해준 한국교육계 인사들을 만나본 라카드는 그들을 다 함께 초치한 자리에서 일곱 부문의 교육활동 분야에서 미군정에 가장 효과적으로 조언해 줄 교육계 인사들을 선택해주기를 부탁했고, 그리하여 그 자리에서 사람들이 발탁되었기 때문이다. 이때 초등교육에 김성달, 중등교육에 현상윤, 전문교육에 유억겸, 교육 전반에 백낙준, 여자교육에 김활란, 고등교육에 김성수, 일반교육에 최규동 등 일곱 사람이 각기 선발되었다.

이 당시 조선교육위원회에게 맡겨진 주요 임무는 라카드에게 자문역할을 수행하는 것이었고, 그 자문역의 내용은 네 가지였다. 첫째 라카드에게 각급 학교의 개교시기를 언제로 잡을 것인지를 결정, 조력해주는 일, 둘째 일본인 교사나 친일파 교사들을 축출해야 되는지 어떤지를 결정해주는 일, 셋째 학무국 요원으로 누구를 추천해주며 어떻게 학무국 기구를 구성해야 되겠는지를 조력해주는 일, 넷째 교과서와 교육과정을 어떻게 구성해야 되는지 등을 결정해주는 일이었다.

주로 이런 일을 하는 도중 조선교육위원회는 9월 22일 고등교육 담당자인 김성수가 하지 중장의 정치고문으로 발탁되자, 그 자리에 백남훈이 기용되었다. 이어 유억겸이 학무국 한인국장으로 기용되고, 김성수는 다시 교육위원회로 되돌아오게 되었다. 11월에는 7인의 조선교육위원회가 10인의 조선교육위원회로 확대개편되어 의학교육에 윤일선, 농업교육에 조백현, 학계대표에 정인보가 새로 추가 보강되었다.

조선교육위원회는 9월 16일 이래, 일주일에 평균 2번씩 만나 무려 3

시간 내지 5시간 동안의 회의를 갖곤 했다. 조선교육위원회가 친일파로 구성되었다는 비판이 일자 미군정은 당황했다. 그러나 미군정은 이들에 대한 신분조사를 완벽하게 했으며, 조선교육위원회에는 친일분자가 없다고 공언함으로써 조선교육위원회의 친일파 시비에 대한 또 다른 교육패권경쟁자들의 비판을 묵살시키려 시도했다.

이 당시 조선교육위원회의 구성원의 친일파적 사상성 논쟁은 표 Ⅳ -13에 지적된 근거에 따라 비롯되었다. 그러나 그 비판에 대한 단죄 및 친일파 여부는 더욱더 체계적으로 논의될 필요가 있다. 왜냐하면 친일파단체 일원들과 직책상 한두 번 이야기했다든가, 그런 단체에 이름

(표 Ⅳ - 13) 조선교육위원회 위원의 친일파 논쟁 근거

성 명	전문담당	경 력
김성달	초등교육	한성사범학교 출신, 상왕십리 교두(교감), 휘문 의숙 교장
현상윤	중등교육	와세다대 졸, 중앙학교 학감, 중앙보통학교 교장, 경성대학 예과부장
유억겸	전문교육	동경대 졸, 연희전문학교 부교장, 조선임전보국단*
백낙준	교육전반	프린스턴대 졸, 예일대학원 졸, 연희전문 교수
김활란	여자교육	웨슬리안대 졸, 보스턴대학원 졸, 이화여전 교수, 국민총력조선연맹*, 조선임전보국단 부인대*
김성수	고등교육	와세다대졸, 중앙보통학교 교장, 보성전문학교 교장, 국민정신총동원조선연맹*, 국민총력조선연맹*
최규동	일반교육	광신상업학교졸, 대성학교 교사, 휘문의숙 교사, 중동학교 교장
백남훈	고등교육 (김성수 후임)	와세다대 졸, 일신고교 교장, 광신상업학교 교장, 일신여보 교장
윤일선	의학교육	경도제대 졸, 세브란스의전 교수
조백현	농업교육	구주제대 졸, 수원고등농림학교 교수 및 교장
정인보	학계대표	연희전문 교수, 이화여전 교수, 동아일보 논설위원

* 는 친일 여부의 논쟁을 일으키는 단체로서 조선임전보국단은 황국신민으로서 황도정신을 앙양하는 친일세력 단체였으며, 국민총력조선연맹은 내선일체를 강조하면서 멸사봉공과 동아신질서를 주장한 친일단체였다(심지연, 『한국민주당연구11』, 창작과 비평사, 1984 ; 임종국, 『일제침략과 친일파』, 청사, 1982를 참조).
　　이런 주장에 대해 민족문화연구소는 사업유지상 친일대열에 선 사람이 바로 유억겸이나 김성수이고, 공포에 의해 맹족적인 부일태도를 보인 사람 중의 하나가 김활란이라고 지적하고 있으나 더욱더 연구검토되어야 할 내용들이다.

만 걸어놓았다고 친일파로 단죄할 수는 없을 뿐만 아니라, 친일파에 대한 단죄 여부는 보는 시각에 따라 서로 다르기 때문이다. 예를 들어 직책유지상 친일단체에 명목적으로 관계했다고 전해지는 조선교육위원회의 유억겸은 누구보다도 강력하게 친일파 교사와 교육자에 대한 징계론을 제기한 사람 중의 하나였다고 전해지고 있다. 이런 예는 역사상으로 개인에 대한 단죄문제는 시각에 따라 서로 모순되고 있음을 역설해 주고 있다.

조선교육위원회는 주로 각도 학무국장, 공립중등학교 교장, 대학장을 선발 인선하는 일들을 전담했다. 그러나 조선교육위원회의 정치적 성격은 미군정 학무국의 정보와 판단대로 보수주의적이었으며, 소수의 인사에 의해 좌우되고 있었다. 학무국장인 라카드는 다음과 같이 증언했다.

> 조선교육위원회의 위원들은, 그들의 정치적 입장에 있어서 급진적(좌경)이었다기보다는 차라리 보수적(극우)이었다는 것을 부인하기 어렵다. 그러나 여론조사에 의해서 나타난 결과나 신문기사의 보도에 의한다면, 조선교육위원회는 상당한 신임과 존경을 받고 있었다. 조선교육위원회가 위원의 개인적 배경이나 개인적 이해관계에 의해 크게 영향을 받고 있다는 점은 두말할 나위도 없다. 그럼에도 불구하고 한국은 이만한 위원회를 갖기도 어려우며, 한국의 교육을 위해 이 정도로 봉사하는 위원회도 드물었다.(History of Bureau of Education, p. 8)

(7) 조선교육심의회의 패권투쟁활동

조선교육심의회(NCEP, The National Committee on Educational Planning)는 미국교육원조추진심의회(Korean Council on Educational Aid from America)가 설치된 지 15일 뒤인 1945년 11월 23일 발족했다. 이 심의회는 제20차 회의를 끝으로 1946년 3월 7일 해산된 미군정 학무국 자문기구였다.

105차에 걸친 분과회의와 20차의 전체회의를 거치는 동안 심의회의

원들에 의해 중구난방식으로 제시된 교육안들은 이론과 실천에 있어서 각양각색이었고, 보기에 따라서는 실현이 불가능한 것들이 대종을 이뤘다. 인기영합의 안들이 없지 않았다. 그럼에도 불구하고 조선교육심의회가 19차 회의를 계기로 그들의 논의를 최종 결정하여 군정 학무국으로 이관시켰던 사항 중 주요사항은 신교육제도 도입문제, 의무교육 실시문제, 교육행정기구 개편문제, 학교설립 기준문제, 초등학교 교과과정에서 한자(漢字) 폐지문제 등과 같이 교육이념과 제도의 골격을 제시하는 것들이었다. 각 안들은 다음과 같이 간략히 제시될 수도 있다. 대체로 이 안들은 조선교육위원회의 결정을 일단은 정당화시켜주는 것들이었다.

1. 신교육제도 : 신교육제도는 오는 9월 1일부터 실시하며 현재의 학년은 8월말일까지 연장한다. 1학년은 9월 1일부터 익년 8월말까지이며 제1학기는 익년 2월까지이고 2학기는 3월부터 8월까지 하여 2학기로 나눈다. 초등교육부터 대학까지 18년간의 수업연한을 둔다. 특히 중등학교에는 초급중등과 고급중등과의 둘로 나누어 6년간에 마치며 대학은 4년간이고 의과만은 6년으로 한다.

2. 의무교육 : 금년 9월부터 1951년까지 6년간에 66억 원의 예산으로 전학령아동을 수용한다. 이를 위해 금년 안에 3만 학급을 신설하되 금년은 2부제 교수로 현존학교를 이용한다. 예산은 매년 10억원씩을 추상하여 교육채권, 적산재산, 세금, 국고보조 등으로 충당하며 국가 총예산의 4할을 교육비로 한다. 그리고 이를 실시 촉진키 위해서 위원회를 중앙과 지방에 설치한다.

3. 교육행정기구 : 교육행정기구를 일층 확대, 지방에 있어 내무부에 속해 있는 학무과를 부로 독립 승격시키고 군에는 과를 둔다. 또 민의를 존중하기 위해서 중앙과 지방에 교육위원회를 둔다. 교원은 사범학교 졸업자라고 해도 전부 검정제로 한다.

4. 학교설립 기준 : 조선의 당면 교육은 어느 방면보다도 과학과 실업방면의 교육을 중점적으로 실시하며 그런 학교를 설립한다. 의무교육 실시와 발맞추어 초등학교 설립을 우선적으로 하고 최고학부는 되도록 각 과를 둔 종합대학을 늘리도록 한다.

5. 한자폐지 : 초등학교에서 한자를 전폐하여 점진적으로 한자를 완전히 폐지한다. 중학에는 한문과를 두어 후일의 문헌을 연구하는 데 필요한 지식을

넣어준다(교원복지신보, 1987. 3. 20).

　이상은 조선교육심의회에서 의결, 학무국으로 넘긴 주요사항들이지만 과학성 설립만은 당시 여러 가지 사정을 감안하여 건의안으로서 제출되었다.

　그러나 이런 결정들은, 원래 11개 부문에 걸쳐 각 분과별로 토의하려고 상정했었던 안건에 비하면 상당히 축소되었거나 미약한 것일 수도 있다. 왜냐하면 라카드는 처음에 조선교육심의회 토의안건으로 11개 부문 65개 과제를 상정했었기 때문이다. 즉, 교육이념 1과제, 교육제도부문 8과제, 교육행정부문 13과제, 초등교육부문 6과제, 중등교육부문 4과제, 직업교육부문 6과제, 고등교육부문 13과제, 교사훈련부문 8과제, 교과서부문 6과제였다. 여기에서 과제수가 제일 많았던 고등교육부문에 있어서 국대안 사건의 진원인 국립 서울대학교 설치에 관한 과제는 처음부터 상정된 것이 아니었음에 주목해둘 필요가 있다.

　조선교육심의회는 해방 전 총독부 학무국 시학관들이 행하던 교육계획의 성안 및 실시기능을 형식만 다르게 확대실시하도록 구상된 협의체였다. 미군정이 1945년 9월 학무국을 개편할 때 미군정 학무국 요원들은 학무국 안에 조사기획과를 설치하였다. 조사기획과는 한국교육에 대해 연구와 개혁을 염두에 둔 작업을 전담하도록 되어 있었다. 그러나 조사기획과의 기능은 학무국기관요원의 절대 부족과 산적된 교육관계 업무처리로 인해 거의 사장되었다. 다시 말해서 조사기획을 전담할 전문요원 확보의 어려움, 연구기획 업무의 방대함 등은 학무국내의 조사기획과의 작업을 유명무실하게 만들어놓았다. 이 문제를 타개하기 위해, 미군정 학무국장인 라카드는 미군정 학무국 요원을 포함한 외부교육계 인사들로 구성되는 조선교육심의회를 발족시키게 되었다. 결국 조선교육심의회 역시 하나의 군정 보조기구였으며, 군정 문교정책 추인도구로 창출된 갈등해소용 준국가기구였다.

　조선교육심의회의 성격은 미군정 학무국이 요청하는 교육 현안문제와 혹은 필요하다고 인정되는 교육 현안에 대한 자문을 전담하도록 규정되어 있었다. 그러나 실상은 교육계 주도세력들의 패권을 저울질해 보는 시험대로 등장해버렸다. 이러한 과정 중에서도 조선교육심의회의 회의는 형식만큼은 미군정민주주의의 원리에 따라 각 분과회의를 먼저 개최하고, 그 후에 전체회의를 갖는 형식을 취했다.

조선교육심의회는 10개의 분과로 설립되었고, 각 분과는 7 내지 10명의 위원으로 구성되었다. 각 분과위원 인선에는 조선교육위원회의 자문을 필요에 따라 경청하는 학무국 한인직원, 특히 오천석의 입김이 강하게 작용했다. 따라서 보수주의 정치노선과 미국식 민주주의, 미국식 교육에 대한 선호도가 있는 인사들이 대거 조선교육심의회에 발탁될 수 있었다. 학무국 직원, 즉 미군정 장교와 한국인 직원이 각기 1명씩 같은 수로 배정되었으며, 나머지 위원들 중 두 사람은 최소한 공립학교와 사립학교를 각각 대표하는 사람이어야만 했다. 형식적으로는 조선교육심의회에는 혁신세력이 참여할 기회가 열려 있었다. 물론 우익과 보수 정당 대표자들의 참여가 훨씬 많았음에도 불구하고, 간혹 그 당시 명망이 있었던 급진주의 세력인사들이 조선교육심의회에 참여할 수도 있었다. 물론 이들의 참여는 안배의 원칙에 따른 것이었으나, 좌익계의 교육계 인사들은 이것을 패권경쟁의 기회로 삼았다. 그 결과 그들은 철저하게 패권경쟁에서 탈락되었다. 조선교육심의회 각 분과위원회의 위원은 다음과 같다.

- 제1분과위원회(교육이념) : 안재홍, 정인보, 하경덕, 백낙준, 김활란, 홍정식, 키퍼 대위.
- 제2분과위원회(교육제도) : 김준연, 김원규, 이훈구, 이인기, 유억겸, 오천석, 에레트 해군소령.
- 제3분과위원회(교육행정) : 최두선, 최규동, 현상윤, 이묘묵, 백남훈, 사공환, 그랜트 대위.
- 제4분과위원회(초등교육) : 이호성, 이규백, 이강원, 이극로, 이승재, 정석윤, 훽터 해군중위, 밀암.

- 제5분과위원회(중등교육) : 조동식, 고황경, 이병규, 송석하, 서원출, 이홍종, 비스코 중위.
- 제6분과위원회(직업교육) : 장면, 조백현, 이규재, 정문기, 박장렬, 이교선, 로렌스 대위, 로리슨 중위.
- 제7분과위원회(사범교육) : 장덕수, 장리욱, 이애마(女), 신기범, 손정규(女), 허현, 팔리 대위.
- 제8분과위원회(고등교육) : 김성수, 유진오, 윤일선, 백남운, 조병옥, 박종홍, 크로프트 소령, 고든 소령.
- 제9분과위원회(교과서) : 최현배, 장지영, 조진만, 조윤제, 피천득, 황신덕, 김성달, 웰치.
- 제10분과위원회(의학교육) : 이용설, 유억겸, 박병래, 심호섭, 최상채, 고병간, 최동, 정구충.

1945년 11월 15일, 라카드는 조선교육심의회 전체회의를 갖는 자리에서 조선교육심의회의 설치취지와 목적을 설명하고 10개 분과와 위원명단을 발표했다. 각 분과에는 사전에 작성된 연구과제가 하달되었고, 이를 위해 각 분과는 각기 위원장을 뽑았다. 회의소집은 분과위원장이 소집하되, 최소 1주일에 한 번 내지 최고 5회를 소집할 수 있도록 규정했고, 위원회 위원수는 학무국의 승인만 받으면 늘어날 수가 있도록 조정되었다.

분과가 회의를 끝내고 연구보고서를 만들어 학무국 조사실로 보내면 조사실은 그 보고를 등사본으로 만들게 되어 있었다. 이어 학무국은 전체회의를 소집하고 해당보고서를 각 위원에 배부, 검토 논의하였다. 겉으로는 전체회의가 각 분과회의 보고를 채택하면, 그것은 학무국으로 이관되어 교육정책에 반영되도록 되었다. 전체회의에서 부결되면, 그 보고안은 개정작업을 위해 다시 해당 분과위원회로 송부되었다.

각 위원회와 전체회의에는 한국인 위원과 학무국 군정장교가 토의될 영어사본이나 영어통역관을 대동하고 참여했다. 미군정 학무국 요원들은 조선교육심의회의 결정이나 계획에 대체로 이의를 제기하지 않았다. 단지 미군정학무국은 이 조선교육심의회가 한국에서는 역사 이래 처음으로 미국에 의해 진행된 대규모 교육계 지도자회의였다고 자부하면서, 미국문화와 미국교육의 저력을 한국교육계 인사들이 체험하는 민주주의적 토론의 장과 문화적 여건을 조성해나갔다.

이 당시 조선교육심의회가 성공적으로 결정해놓은 일들이 50년이 지난 지금에 와서까지 한국교육의 화근덩어리로 부각되고 있다는 점은 조선교육심의회의 활동사항에 대한 체계적인 논의가 심화될 필요가 있음을 함의해주고 있다. 즉 6·3·3·4학제, 홍익인간 이념, 국민학교 학급편성원칙(6학급 이상 24학급 이하)과, 한 학급당 학생수를 60명 이하로 규정한 일, 학생에게 제복을 입히는 일, 한국의 대학제도에 관한 규정을 미국의 대학제도와 체제에 기초해서 작성했던 일 등은 아직까지도 그 교육적 공과에 대한 찬반론적인 논의와 연구를 요하는 1946년도 문교교육정책들이다.

3. 미군정 민주주의 교육정책의 문화침투적 지향성

조선교육위원회를 설치하고, 각급학교에 교육과정 및 직제에 관한 훈령을 보낸 라카드는 1945년 10월 31일 미국교육원조추진심의회마저 구성하였다. 미국교육원조추진심의회는 조선교육심의회가 개최되기 보름 전에 전격적으로 결성되었다. 미국교육원조추진심의회는 18개 분야, 즉 농업, 화학, 기독교, 경제학, 교육(2명), 미술, 역사, 법률, 문학, 수학, 의학, 철학, 물리학, 생리학, 정치학, 행정학(민사관계), 사회학, 여성 등의 분야를 각기 대표하는 19명의 인사들로 구성되었다.

19명으로 구성된 미국교육원조추진심의회에는 학무국 직원도 끼었다. 미국무성 파견인으로서 해외주둔군 정치고문과 미군정 정치고문은 당연직으로 미국교육원조추진위원으로 참여했다.

교육원조를 미국에 요청하는 계획은 미국교육원조추진심의회가 결성되기 수주일 전부터 논의되었다. 말하자면 미군정 실시와 궤를 같이하고 있다. 즉 미군정이 실시될 때 이미 미군정 장교들은 한국의 교육자와 학생들에게 미국유학 내지는 미국시찰의 기회를 확대할 필요성이 있다고 느꼈고, 그때 라카드는 미국교육원조심의회 설치의 필요성을 절감하였다. 미국교육원조심의회 설치의 목적은, 한국사람들이 일본교육방법과 일본교육에 이해가 안될 만큼 이중성격적으로 굳어져 있는 나머지, 미국문화의 수용에 대해 너무 무지하다고 판단되었기 때문이다.

라카드는 미국교육원조위원단 설치문제를 일차적으로 조선교육위원회와 협의했고 그 협의내용을 다시 미국무성 파견 정치고문과 상의했다. 마지막으로 학무국내의 미군정 관련 장교와 한국인 직원과 상의하면서 미국교육원조추진심의회를 결성하기에 이르렀다.

미국교육원조추진심의회의 인선작업은 라카드가 맡았으나, 인물추천은 조선교육위원회와 군정 정치고문, 말하자면 유억겸·오천석·김성수가 전담했다. 이렇게 결성된 미국교육원조한국위원단은 1945년 10월 31일 처음 만나 일차 회합을 가진 후부터 연속적으로 4차례의 회의를 가졌다. 즉 1945년 11월 22일, 조선교육심의회가 발족, 가동한 지 일주일이 지난 그날 마지막 회의를 개최하고 조선인도미교육사절단 결성을 위해 발전적으로 해체해버렸다.

미국교육원조추진심의회가 구체적으로 결정한 안들은 조선인도미교육사절단(Korean Educational Commission) 소관사항으로 이관되었다. 조선인도미교육사절단은 조선교육심의회와는 질적으로 달리, 미국교육원조추진심의회의 후신으로서, 미군정의 몇몇 주요정책을 대표하는 6명의 인사들로 구성되었고, 이 위원단은 1946년 봄에 미국에 건너가 방대한 교육원조를 요청할 태세를 갖추고 있었다.

조선인도미교육사절단의 매국 파견을 용의주도하게 진전시키기 위해 라카드는 미국방문 및 원조계획을 두 통으로 만들어, 한 통은 서울주재 국무성 파견 정치고문 편으로 국무성에, 다른 한 통은 직접 군정장관 이름으로 육군성에 보냈다.

미국의 교육원조계획은 5가지 사항에 걸친 것이었다. 각 계획을 위한 지원은 미국측에서 완전부담하는 것을 주요 골자로 삼고 있다. 즉 라카드의 계획에 의하면 첫째, 교육심리학과 철학, 학교행정, 교과서 편찬, 체육, 유아교육과 초등교육, 중등교육, 중·고등학교 교사양성, 시청각교육, 도서관 교육, 과외활동 분야 등 10분야에서 최소한 1명 이상의 전문가가 미국으로부터 내한하여 약 1년간 한국에 머물면서 한국 교육계에, 즉 라카드에게 자문역할을 담당한다. 이것은 이미 라카드가 한국교육계 인사들의 주도권쟁탈 싸움을 다른 식의 전략으로 대응하며 미국의 이익을 도모하기 위한 의도에서 구상한 것이다. 둘째, 한국교육제도에 관한 조사연구를 위해 미국측 전문조사위원단을 7명 정도로 구성한 후 그들이 곧 내한하여 9개월간 연구한 후 그 연구결과를 토대로 라카드에게 정책적 제안을 하도록 한다. 셋째, 미국에서 약 100명 정도의 교사가 내한하여 약 1년 동안 체류하면서 영어·체육·수학·물리학·화학·음악을 가르치면서, 동시에 한국인 교사들에게도 그들의 교수법을 가르친다. 넷째, 약 100명 정도의 교사로 구성되는 미국방문단을 구성하고, 이들에게 최소 3개월에서 9개월에 걸치는 미국 방문기간 동안 미국 학교교육제도나 교수방법을 관찰 혹은 공부시켜 미국문화를 이해하게 만든다. 다섯째, 28 내지 29명의 한국학생에게 미국 유학의 기회를 주어 미국 대학의 학부나 대학원에서 공부하게 하고 귀국하게 만들어 한국교육의 쇄신을 꾀하게 한다는 것이 미국교육원조요청계획의 주요 골자였다.

1946년 4월 11일 미국 워싱턴에 도착한 조선인도미교육사절단 6명은 한국문제전문가인 샌즈(W.F. Sands)의 영접 아래, 미국무성, 미교육국의 관리들과 개별적으로 면담하기 시작했다. 미군정 장교인 허즈 대위의 인솔 아래 도미한 조선인도미교육사절단 일행인 장리욱, 김훈, 고황경, 나기호, 구영숙, 문장욱 등 6명은 모두가 외국에서 공부했기 때문에 (표 Ⅳ-14 참조) 미국교육과 미국문화에 익숙한 사람들이었다.

이들 6명으로 구성된 조선인도미교육사절단은 미국으로 건너가 워싱턴에서 4개월 동안 머물면서 국무성의 주선으로 미교육국(Office of

Education) 관계자들을 만나서 여러 차례 교육관계 회합을 가졌다. 이
때 장리욱·고황경이 만난 미교육학자들 중 그 당시 유명한 사람들은
캔델(Kandel), 울리히(Ulich), 벤자민(Benjamin) 등이었다. 여러 차례 만
나 회합한 끝에 미교육국 관계자들은 1946년 6월 17일, 한국교육 재건
에 관한 미교육국의 의견서를 작성했다.

<표 Ⅳ-14> 조선인도미교육사절단의 약력

성 명	소 속	동양에서의 교육경력	외국에서의 최종 교육경력
장 리 욱	서울사범학교 교장	숭실학교(조선)	미국 콜럼비아대 석사
김훈(링컨)	농상국 행정관	동흥고등(만주)	미국 노스웨스턴대 석사
나 기 호	광공국 화학기사	경인중동(서울)	미국 콜럼비아대 학사
문 장 욱	외무처장	조선기독교대(서울)	미국 남가주대 철학박사
고 황 경	경기고녀 교장	경기고교(서울)	미국 미시간대 철학박사
구영숙(바이론)	세브란스전문 교수 역임	평양신학교(평양)	미국 에모리대 의학박사

자료 : Voice of Korea, 1946년 4월 18일자에서 발췌했음.

이 의견서는 새로운 것이 아니었다. 단지 라카드가 구상했던 미국교
육원조계획을 행정적으로 추인하는 것에 지나지 않았다. 물론 미교육국
은 한국교육재건을 위한 의견서에 한 가지 점을 강하게 강조하는 것을
잊지 않았다. 즉 미국측 교육학자를 한국에 보내 한국교육을 약 2개월
동안에 걸쳐 체계적으로 조사한 후 그 연구결과를 토대로 한국교육 개
선에 관한 단기정책과 장기정책을 구안해야 한다는 것을 강조했다. 이
점은 미국에게 한국교육을 어떻게 정리해야 되는가를 구체화시키기 위
한 체계적 연구조사의 근거를 마련해주고 있다. 한마디로 조선인도미교
육사절단은 미국에 건너가 4개월 동안 견학하면서 라카드의 미국교육
원조안의 정당성이나 추인해주었던 셈이었다.

미국학교를 방문하고, 미국학자들과 논의하면서 4개월을 소비한 이들
교육사절단은 마침내 라카드가 제시했던 9개월간의 한국교육조사연구
계획이 미국 육군성과 교육국에 의해 약 2개월로 단축 수정된 한국교
육조사연구계획 추인서를 얻어가지고 돌아왔다. 귀국한 조선인도미교육

사절단 일행은 미국무성, 미교육국의 의도와는 동떨어진 개인적 견문에 기초한 다양한 사회개혁안들을 연일 대서특필시키는 일들을 전개했다 (동아일보, 1946. 8. 18 ; 한준상. 1983). 즉 새로운 이앙법, 과일병충해 예방법, 조선유학생 선발이나 걸스카웃 운동의 필요성 제고 등등 잡다한 것들을 통해 미국문화의 도구성과 미국교육의 우수성을 한국민에 전달했다.

한국교육 재건에 관한 미교육국의 건의서를 검토한 미국무성은 한국 교육정책에 직접적으로 간여하기 시작했다. 즉 미국무성은 미육군성과 더불어 조선인도미교육사절단이 귀국한 후, 곧 한국교육조사단의 외교·군사적 파급효과를 검토하면서 교육조사단을 구성하기 시작했다.

교육조사단을 구성 완료하고 한국 파견을 결행할 때쯤, 미교육조사단 한국파견안은 미육군 태평양주둔군 사령관인 맥아더의 요청에 의해 보류되게 되었다. 그는 미국교육조사단의 한국파견을 정치적 군사적 이유로 거부했다.

그가 6월 26일 급하게 미국무성으로 보낸 전문은 소련을 향한 미국 교육조사단 파견의 외교적 위험성을 경고하는 것이었다.

> 이런 시기에 한국교육조사파견단을 보내는 일은 시기상조인 것 같으며, 남북통일이라는 기본과제가 풀릴 그때까지는 늦추어야 한다는 것이 귀관의 신조입니다. 한국교육조사단 파견계획을 지난 2월 세웠던 이래 상황이 너무나도 바뀌었습니다. 한국통일이 이루어진 그때 가서, 한국이 요청하기만 한다면, 한국교육조사파견단을 보내도 늦지는 않을 것이며, 그때 가서도 지금과 같이 똑같은 혜택이 있을 것으로 사려됩니다.

맥아더가 미국무성에 보낸 이 전문은 5월에 개최된 제1차 미소공동위원회 결렬의 정치적 책임을 외교적으로 소련측에 전가시키겠다는 의도에서 비롯되었다. 즉 남한에서의 미국교육정책화가 소련에게는 미국을 비난할 수 있는 이유가 될 수도 있음을 사전에 막아보겠다는, 군사적이며 외교적인 의도에서 비롯된 것이었다. 사실 미국은 근본적으로

신탁통치를 반대했거나 모스크바 외상회담의 정통성을 거부한 적은 한
번도 없었다. 오히려 미국은 모스크바 외상회담에서 한국에 대한 신탁
통치안을 제출한 장본이었다. 한국인은 정치적으로 미숙하기에 10년 정
도의 신탁통치가 필요하다고 역설한 것이 미국이었다. 한마디로, 처음부
터 의도된 남한에서의 군사적 외교적 우위정책과 세계적으로 대치된
냉전체제에서의 승리, 남한에서의 미국교육정책화의 의도가 한국교육조
사단 파견 지연책이라는 각본에 의해 감추어질 수는 없었다.

그러나 미국무성은 맥아더의 군사적 입장을 고려하여 미군정 학무국
으로 하여금 현지실정에 맞게 적당히 임시변통적인 교육정책을 입안하
도록 허용했다. 이때부터 미군정 학무국 한국인 관료들은 제 세상을 만
난 것 같았다. 왜냐하면 미국무성, 미교육국, 미육군성의 미국적인 교육
지침을 제나름대로 해석해서 결정해야 되는 미군정 학무국장인 라카드
의 교육학적 무능함을 최대한 이용할 수 있는 계기가 바로 미국무성이
맥아더의 전문을 수용하고, 현지실정에 맞는 교육정책을 입안 실시하라
는 지시를 하달한 일로부터 얻어질 수 있었기 때문이다. 현지실정에 맞
는 교육정책 입안이라는 명령은 한국에 관한 한 그 무엇이든 미군정이
자신있게 처리할 수 있다는 것을 의미해 준다.

미군정이 갖고 있었던 기본적인 미국식 교육정책의 틀 속에서, 혹은
그 틀을 최대한 방어벽으로 삼으면서 미군정 학무국의 소수 한국인 관
리들은 마음놓고 한국교육계의 주도세력을 형성, 교육적 패권을 유지할
수 있었다. 한반도에서 벌어진 미·소간의 냉전기류와 미소공동위원회
의 결렬, 이를 둘러싼 국내정치의 혼란, 그리고 한국에서 전개된 미국교
육계 정보조사단의 미비한 연구활동으로부터 이들의 패권 각축은 더욱
더 구체화될 수 있는 장을 제공받게 되었다고 볼 수 있다.

라카드는 한국의 교육체제를 미국교육체제적 기반 위에서 완전히 개
편해야 한다는 명제를 갖고 있으면서, 당장 1945년 12월부터 전개된
반탁운동에서의 적극적인 학생가입과 이로 인한 동맹휴학, 교사파업 등
에 정치적인 위기관리책을 써야 되는 일에 골몰할 수밖에 없었다. 학생

소요에 대한 미군정학무국의 최초 입장을 라카드는 1946년 3월 19일 서울중앙방송국을 통해 다음과 같이 밝혔다.

일본이 항복한 이래 한국에서는 민주주의에 대한 오해가 있어왔다. 어떤 학생들은 민주주의가 마치 교사나 교장을 마음대로 선발하고, 교육과정과 교수방법도 마음대로 정하면서 학교를 그런 식으로 만드는 권리라고 이해하기도 한다. 또 어떤 경우에는 교사만이 학교를 운영할 권리가 있다고 믿는 교사도 있다. 두말할 나위 없이, 자유와 민주주의는 그런 것이 아니다. 어떤 사람도 자기 스스로를 완전히 지배하지는 못한다. 우리 모두는 우리가 모여 구성하는 사회·정부에 속할 뿐이다. 군정은 교육에 관계된 한국인의 열기에 유념하며, 교육계획에 한국인의 참여를 증가시키고 있다. 그러나 미군정만이 학무국이나 각도 교육관의 주청으로 교사와 교장을 임명하고 교육과정을 결정한다. 과연 이런 일들이 학생과 교사들에게 자유와 표현의 수단을 빼앗는 일이란 말인가? 물론 아니다. 적법행정절차와 행정구조에 의해 세워진 범위 속에서 취해지는 행동만이 권장될 것이다. 민주시민으로서의 교사와 학생들은 적법행정절차에 의해 세워진 기준과 절차속에서 저항할 권리가 있을 뿐이다. 교사와 학생들은 시민자격으로서만이 정치와 정치적 정당활동에 참여할 수 있다. 그러나 그런 행동이 학교에서는 금지된다.

이런 언어수준적 경고조치와 더불어 라카드는 경찰력에 의해 불법교습, 불법적인 교육적 집회를 해산 철폐시켰다. 또한 이런 단체에서 쓰는 교과서 및 자료들을 몰수하여 의법 조치하는(South Korean Interim Government, 1946 : 19) 억압적 대응기제를 만들어나갔다. 그러나 끝내 라카드는 자기의 뜻도 관철시켜보지 못한 채 귀국하는 영광을 갖게 되었다. 더 이상 한국인 교육계 지도자와 신경전을 벌이지 않아도 될 라카드 후임으로 피텐저(A.O. Pittenger) 중령이 발탁되었다. 그러나 신임 문교부장인 피텐저 중령은 한국인 교육주도세력의 권력동맹을 꺾을 그런 인물이 되지 못했다.

(표 Ⅳ-15) 1946년 6월부터 1947년 6월 말까지 발표된 주요 문교정책

1946. 6. 6	성인교육지도자강습회 종료, 수료자(제1차 남 150명, 제2차 여 113명)를 '성인교육사'로 각도에 파견.
6. 17	미국무성 국제교육과장인 벤자민, 도미교육사절단에게 권고서(Recommendations of United States Office of Education Regarding Educational Reconstruction in Korea)를 수교(手交)
6. 24	신학제에 따른 조치로서 중학교 4년 졸업생을 고등중학교 2년으로 편입시킴.
7. 5	경성대학의학부 학생, 합동안 반대, 그후 전국에 '국대안' 반대운동이 확대
7. 13	문교부, 서울국립종합대학안(국대안)을 발표.
8. 11	'민주교육연구회' 결성.
8. 16	도미교육사절단 귀국.
8. 22	국립서울대학교 설립에 관한 법령(법령 제102호) 공포.
9. 1	6·6(3·3)·4제 실시, 각급학교 신교육과정 제정.
9. 12	문교부, 한국의 교육자를 망라한 신교육연구협의회 창설을 결정.
10. 25	한국교육문화협회 창립(회장에 백낙준 추대).
10. 28	영어연수소(English Language Institute)를 외무처에서 문교부로 이관(47년 1월 American Language Institute로 개칭).
11. 7	문교부, 8개 사범학교(서울·개성·강릉·부산·목포·군산·충주·순천) 신설을 발표.
11. 20	문교부, 교과서에서 '왜색용어' 삭제를 위하여 '학술용어 제정위원회'를 조직.
12. 3	'민주교육연구회'를 '조선교육연구회'로 개편.
1947. 1. 21	'국어정화위원회' 제1회 회의 개최.
2. 3	국대안문제 재연, 중학교에도 파급.
2. 15	과도정부 각 부장 및 각 도지사 임명(임명사령 제118호). 문교부장 유억겸.
3. 18	군정장관 고문 언더우드 문교부장 고문에 취임.
3. 20	입법위원 제34차 본회의, 국대안수정안을 가결(총장을 한국인으로 교체).
6. 3	'대한미국교육정보조사단'(Educational and Informational Survey Mission to Korea. 통칭 Arndt Mission) 도착(18일간 체류).
6. 20	교육정보조사단, 주한미군사령관에 보고서를 제출.
6. 28	공용어를 한국어로 지정(행정명령 제4호).

이런 정치적 소요, 학원의 소요가 끊임없이 벌어지던 1946년 6월부터 1947년 6월, 즉 미국무성과 미교육국에게 정치적 복안을 마련해줄 수도 있었던 미국교육계 정보조사단이 내한하는 1947년 6월까지 전개되었던 교육정책 중(표 Ⅳ-15 참조) 특기할 만한 것은 국대안 발표, 신교육연구

협회 창설, 8개의 사범 학교를 신설하는 결정이었다(참고 : Abe, 1985 ; Seki, 1985 ; Inaba, 1985). 세 가지 내용들은 상호관련이 없는 개별적인 교육정책으로 간주될 수도 있다. 그러나 세 가지 결정은, 미국교육체제에 기초한 남한교육의 재정립이라는 미군정민주주의의 정치적 틀이 미군정 문교부장의 개인적 이해관계와는 무관했지만 한국측에게는 그들 스스로 최대한 유리한 교육패권적 고지를 장악하기 위해 활용할 수 있는 기회의 전략적 틀로 전환되게 만들어 주었다. 곧 교육주도세력의 패권경쟁에는 결정적인, 즉 구조적으로 연결된, 마땅히 주도권 쟁탈을 위해서는 심각하게 자기의 편에서 용의주도하게 그러나 일방적으로 결정해야 될 그런 사건들이었다. 이를 뒷받침 해주는 여러 증거나 이유가 있다.

첫째, 미군정 학무국 한국인 관료 나름대로 미국무성이나 미교육국의 교육적 지시가 결여된 상황을 최대한 이용해서 내린 결정 중의 하나가 바로, 국립서울대설립안이었다. 국립서울대설립안은 대한교육조사단 파견의 중지가 결정된 후, 약 한 달이 채 안된 1946년 7월 13일 전격적으로 결정 발표되었다. 이 결정의 성적을 이해하기 위해서는 몇 가지 짚고 넘어가야 할 부분이 있다. 라카드는 고등교육제도를 본격적으로 미국교육제도에 기초해서 결정하기로 한 사람이었으며(참고 : History of Bureau of Education), 신임 피텐저 문교부장 역시 같은 생각을 갖고 있었으며, 미국에는 국립대학제도가 없다는 점(한준상, 1983)과 조선교육위원회나 조선교육심의회가 국대안을 구체적으로 발의한 적도 없었다는 점에 주목해야 한다. 게다가 민족적 정통성을 고려한다면 대의명분상으로도 해방 한국에서 설립될 국립대학으로 논의되거나 제안될 수 있는 것은 경성제대가 아니라 성균관이어야만 했다는 점이다. 또한 그 당시 교육패권 동맹세력이 주로 사립학교 관계자들이었다는 점에 관심의 초점을 맞춘다면 국립서울대학교안은 미군정 학무국의 한국인 고위관리인 오천석이 갖고 있던 개인적인 사사로운 이해관계에 결부되어 나타난 복안이라고 보아야 한다. 이 당시 문교부장이었던 유억겸은 건강상 행정일에 깊이 관여할 수 없었음에 반해 오천석은, 서울대학교 40

년사 편찬위원회가 지적하고 있는 것처럼, 서울대 설립에 겉으로 말할
수 없었던 그 무슨 강력한 이유가 있었다. 그 이유는 오천석 스스로
「교원복지신보」(1987년 9월 28일자)에 밝힌 것처럼, "……무능력하거
나 좌경쪽의 교수를 축출해내고자……"했던 오천석 개인의 의지였다.
그러나 이 증언에서 무능력한 교수를 몰아내기 위한 것이었다는 것은
아무래도 지나친 감이 있다. 왜냐하면 그 당시 교수인원은 절대부족이
었으며, 그 당시 대학교수였다면, 그들은 대체로 형식적이나마 식자층에
속했기 때문이었다. 오천석의 증언대로, 라카드와 러치 소장의 전폭적인
지지를 얻었다는 이 국대안은 한마디로 그 당시 문교관계 권력장악 집
단에 대한 정치적 반대세력을 제압하기 위한 교수축출운동의 서곡이었
다. 결국이 제도는 교수재임용제도의 선례가 된 셈이었다. 서울대학교
설치에 대한 전면적인 정치적 구상은 그 발의자인 문교부 차장 오천석
에게 극비밀사항으로 맡겨졌다.

　　　오천석에게는 이미 복안이 있던 터라, 서울시내와 그 근교에 있던 관·공
　　립 고등교육기관을 통합하여 8개 대학을 만들고, 새로 음악과 미술 전공을
　　위한 예술대학을 신설키로 하는 동시에, 그 위에 대학원을 두는 대규모의 종
　　합대학을 세우고자 계획했다. 그리고 대학의 자주성과 학문의 자유를 보장하
　　기 위하여 최후의 정책결정기관으로서 민간인으로 구성되는 이사회를 두기
　　로 하였다(군정기간 동안은 공무원 6인으로 구성되는 임시 이사회를 두기로
　　함). 이것이 이른바 '국립 서울대학안', 약칭 국대안이라는 것이었다(서울대
　　학교 40년사 편찬위원회, 1986 : 13 ; 이희수, 1986 ; 최혜월, 1986 ; 교원복지신
　　보, 1987. 9. 28).

　1946년 7월 13일 군정청 한국인 문교부장 유억겸과 미국인 제2대 문
교부장 피텐저 중령은 출입기자단과의 회견석상에서 국대안 추진계획
을 전격적으로 발표했다. 교수축출을 겨냥한 이 국대안에서는 서울시내
에 있던 경성제대 후신인 경성대학과 일제시대 설립된 각 전문학교를
통합시키고 그 통괄기관으로 하나의 이사회를 두고, 그 아래에 총장과

부총장을 한 사람씩 두어 학교를 통괄키로 했다. 단과대학으로는 문리
과대학, 사범대학, 법과대학, 상과대학, 공과대학, 예술대학, 의과대학,
치과대학, 농과대학, 그리고 그 위에 대학원을 둔다는 것이었다. 이 안,
즉 종합대학이 아니라 연합대학으로서 국대안은 한국 문교관리 손으로
한국의 고등교육적 모순을 정치적으로 창출해낸 최초의 타율적 고등교
육정책의 본보기였다고 볼 수 있다.

 이 국대안이 발표되던 날 각 일간신문은 일제히 유문교부장의 회견
기사를 크게 실었다. 1946년 7월 14일 「대동신문」(大東新聞)에 실린 그
회견의 내용을 보면 다음과 같다.

> 현하 조선에서 가장 긴급한 것이 교육의 건설이다. 이번에 국립서울대학교
> 의 설치는 신국가건설에 요청되는 대량의 인물을 양성해는데 의미가 있는
> 것이다. 부족한 설비와 일교(一校)에만 보존된 설비품을 여러 학교의 학생이
> 서로 교류하여 연구하여야 될 것이다. 현하 가장 부족을 느끼고 있는 교수문
> 제에 있어서도 유능한 교수로 하여금 최대한도의 능력을 발휘할 수 있도록
> 함과 아울러 단과목 일괄 교수 방법을 취하여 합리적으로 운영되어야 할 것
> 이다. 이 국립서울대학교는 9개의 단과대학과 1개의 대학원으로 구성되는데
> 관립 전문학교는 대다수가 이에 포함되게 된다. 그러나 우리는 과거 일제의
> 교육잔재와 배타적인 전통을 찾아서는 아니될 것이다. 완전한 종합대학의 설
> 치는 학생으로 하여금 다방면으로 학구의 여지가 있게 되는 것이다. 우리는
> 사립대학의 운영도 무시치 않을 것이며, 사립은 사립대로 완전한 운영이 있
> 어야 할 것이다.

 국대안에 대한 강력한 반발이 사회 각계층에서 드세지자 교육권력동
맹의 대부격이었던 김성수가 운영하는 「동아일보」는 국대안의 필요성
과 의의를 열거하며 국대안을 지지하기 시작하였다. 미군정 문교부는
국립서울대학교 운영을 위한 이사회를 문교관리, 즉 미군정 문교부장,
문교차장, 고등교육국장을 맡고 있는 미군정측 장교와 한국측 관리 6명
만으로 제한시켜 구성했다. 미국측은 자기들의 국익과 군정이해관계에
직접적인 손해를 끼치지 않는다면 항상 긍정적 입장을 취했다는 점을

고려해야 한다. 그렇다면 국대안은 미국측의 자발적 의사에서 나온 것이 아니라 한국측 3인 즉, 김성수, 유억겸, 오천석의 발상일 가능성이 높으며 이것은 그들의 지위집단 형성을 위한 의지의 총체적 발로였다고 볼 수 있다. 이것은 한국인의 민족주의적 결정과 한국인의 의사존중을 내세웠던 미국식 민주주의와 이를 실천하겠다던 미군정 학무국의 교육적 무지와 정치적 이중성을 보이는 한 증표이다.

　사실 미군정청은 경성제국대학을 접수, 경성대학으로 개명한 그때부터, 경성대학 및 한국의 고등교육인의 문제에 대해 이질감을 갖고 있었다. 1945년 10월 17일 해군중위 크로프트를 경성대학 총장으로 임명하고, 백낙준, 윤일선, 최남규, 현상윤을 각각 법문학부, 의과대학, 이공학부, 예과 부장으로 임명발령해 놓았을 때부터 이미 미군정청은 조선에서의 고등교육철학이 갖는 의미에 대해 부정적이고 회의적이었다. 한국측 교육계 인사들은 소수정예를 위한 고등교육기관을 원했으나, 미군정측은 미국제도에서 보는 것처럼 고등교육의 기회 확대를 강력하게 주장했다. 양측의 대립결과 입학시험에 합격한 자만을 수용하는 절충안을 채택했다. 결국 경성대학의 조직과 체제는 미국대학체제를 겉으로 모방한 채, 경성대학 운영 및 고등교육에 대한 철학으로부터 행정체계에 이르기까지 그 당시 한국교육계 인사들의 전형적인 권력장악적 사고, 즉 소수의 권력유지를 위한 관리양성과 지배를 근간으로 삼는 일제식 고등교육적 사고가 깊숙이 삼투되었다. 바로 이런 갈등을 최대한 활용하여 정치적 어부지리를 취하려 했던 집단이 바로 미군정 문교부를 장악했던 한국 고위관리층이었다고 볼 수 있다. 즉 이들은 국립대 설치 사후의 행정관리책임자인 총장 인선문제까지를 염두에 두었을 가능성도 높다. 왜냐하면 이 당시 교육 고위관리 그 자신이 교직단체 결성에까지 정치적 행정적 힘을 행사함으로써 교직계를 하나로 얽어매어 놓았었기 때문이다.

　둘째, 신교육연구협회는 한국의 교육자를 총망라하여 문교부의 전국적 개입과 지원으로 발족했다. 이 국가기구는 1947년 11월 23일 발족되는 조선교육연합회의 전신역할을 담당했다고 볼 수 있다. 신교육연구협회가 미군정 문교부의 지원으로 설립되었던 것은 세 가지 사회·정치적 목적을 달성하기 위해서라는 추측을 가능하게 만든다.

즉 미군정 문교부는 좌익정당의 교육학적 논리를 수용하고 있는 이만규, 김택관, 이성근 등이 참여한 조선교육자협회와의 대외적 갈등을 사회정치적으로 억압 견제할 목적으로 신교육연구협회를 급하게 만들었다. 오천석, 정건영, 최병칠 등이 중심세력으로 활동한 신교육연구협회의 등장은 조선교육자협회를 전문성 발휘 그 자체로써 억누르기에는 역부족이었다. 정치적 역량발휘의 한계를 느끼던 신교육연구협회 관계자들은 세력팽창을 목적으로 그들 스스로 신교육연구협회를 발전적으로 해체했다. 신교육연구협회는 교육자 자신들의 노력에 의해 새롭게 운영되어야 한다는 명분과는 다르게 해체되었고, 이어 그 스스로의 조직과 운영체와는 조금 다르게 편성된 조선교육연합회로 탈바꿈하여 1947년 11월 23일 정식으로 창립되었다. 그러나 조선교육연합회의 창립은 그 당시 문교부장이던 오천석에 의해 추진되었다는 점, 이를 위해 오천석은 미국교육연합회(NEA)의 회칙을 그 당시 조선의 정치·사회적 조건에 맞도록 수정, 번역해 조선교육연합회 창립을 강행했다는 점, 이 단체를 문교부의 정책적 그물망에서 벗어나지 못하게 만들었다는 점, 그리고 문교부장 시절에는 오천석 스스로 그 단체의 명예회장에, 문교부장직을 사임한 후에는 회장으로 취임했다는 점은 권력집중과 권력동맹, 그리고 지위집단 형성의 관점에서 새롭게 조명되어야 한다(대한교육연합회, 1977).

미군정 한국측 고위 문교관리가 창립시킨 신교육연구협회가 갖는 또다른 사회정치적인 목적은 신교육연구협회보다 한 달 앞서 설립되어 연구활동을 전개한 민주교육연구회를 교육패권 경쟁에서 철저히 견제하기 위한 것이었다고 볼 수 있다. 민주교육연구회는 문교부의 지원을 받는 신교육연구협회 및 문교부장 오천석과 교육적 패권을 같이하고 있는 것 같았으나 근본적으로는 미군정의 대한(對韓)교육정책에 부합하는 백낙준과 박기서 중심으로 1946년 10월 25일 창립된 한국교육문화

협회와 오천석의 신교육협회에 의해 철저히 양면적으로 견제를 받을
수밖에 없었다. 이런 패권경쟁적 견제에 맞서 민주교육연구회는 몸부림
치는 경쟁을 시도한다.

　1946년 12월에는 조선교육연구회로 개명하게 되는 민주교육연구회는
독일예나대학에서 공부한 안호상과 한국 잔류세력인 심태진을 중심으
로 전개된 유럽식 민주주의 교육 지향적인 교육단체였다. 조선교육연구
회에 참여하고 있는 사람들은(표 Ⅳ-16 참조) 대체로 조선에서의 토착
적인 교육경력과 사회적 이력을 바탕으로 한 낭만주의적이며 민족주의
적 성향이 강한 사람들이었다. 즉 조선어학회나 진단학회에서 활동하다
가 일제의 감시와 구금을 당한 경험을 갖고 있는 역사학자, 국어학자,
정치가들이 회원의 대종을 이루고 있었다. 또한 이들은 서구의 문물 중
에서도 유럽계통의 교육사상적 조류에 동감하는 비미국유학파였다(이숙
경, 1983 ; 유희원, 1986).

(표 Ⅳ-16) 조선교육연구회 핵심요원의 학문적 배경

주요 구성원	최종 학력	소 속 단 체
안 호 상	독일예나대학	족청계, 조선어학회
손 진 태	와세다대학	진단학회
사 공 환	광도고등사범	교육심의회
최 현 배	경도제국대학	교육심의회, 조선어학회
안 재 홍	와세다대학	교육심의회, 조선어학회
최 규 동	광신상업학교	교육심의회
조 윤 제	경성제국대학	교육심의회, 조선어학회
허 현	동경고등사범	
이 인 영	경성제국대학	진단학회
심 태 진		
심 형 구	동경미술학교	
최 병 칠	경성사범학교	
윤 태 영		
이 득 봉		
이 호 성		교육심의회
송 홍 국		

　자료 : 이광호, 「미군정기 한국교육의 체제형성에 대한 고찰」(연세대학교 교육학과 석사학
　위논문, 1983), pp. 69~70.

따라서 미국교육의 경험을 기반으로 미군정민주주의의 지원을 받는 유억겸, 오천석, 백낙준 등은 안호상 주도의 조선교육연구회와 사회정치적으로 패권다툼을 전개할 수밖에 없었다. 그들은 안호상을 견제하면서 그들의 교육사상에 대한 이론적 지원뿐만 아니라 그들의 교육정책적 지원 세력을 확보하기 위한 수단으로 신교육연구협회를 적극적으로 지원했다. 미군정 시절 주요 교육정책 결정에서 배제되었던 안호상은 미군정 한국문교관리들의 교육사상적 기저, 즉 미국식 진보주의 교육사상에의 학문적 견제책으로서 유럽식의 교육사상을 소개했다. 끝내 안호상의 민족교육 강조는 정치적 효력을 얻어냈다. 즉 미군정 문교부의 세력이 종식당한 후, 안호상은 민족교육 강조 덕분으로 김성수의 견제세력이었던 이승만 대통령에 의해 문교부장관으로 발탁될 수 있었다.

그러나 안호상의 민족교육도 끝내는 반신불수적이었다. 왜냐하면 안호상이 주도해서 만들어놓은 교육법 중 93, 94, 100, 101, 104, 105, 106조 등은 일본의 학교교육법 중 17, 18, 19, 22, 23, 25, 35, 36, 37, 41, 42, 46조 등과 거의 일치함으로써 그것을 모방했거나 아니면 복고주의적으로 일제의 문화적 그늘을 벗어나지 못했었기 때문이었다(정진곤, 1987).

미군정민주주의의 통치력 누수과정을 한국측 문교주도세력이 최대한 이용했다는 마지막 증거로서 사범학교의 신설과 사범교육의 강조를 들 수 있는데, 이것은 일단 그 당시 교사부족을 해결하기 위한 자구책으로 이해되었다. 그러나 사범학교제도는 한편으로는 미군정의 대한교육정책을 광범위하게 수용하게 만들어주는 하위 국가기능을 발휘해주며, 다른 한편으로는 미군정 고위 한국인 문교관리집단의 교육정책적 이해관계를 강화시켜주는 교육적 기구나 마찬가지였다. 왜냐하면 그 당시 사범학교의 교육과정은 골격상으로 미국의 교사교육 경향을 벗어나지도 못했고, 교사의 재교육 역시, 미군정 초기부터 1948년 8월 1일 활동을 개시한 중앙교원연수소 훈련에 이르기까지 그 모두 미국식 교원 교육정책을 벗어나고 있지 못했기 때문이다.

한국측 교육주도세력들은 미국무성, 육군성 그리고 미교육국에 의한 구체적이며 세부적인 대한교육정책이 하달되지 않아 방황하는 미군정 문교부장 라카드와 새로 부임해서 업무파악도 안되어 있는 신임 문교부장 피텐저의 직무유기적 업무태세를 최대한 활용하였다. 그렇게 함으로써 서울대학교 설립, 준국가기구인 교직단체 창설, 사범교육에 대한 주도권을 장악한 미군정 한국측 문교담당 최고관리가 그의 '파워 블럭'을 더욱더 공고히 할 때인 1947년 6월, 미국은 1년 전에 유보시켰던 대한교육조사단 파견문제를 거론하고, 일방적으로 미국 교육정보조사단을 구성하여 한국으로 파견했다. 사실 이때 교육정보조사단을 왜, 무엇 때문에 파견해야만 되었는지는 불분명했으나, 이들의 파견에는 연례적인 행사 그 이상의 의도가 있었음은 분명했다. 이 파견단이 소위 안트 (Arndt) 미션이라 불리운 미국측 교육·문화사절단이었다.

미국 교육정보조사단은 한때 미교육국 국제교육과 극동담당관리였으며, 1947년 당시 뉴욕시립대학 교수인 안트(C.O. Arndt), 미국교육협의회 부회장 브룸바그(A.J. Brumbaugh), 텍사스대학 섭외부 기획훈련국장인 에디(J.F. Eddy), 한때 운크라 극동지구 책임자였던 레이(J.F. Ray), 육군성 민사국 소속 배트슨(D.N. Batson) 대위로 구성되었다. 사실 이들이 한국에 18일간 머무르면서 한국교육을 위해 그 무슨 결정적인 새로운 일을 할 수 있는 처지는 아니었다. 그들에겐 그럴 능력도 결여되어 있었다. 구성원들의 전문성으로나 한국인에 대한 이들의 교육적 식견으로 보아서, 미국무성과 육군성의 교육정책이 갖고 있는 공개될 수 없는 기본적인 대한교육정책이 이 안트미션의 배경 속에 내장되어 있었음을 감지케 만들 뿐이었다. 미국의 문화정책, 세계체제 구축적인 문화정책을 무시하거나 넘어설 수 있는 한국민 복지지향적인 세부적인 교육계획은 아예 제공할 수 없음을 뻔히 알면서도 이들을 파견할 수밖에 없는 미육군성·미교육국의 정치·군사적 계산이 안트미션의 정치적 한계였다. 이 당시 미·소간의 냉전은 악화될 대로 악화되어 있었다. 미국은 냉전체제 구축을 위해 트루먼 독트린, 즉 대소봉쇄정책을 더욱더 구체화시켰고 이것을 한국에 표본적으로 적용했다. 따라서 한국의 정치 및 군사적 조건은 자구 하나하나까지 미국무성에 의해 철저히 점검 보안처치될 수밖에 없었다.

트루먼 독트린이라는 절대적인 정치기류의 정당성을 확보키 위해 내한한 안트 일행의 미국 교육정보조사단은 18일간 한국에 머문 후 6월 20일, 마침내 「대한교육정보조사단 보고서」를 작성, 이를 미군정 문교부에 전달하고 귀국해버렸다. 행정, 학교교육, 교원양성, 교과서 등에 관한 미국 교육정보조사단의 보고서는 대단히 피상적이었다. 게다가 교육적으로 상식선을 넘어서지도 못했다. 오히려 한국인 문교관리인 오천석에게는 짐만 되었다. 왜냐하면 1948 회계연도에 투입될 한국교육원조 사용계획에 대한 구체적 지적과 효과적 활동지침을 마련하라는 행정적 권고나 해놓았기 때문이었다.

안트 일행이 미국으로 떠나버린 지 한 달이 지난 1947년 7월 22일, 외무부관리이며 대미교육원조 때문에 1946년경 미국에 건너가본 적이 있었던 문장욱은 보다 구체적인 미국교육원조를 요청하러 미국으로 건너갔다. 그의 주요임무는 한국측 미국 유학생 파견을 위해 미국측으로부터 재정확보를 얻어내는 일이었다. 농업, 공학, 의학, 언론, 행정, 법률, 외교 부문 등에서 필요로 하는 약 50명의 전문관리를 미국 대학으로 유학시켜 양성해내기 위해 문장욱과 미군정 문교부 관리들은 일단 20명의 유학 적격자를(South Korean Interim Government, 1947) 선발해냈다. 미국 교육정보조사단의 권고에 따라 구체적으로 실현을 보게 된 교육원조사업은 중앙교원연수소의 설치를 통한 교사재교육 사업이었다. 가리오아(GARIOA) 원조 보조금 34만 달러와 미군정의 시설보조지원금으로 설립된 중앙교원연수소의 소장·부소장은 모두 미국인으로 충원되었다. 즉 조지아주 사대 학장이었던 피트맨(M.S. Pittman)이 소장에, 부소장에는 쉴링(J.T. Schuiling)이 각각 임명되었다. 통역행정 편의상 또 다른 부소장에는 한국인인 박경준이 발탁되었다. 강사들은 미국에서 선발된 33명으로서 각 분야의 미국인으로 충원되었다. 이들의 경력은 대학교수로부터 퇴역행정관리에 이르기까지 다양했으나, 이들이 교사로서 적합한지 어떤지는 의문시될 지경이었다. 이 당시 어떤 내용이 어떻게 가르쳐졌는지는 아직 구체적인 연구결과가 나와 있지 않으나, 주요 교과목은 미국 진보주의에 입각한 아동중심 교수방법과 관련 내용임에는 거의 틀림이 없는 것 같다.

결국 해방 이후 처음 세워진 중앙교원연수소의 재교육 활동은 미국문화에 대한 교사 차원의 인식제고와 미국교육의 세계사적 정당성을 심어놓는 그 이상의 것은 아니었다고 볼 수 있다. 교사양성의 계급성과 교사의 지식인적인 사회적 위치의 중요성을 고려한다면, 교사양성정책 그것은 곧바로 정치적 패권주도세력 양성과도 무관하지 않다. 특정 사회정치 집단의 이해관계 유지의 재생산과 체제유지를 위해 교사집단의 (Sarup, 1982 ; Enrenreich & Enrenreich, 1979 ; Apple, 1986 ; Hurn, 1978 ; Freire & Shor, 1987) 양성은 필연적이다. 물론, 이 부문에 대한 연구는 역사적으로 보다 더 충실히 심화되어야 함에도 불구하고, 교사양성정책과 교사재교육에 대한 미국교육식 훈련은 표피적인 미국문화 지향적 미군정 한국인 문교관리집단의 세력확장 내지는 교육패권유지를 위해 상당히 용의주도하게 계획되었을 가능성도 배제하기 어렵다.

유학생 선발과정에서뿐만 아니라, 일반 교육원조 및 한국교육에 대한 실정보고에 이르기까지 미군정 문교관리집단이 취하는 도식적인 태도가 하나 있었다. 그 태도는 그 당시 미국측으로서는 당연한 것으로 간주되었으며, 한국인 관리들은 그러한 태도에 철저히 길들여지고 있었다. 그 태도는 다름 아닌 미국을 교육적 구세주로 수용하는 심리적 자세였다. 즉 한국에 들어와서 한국교육을 진단하고, 교육정책적 전환을 위해 일정한 제언을 해주는 미국인 학자 및 교육자, 미군정 문교부 소속 장교들은 마치 교육적 구세주(educational Messiah) 같은 입장을 견지하면서 미국식 민주주의의 절대성과 보편성을 한국교육계에 이식했다(Jacobs, 1944 : 45–47). 교사훈련을 위해 내한했던 미국교사들 역시 미국이 한국의 교육계에 수출해야 될 정치적 이념으로 미국식 민주주의를(McCuskey, 1949 : 166–169) 꼽았다. 한마디로 미국무성, 미교육국

등은 미국의 정치·사회·문화·교육적 목적으로서 민주주의에 기초한 개인주의, 사회적 평등주의, 근로주의, 사회적 비판력 등을 한국교육계에 수출했다. 그러나 이것을 받아들이는 한국교육 패권주도세력은 자기들의 세력유지에 방해가 될 수 있는 가치관, 말하자면 사회적 비판력이나 사회적 평등주의 등을 배제시킨 편의주의적 민주주의를 보편화시켰고, 그런 민주주의는 근로주의 및 개혁주의와 연루되어 경제적 생산력 제고, 근대화논리로 변형될 수밖에 없었다(Harold, 1975).

이런 문화적 삼투가 어느 정도 확산되어 그들의 문화적 매개체의 권력동맹이 성공하자, 미국은 1947년부터 한국교육으로부터 비난의 온상인 직접통치적 간섭을 자제하기 시작했다. 이러는 과정에서 미국의 대한정책, 미군정 장교의 군사적 승리를 위한 도구적인 미군정민주주의와 속으로는 한국 교육주도세력의 사회정치적 이해관계에 기초한 가부장제도적인 권위주의에 의해 연접 합성된 한국의 관료주의 국가유지적인 교육제도는 한국의 정치·경제적 요구에 부응하려는 경제 우선주의를 위한 전략과 이에 대한 편법적인 정책 고려를 1948년의 신정부에게 강요할 수밖에 없었다.

결국 미군정 3년은 문교부문에 관한 한 미군정 문교담당 장교라는 산파들이 한국 문교주도세력이라는 특정 산모로부터 교육적 괴물, 즉 한국교육의 저발전적 발전이라는 프랑켄슈타인을 받아내는 고통의 산실과도 흡사했다. 이때부터 전개된 교육은 실질적인 성장이 결여된 교육의 인플레이션 과정 속으로 빠져들어갈 수밖에 없었다.

참고문헌

김천영.(1984). 한국현대사. 서울 : 한울림.

대한교육연합회.(1977). 대한교육연합회 30년사. 서울 : 대한교육연합회.

돌베개.(편).(1982). 한국현대사의 재조명. 서울 : 돌베개.

서울대학교 40년사 편찬위원회.(1986). 서울대학교 40년사. 서울 : 서울대학교
　　　출판부.

성내운.(1985). 분단시대의 민족교육. 서울 : 학민사.

심지연.(1984). 한국민주당연구II. 서울 : 창작과 비평사.

오천석.(1972). "군정문교의 증언."새교육. 213호, 214호, 216호.

오천석.(1973). 발전한국의 교육이념탐구. 서울 : 배영사.

오천석.(1975). 외로운 성주. 서울 : 광명출판사.

유희원.(1986). "미군정기 교육주도세력의 정치사회적 성격과 교육개혁 시도의
　　　한계."연세대 교육대학원 석사학위 청구논문.

이광호.(1983). "미군정기 한국교육의 체제형성에 대한 고찰."연세대 석사학위
　　　청구논문.

이숙경.(1983). "미군정기 민주화의 성격과 민주주의 교육이념의 한계."이화여
　　　대 석사학위 청구논문.

이희수.(1986). "미군정기의 국립서울대학교 설립과정에 관한 교육사회학적 분
　　　석."중앙대 교육학과 석사학위 청구논문.

임종국.(1982). 일제 침략과 친일파. 서울 : 청사.

정진곤.(1987). "학교교육제도로서의 교육과정령 변천과정에 관한 연구."제3세
　　　계 문화(한신대학), 87-2E.

최혜월.(1986). "국대안 반대운동의 이념적 성격에 관한 교육사회학적 접근."
　　　연세대 교육학과 석사학위 청구논문.

한국교육문제연구소.(1974). 문교사. 서울 : 중앙대 출판국.

한성진.(1986). "미군정기 한국교육엘리트에 관한 연구."연세대 교육학과 석사
　　　학위 청구논문.

한준상.(1983). 한국대학교육의 희생. 서울 : 문음사.

홍인숙.(1984). "건국준비위원회에 관한 연구."이화여대 석사학위 청구논문.

황성모.(편).(1987). 분단사회의 평가적 인식. 성남 : 한국정신문화연구원.

Abe, H.S.(1985). "U.S. educational policy in Korea." *East West Education*, 6(1), pp. 25—33.

Apple, M.W.(1986). *Teachers and texts.* New York : Routledge & Kegan Paul.

Choi, W.H.(1986). "Currcular reform in Korea during the American military government, 1945—1948". Unpublished Doctoral Dissertation, Wisconsin University.

Collins, R.(1971). "Functional and conflict theories of educational stratification". *American Sociological Review*, pp. 1002—1019.

Cumings, B.(1981). *The origins of korean war.* Princeton : Princeton University Press.

Enrenreich, B.& Enrenreich, J.(1979). "The professional managerial class". in P. Walker(ed.) *Between labor and capital.* Hassocks : Harverster Press.

Freire, P.& Shor, I.(1987). *A pedagogy for liberation.* South Hadley, MA : Bergin and Garvey.

Gayn, M.(1948). *Japan diary.* New York : William Sloane Associates.

Greimas, A.J.(1966). *Semantique and structurale.* Paris : Larouse.

Gunter, J.(1951). *The riddle of McArthur.* New York : Harper and Bros.

Harold, C.R.(1975). "The Koreanization of elementary citizenship education in south Korea." Unpublished Doctoral Dissertation, Arizona State University

Headquarters.(1946). "United States army military government in Korea." in *History of Bureau of Education* Mimeograph.

Hum, J.(1978). *The limits and possibilities of schooling.* Boston : Allyn and Bacon.

Inaba, T.(1985). "Development of the language policy under the U.S. military government." *East West Education.* 6(1), pp. 48—57.

Jacobs, C.L.(1944). "The messianic complex of American educators." *School and Society*, 59(1516), pp. 45—47.

Kang, H.M.(1970). "The United states military government in Korea : 1945—
        1948" Unpublished Doctoral Dissertation, University of Cincinnati.

Kolko, G.(1972). *The limits of power.* New York : Harper & Row.

McCune, G.M.(1950). *Korea today.* Cambridge : Harvard university.

McCuskey, D.(1949). "What shall we export." Education, 70(3), pp. 166—169.

Meade, E.G.(1951). *American military government in Korea.* New York :
        Columbia University.

Moffer, E.(1987). 장연홍(역). **대중운동.** 태학당.

Motherwell, H.(1943). "Military occupation and then what?" *Haper's
        Magazine,* pp. 439—446.

Nam, B.H.(1962). "Educational reorganization in South Korea under the
        United States army military government, 1945—1948." Unpublished
        Doctoral Dissertation, University of Pittsburgh.

Sarup, M(1982). *Education, state and crisis.* London : Routledge & Kegan
        Paul.

Sawyer, R.K.(1962). *Military davisors in Korea.* Washington, D.C. : Department
        of Army.

Seki, E.(1985). "An endeavor by Koreans toward the reestablishment of
        educational system under the U.S. military government." *East
        west Education,* 6(1), pp. 34—47.

South Korean Interim Government.(1946). *South Korean Interim Government
        Activities,* 6, March.

South Korean Interim Government.(1947). South Korean Interim Government
        Activities, July.

Taylor, P.H.(1948). *Military government experiences in military government
        in world war* Ⅱ. New York : Rinehart & Co.

Trainor, J.(1983). *Educational reform in occupied Japan.*

Underhill, L.K.(1943). *Organization of military government.* Mimeographed
        Pamphlet.

V. 미국의 대한 교육원조(1945∼61)와 한국교육 간의 상관성

1. 대한(對韓) 교육원조에 관한 문제 제기

1945년 일제로부터의 해방은 한국교육체제의 근본적인 재편을 요구하는 것이었다. 그러한 재편 노력은 미군정기 이래 1950년대까지 계속되어 온 바, 한국교육의 새로운 구조형성을 의미하였다. 이 새로운 구조형성에 대한 의미파악은 아직까지도 논쟁과 검증을 불러일으키는 것이다.

1945년에서 50년대에 이르는 시기가 교육사적으로 그 무엇으로 요약되든, 이 시기에 나타난 한국교육의 재편은 외국 특히 미국의 직·간접적인 막대한 지원을 수반하는 것이었다. 이 중 1950년대까지 대규모로 도입된 무상증여 방식의 원조를 통한 교육부문의 지원이 양과 질 양면에서 가장 핵심적인 것이었다.

원조는 한국 자본주의의 형성, 발전과정에서 그 성격형성의 주요한 한 인자로써 작용하였다는 점에서 최근까지 경제학 또는 사회학 영역에서 많은 연구들이 수행되어 왔다. 특히 1970년대 말부터 원조에 대한 수혜적 관점에서 탈피하여, 원조의 본질을 주체적으로 재해석하려는 일단의 흐름이 있어 왔다. 이들은 산업개발국의 대외원조가 무상 또는 유리한 조건으로 자원을 이전시켜줌으로써 저개발국의 경제발전을 도울수 있는 계기를 마련해 준다는 근대경제학적 관점에 대한 강력한 반발로서 원조에 의해 야기된 한국경제의 제왜곡성을 포착하고 있다. 이러한 흐름 속에 있는 기존 논의들은, 그것이 원조의 성격을 어떻게 보느냐에 따라 다음과 같이 두 가지로 구분될 수 있다.

첫째, 이러한 비판적 논의의 다수를 점하는 것으로서, 한국에 공여된 원조는 일차적으로 '경제적 성격'의 원조였음을 논의의 축으로 삼고 있는 연구들이다(김양화, 1984, 1985 ; 김대환, 1981 ; 박찬일, 1981 ; 박현채, 1981, 1986, 정일용, 1984, 1987). 이들은 원조를 선진국 국가(독점)자본의 한 운동양식으로 파악하면서, 원조가 한국경제의 자립적 재생산 구조형성에 어떠한 영향을 끼쳤는가를 일차적인 관심사로 삼고 있다.

둘째, 소위 '농업회생축적론'으로서, 한국에 공여된 원조는 기본적으로 '군사적 성격'의 원조였음을 강조하는 논의가 있다(이대근, 1987a). 이 논의는 한국경제의 자본축적의 원천을 원조에서 찾지 않고, 대신 농업부문에서 생성된 잉여가치의 도시부문으로의 끊임없는 유출이 그 원천이었음을 밝히고 있다.

그러나 이상의 기존 논의들은 각각의 타당성에도 불구하고, 원조의 경제적 성격 또는 군사적 성격에 대한 과도한 집착으로 말미암아 원조의 총체적 성격을 포착하지 못하고 있다. 따라서 이데올로기 차원에서의 원조논리의 관철은 처음부터 논의에서 사장되어 버리거나, 적절히 과소평가되고 있는 실정이다.

교육학계에서의 원조논의는 1960년대 이후 최근까지 지속적으로 나타나고 있다. 이 논의들은 1945년부터 60년대 초까지 무상증여 형식의 교육원조가 공여됨에도 불구하고 전 기간의 교육원조를 포괄하지 못하고 있고, 시설원조와 기술원조 양자를 함께 논의하지 못하였다는 점에서 단편적인 연구가 주류를 이루지만, 논자들이 견지하는 원조관에 따라 다음과 같이 세 범주로 나눠 볼 수 있다.

첫째, 대다수의 논의들이 교육원조를 수혜적 순기능론적 관점에서 분석·고찰하고 있다(문교부, 1958a ; 박덕주, 1959 ; 정영수 외, 1985 ; 중앙대학교부설 한국교육문제연구소, 1974 ; 현창근, 1962 ; Dodge, 1971 ; McGinn et al., 1980 ; Williams, 1962). 즉 미국의 교육원조는 한국 교육시설의 복구, 교육기회의 확대 또는 공교육비의 절감 등 매우 긍정적 인 기여를 하였음이 강조되고 있다.

둘째, 교육원조에 대한 긍정적인 평가와 더불어 비판적 관점을 견지 하는 논의들이 있다. 이들은 원조가 초래한 미국의 한국교육에 대한 영 향력 증대를 부각시키거나(김종철, 1967 ; 정범모, 1967 ; 馬越徹, 1987), 미군정기 교육원조를 미국의 대한 교육정책과 관련시켜, 미군정기 교육 원조는 미국 민주주의 교육이념과 방법의 본격적인 도입을 시도한 것 이었다고 보고 있다(阿部洋, 1987).

셋째, 교육원조를 문화제국주의적 관점에서 고찰하고, 1950년대의 교 육원조는 경제원조의 기본성격을 반영하고 있다는 '반영론적' 입장하 에 교육원조에 대한 기능론적 해석을 비판하는 논의가 있다(이숙경, 1984).

이상의 교육원조에 대한 기존 논의들은 각각 다른 원조관에 입각, 원 조를 한국교육과 관련시켜 논의하고 있으나, 공통적으로 다음과 같은 문제점이 지적될 수 있다.

첫째, 교육원조에 대한 명확한 종별구분이 전제되지 않은 채 한국정 부에 제공된 무상증여 형식의 교육원조, 민간단체에 의한 교육원조, 기 타 간헐적인 원조 등이 혼재되어 논의된 결과, 교육원조의 정확한 성격 파악에 도달하지 못하고 있다.

둘째, 한국에 공여된 전체 원조의 도입·운용과정에서 교육원조의 정 확한 위상을 추출해 내지 못함으로써, 교육원조의 성격이 전체 원조의 성격에 매몰되어 버리거나 과도하게 그 개별성만을 강조하고 있다.

결국, 교육원조에 대한 기존 논의들은 원조와 한국교육을 결부시켜 논의하고 있으나, 원조에 의해 야기된 한국교육의 특징적인 성격을 파 악하지 못하고 있다고 판단된다.

본 글은 경제학 및 교육학 영역에서의 기존 논의들이 보인 이상과 같은 분석 및 인식상의 문제점을 지양하면서 1945~61년 사이에 무상 증여 형식으로 제공된 교육원조를 분석하고, 그것을 기반으로 교육원조

가 당시 한국교육에 끼친 영향은 무엇이며, 전체 무상증여 형식의 원조
에서 교육원조가 차지하는 역할은 어떠하였는지를 파악해 내고자 한다.

　지금까지 교육원조에 대한 다수의 기존논의들은 교육원조가 수행한
긍정적인 역할, 즉 황폐화된 교육시설의 복구, 공교육비의 절감, 교육기
회의 확대, 일제식 교육의 추방 등에 교육원조가 매우 유용하였음을 밝
혀 왔다. 교육원조에 대한 적절한 평가를 하기 위해서는 교육원조가 한
국교육에 남긴, '극복되어야 할 문제'도 동시에 밝혀져야 한다고 보여
진다. 따라서 본 글이 교육원조의 한국교육에 대한 영향을 파악하려는
것은 그러한 문제점을 밝히고자 함을 의미한다. 이 때 본 글은 원조에
대한 증여국 중심적인 시각이 아닌 수원국 중심의 비판적인 인식을 견
지한다. 이러한 인식 하에 다음과 같은 연구문제를 제시한다.

　첫째, 6·25전쟁 전과 후의 교육원조는 각각 그 특징이 무엇인가? 둘
째, 교육원조를 받은 결과, 한국교육에 나타난 특징적인 성격은 무엇인
가? 셋째, 교육원조의 이데올로기적 함의는 무엇인가?[1]

---

1) 본 장에서는 미국의 교육원조 문제를 비판적 역사 연구방법(critical historiography)
　(한준상, 1985 : 160－164)으로 분석한다. 이를 위해 가능한 한 교육원조에 관한
　모든 자료를 동원하고, 그것의 재구성 및 상호 비교, 연결을 통해 자료의 정확
　도를 높이고, 재구성된 자료를 수원국 중심의 시각으로 재해석함으로써 지금까
　지 간과되어 왔던 교육원조의 의미를 도출하고자 한다. 자료의 재구성 방법은
　첫째, 한국측, 즉 한국은행과 문교부에서 제시하였던 자료들과 원조 증여국이
　제시하였던 자료들을 상호비교하여 원조액을 정확히 산출한 다음 그것을 기술
　원조와 시설원조로 구분한다. 왜냐하면 교육은 경제 또는 군사부문과는 달리 지
　식을 취급하는 부문이기 때문에 시설원조뿐만 아니라 기술원조의 비율 및 내용
　의 파악이 또한 중요하게 부각되기 때문이다. 둘째. 시설원조와 기술원조를 각
　각 그것이 투입된 학교급별로 다시 구분한다. 이렇게 함으로써 시설원조와 기술
　원조가 강조되었던 영역을 파악할 수 있다.
　　1차 자료로는 한국은행, 문교부에서 간행된 각종 연감, 보고서, 연보, 월보 등
　과 원조기관이 남긴 보고서, 그리고 당시 발행된 일간지, 교육신문, 대학신문 등
　의 신문과 단행본을 이용하고, 교육원조를 받은 대학, 기관의 학교사서 및 연지
　도 사용한다. 2차 자료로는 원조에 관한 기존 연구물, 그리고 교육학, 경제학, 사
　회학, 정치학 관계의 각종 문헌을 이용한다.
　　본 글의 범위는 해방 이후부터 1961년까지로 한다. 왜냐하면 타 부문에 대한

2. 교육원조와 한국 교육·사회정치적 문제

(1) 원조에 대한 대립되는 관점들

교육을 문화적 제국주의의 일 수단으로 파악하는 논자들은 교육원조를 중심부와 주변부 간의 제국주의적 지배·착취관계를 은폐하는 연막으로 인식한다. 교육원조는 신식민지적 정책의 핵심으로서 전반적인 지배·종속관계를 심화시키는 물적 수단으로 파악되고 있다. 그러나 논자들 사이에는 원조에 대한 대립되는 관점들이 여전히 존재하고 있다.

원조본질에 관한 경제학적 대립은, 궁극적으로 스미스(A.Smith)의

무상증여 방식의 원조와 마찬가지로 교육부문에 대한 무상증여 형식의 원조도 이 시기에 집중적으로 공여되었기 때문이다. 1961년 이후 미국의 대외 원조정책은 차관 중심의 원조정책으로 전환됨에 따라 무상증여 형식의 대한 교육원조는 대부분 1961년을 전후로 종결되었기 때문이다. 또한 외국 정부나 유엔이 한국정부에 무상증여 형식으로 공여한 원조를 분석대상으로 삼는다. 따라서 민간단체 (예컨대, 한미재단, 아세아재단, CARE ; Coperative for American Relief Every-where, Inc.)에 의한 교육원조 및 주한 미8군에 의한 AFAK(United Armed Forces Assistance to Korea) 원조와 기타 간헐적인 민간원조 등은 분석대상에서 제외된다(참고 : CERI, 1965).

본 글에서 사용되는 몇 가지 주요 용어는 다음과 같이 정의될 수 있다. ① 원조-일국의 정부, 민간, 단체 또는 국제기관이 타국의 정부, 민간, 단체에 제공하는 물적, 기술적 지원을 의미한다. 원조는, 지원받은 것의 반환여부를 기준으로 할 때 무상증여 원조(grant)와 대부(차관)(loan)으로 구분되고, 원조의 소재적 내용과 수원국에서 그것이 사용되는 분야에 따라 군사원조, 경제원조, 교육원조 등으로 구분된다. 또한 원조하는 것이 물적인 것이냐, 기술적인 것이냐에 따라 물적 원조(시설원조, 자본원조)와 기술원조(인적원조)로 구분된다. 본논문이 연구대상으로 삼고 있는 원조는 다국 정부가 한국 정부에 제공한 무상증여 원조 중 교육부문에 투입된 원조, 즉 무상증여의 교육원조이다.

② 기술원조와 시설(자본 또는 물적) 원조-전자는 각종 기술적인 지원을 의미한다. 기술적 지원의 형식으로는 해외 파견훈련, 타국 전문가에 의한 국내 지도, 원조기관의 직원에 의한 기술지원 등이 있다. 후자는 각종 시설, 자재, 기구, 설비 등의 제공을 의미한다. 양자는 일반적으로 상호 결합되어 제공되었지만, 원조되는 분야에 따라, 원조에 따라 각각 다른 특징을 보인다.

'국부론'에 그 연원을 두는 근대경제학과 마르크스(K. Marx)의 '자본론'에 의거한 정치경제학간의 이론적 대립에서 출발한다.

먼저 근대경제학의 뒷받침을 받고 있는 견해들은 원조의 순기능성, 수혜성을 강조한다. 개발국의 저개발국에 대한 원조는 '선의', '동정'의 일면을 갖는 것으로 주장된다(참고 : 갈브레이즈, 1961 : 144). 근대경제학적 입장에서는 경제성장은 투자율에 의존하고 투자율은 저축률에 의존한다는 등식을 제시한다(이대근, 1987a : 207). 따라서 노동력은 상대적으로 과잉되어 있는 반면, 국내 저축률은 저조하고 자본이 부족한 저개발국에 대해 외국원조는 저개발국의 부족한 국내저축을 보충하는 해외저축의 형태로서, 낮은 투자율을 메꾸어 경제성장의 제기를 이룬다는 것이다. 여기서 경제성장은 GNP의 증가와 동일시되고, GNP의 증가는 생산요소의 양적 증대로써 가능하다고 설명된다. 이러한 원조관은 신고전경제학파의 성장이론, 개발이론에서 지배적인 것이다. 단기적인 거시경제학적 이론을 제시하는 케인즈주의자들은 원조를 개발국의 과잉상품의 해소와 불황탈출의 수단이라고 본 점에서 그러한 근대경제학적 원조관에 비판적이다(정일용, 1984 : 134－135 ; 1987 : 80). 그러나 케인즈안들의 원조관도 저개발국에 대한 원조를 개발국 자본운동의 한 역사적 양식으로 파악하지 못하였다는 점에서, 주류경제학의 이론적 틀에서 벗어나지 못한 것으로 평가될 수 있다. 정치경제학적 시각에서 원조는 자본주의 제국의 시장확대를 위한 노력의 일환일 뿐만 아니라, 본래적인 자본운동의 변형과정에서 생긴 선행투자로서의 국가(독점) 자본의 운동양식으로 파악된다(박현채, 1986 : 65, 정일용, 1981 : 70). 원조의 경제적 본질에 대해 세 가지 다른 견해, 즉 국가자본의 수출, 상품자본의 수출 혹은 국가자본과 상품자본의 절충설이 제시되고 있지만(참고 : 김양화, 1985 : 231－232), 정치경제학적 시각하에서 원조는 첫째, 신식민주의의 가장 세련된 형태이고, 우호적인 정권을 지원함으로써 신생국을 비자본주의적 발전행로로부터 멀어지게 하고, 그들을 사회주의체제에 대항하는 중심세력으로 끌어들이는 수단이며, 둘째, 신생독립국에서 경제적 지배권을 유지하여 전과 동일하게 잉여수취의 대상으로 묶어두려는 물적 수단으로 파악된다(녹두편집부, 1986 : 307). 미국의 대외원조를 분석하고 있는 맥도프(H. Magdoff)는 미국의 대외원조는 수원국에 대한 강한 통제의 목적을 갖는 것으로 보고, 미국의 다양한 원조활동을 그 목적과 성과에 따라 1) 미국의 세계적인 군사·정치적 정책을 수행하기 위한 것, 2) 천연자원의 확보 및 문호개방정책의 실시를 위한 것, 3) 미국기업에게 직접적인 경제적 이익을 주기 위한 것, 4) 저개발국에서 경제개발이 자본주의적 방식에 따라 확고하게 뿌리를 내리도록 보장하기 위한 것, 5) 수원국들이 점차 미국과 기타의 자본시장에 의존토록 만들기 위한 것으로 분류하고 있다(Magdoff, 1969 : 123).

자본주의 개발국의 국가기관, 민간재단 및 각종 국제기관에 의한 교육원조에 대한 관점도 이상의 경제학적 논쟁의 연속선상에 위치한다. 왜냐하면 각각 다른 교육원조관은 상호 다른 경제학적 배경을 갖고 있기 때문이다.

먼저 근대화이론, 발전이론, 인간자본론 등에 의거하고 있는 교육발전론, 교육투자론 둥은 교육원조의 수혜성, 순기능성을 강조한다. 삼세계 교육체제의 발전은 산업화된 국가들이 밟아온 비슷한 역사적 계열을 거치는데, 이 과정에서 필요한 자본과 전문기술이 제삼세계에는 결핍되어 있는 바, 그것을 원조가 제공해 준다는 것이다(Hurst, 1983 : 431). 이때 인적 자원에 부여된 교육은 물적 자본의 축적과 같은 의미로 해석되고, 교육을 통한 노동력의 질적 향상은 국민소득 및 생산성의 증대에 기여한다고 주장된다(Hurst, 1981 : 120).

교육을 문화제국주의의 일 수단으로 파악하는 논자들은, 교육원조는 중심부 자본주의 국가와 주변부 국가 간의 진정한 착취관계를 은폐하는 '연막'으로 작용한다고 주장한다. 따라서 교육원조는 첫째, 근대적인 자본주의적 부문이 필요로 하는 상대적으로 소규모인 교육받은 인력의 공급확보를 돕고, 둘째, 저개발국 국민을 특정 세계관으로 교화하고, 그들 자신에 대한 착취를 무의식적으로 용인하도록 하는 데 기여한다(Hurst, 1983 : 431). 예컨대, Carnoy(1977) (1980), Kelly & Altbach(1978),

Berman(1979) 등의 논의가 이 범주에 속하는 것으로 평가될 수 있다.

카노이에 의하면, 교육원조의 표면상의 의도는 경제성장의 촉진에 있지만, 교육원조가 제공되는 맥락은 저개발국의 발전과정에 제약을 가하는 것으로서 자본주의적 생산조직을 보완해 주는 제도, 자본주의체계내의 국내외적 상하계층구조, 미국의 군사적 이익을 돕는 政體 등의 확립에 그 목적이 있다(Carnoy, 1979 : 314-315). 같은 맥락에서 세계은행과 같은 국제기관의 교육활동은 결코 중립적인 것이 아니라, 세련된 이데올로기를 포함하고 있다. 즉 국제기관들은 저개발국에서의 발전에 대한 갈등에 스스로 개입하여 '전문성', '선진기술'이라는 개념을 통해 특정 형태의 세계적 개혁을 정당화하려고 한다. 교육부문의 경우, 국제기관들은 개발국의 다국적 부르조아지, 종속국가의 부르조아지의 이익에 부합되는 특정방향으로 저개발국의 교육개혁을 추진시킨다(Carnoy, 1980 : 281).

버만도 미국재단들의 교육원조는 아프리카 사회의 통제된 성장·발전을 확보하는 데 기여한 것으로 평가한다. 그들이 특히 아프리카 교육의 확대에 관심을 갖는 이유는, 첫째, 아프리카 교육의 양적 팽창을 통해 아프리카 구석구석까지 그들의 이데올로기적 침투가 가능하고, 둘째, 표면상 정치적 뉘앙스를 갖지 않는 상품을 제공함으로써 그들이 공명한 인도주의자로 부각될 수 있었기 때문이었다. 그들의 아프리카에서의 교육사업은 기실 인도주의적 동기의 발로가 아니라, 미국정부와 기업에 전략적, 정치적으로 중요한 아프리카 국가에서 미국의 참여를 확보하는 수단이었다. 특히 미국대학에서의 훈련프로그램은 정치적 안정과 자본투자를 보증할 수 있는 정치엘리트를 양성하고, 미국적인 가치를 공유하는 '엘리트의 국제공동체', '세계문화'를 창출하려는 의도를 갖는 것으로 평가된다(Berman, 1979 : 175-176).

켈리와 알트박도 동일한 교육원조관을 견지한다. 개발국의 각종 원조프로그램은 삼세계에 대한 영향력 유지, 이익확보 및 산업국가의 이해에 부합하는 우호적인 정치·경제적 조건을 창출하기 위한 물적 수단으로 파악된다. 교육원조는 신식민지 정책의 핵심으로써 결국 저개발국의 종속을 증대시킨다는 것이다(Kelly & Altbach, 1978 : 75－76).

이상에서 논의한 교육원조관 중 첫번째 견해는 낭만적이고, 원조 증여국 중심적 시각으로 간주될 수 있다. 왜냐하면 원조가 무상의 자본·기술이전이라는 표면적인 현상에 집착한 나머지 원조의 은폐된 의도를 드러내지 못하기 때문이다. 교육원조관의 차이는 카노이(1980)가 제시한 바와 같이, 국제경제체제, 국가 및 국가간의 상호작용에 관한 각자의 관점의 차이에서 발생한다. 여기서 첫번째 교육원조관은 국제 경제체제는 자유기업, 자유시장체제로, 국가관은 다원주의적 국가관으로, 국가간의 상호관계는 정치적 평등관계로 파악하고 있다고 볼 수 있다. 따라서 본 글이 첫번째 교육원조관을 낭만적이라고 규정함은 그들 주장의 배경으로 깔려 있는 국제 경제체제, 국가 및 국가간의 상호작용에 관한 특정 관점이 삼세계가 처한 당면 현실과 괴리가 있음을 의미한다.

(2) 대한 교육원조의 사회·정치적 의미

본 절에서는 경제학 영역에서의 기존 논의를 검토하여 원조의 경제적, 군사적 의미는 어떻게 파악되고 있는가를 알아본 다음, 교육원조에 대한 기존논의를 검토한다. 검토의 대상은 원조의 수혜적 관점으로부터 인식의 전환을 꾀한 연구물에 한정시킨다. 왜냐하면 본 글 또한 그러한 인식의 전환 위에 서 있으며, 동시에 그것을 확대·심화시키고자 하기 때문이다. 그리고 기존 논의의 검토를 바탕으로 교육원조의 규모와 운용과정상의 문제를 살펴봄으로써 교육원조의 위치를 정립하고자 한다.

1) 기존 논의의 검토

1980년 이후 최근까지 원조에 대한 비판적(혹은 정치경제학적) 논의는 거의 경제학 영역이 주도하여 왔다. 이것은 원조의 경제적 성격에 대한 과도한 강조 또는 편향된 해석이라는 부정적 결과를 낳은 일 요인으로 작용하여 왔다. 그러나 1970년대까지 널리 유포되어 있던 시혜

적 관점에 대한 강력한 반발로서 원조에 대한 새로운 인식의 지평을
열어 놓았다는 점에서, 또한 한국자본주의 성격논쟁과 결부되어 전개되
었다는 점에서, 점차 발전적인 논의양상을 보여왔다.

경제학계에서의 비판적 논의들은 원조의 성격을 어떻게 보느냐에 따
라 크게 두 범주로 나눠 볼 수 있다.

첫째, 한국에 공여된 원조는 기본적으로 경제적 성격의 것이었음을
논의의 축으로 삼고 있는 논의들이 있다(김양화, 1984, 1985 ; 정일용,
1984, 1987 ; 박현채, 1981, 1986 ; 박찬일, 1981). 이들은 원조의 본질에
대한 명확한 천명에서 출발한다. 원조는 선진국 국가독점자본의 하나의
운동양식(박찬일, 1981 : 69-70 ; 정일용, 1984 : 156), 혹은 국가자본의
운동양식(박현채, 1986 : 65 ; 김양화, 1985 : 233)으로 파악된다. 원조는
유상 공공차관→민간 상업차관→직합작 투자로 전개되는 선진국 국가
(독점)자본의 자기 관철을 위한 선행과정으로 제시된다. 그러나 이들은
한국에 공여된 원조가 경제적 성격을 갖는 것으로 파악함으로써 원조
의 구체적인 역할은 경제적 측면에서 과도하게 논의되고 있다. 즉 기본
적으로 군사적 성격의 원조였던 FOA(Foreign Operation Administration)
원조, ICA(International Cooperation Administration) 원조－이들은
1950년 6월 한국전쟁의 발발로 냉전이 심화됨에 따라 마샬원조 대신
군사원조 우위의 미국 대외원조로 등장한 MSA원조의 일환이다(홍성
유, 1962 : 22)－도 '방위지원을 위한 경제원조'로 인식되어 그것의 군
사적 성격은 과소평가된다. 따라서 원조에 대한 평가기준은 자립적 재
생산구조의 확립이라는 경제적 기준으로 제시된다(참고 : 정일용, 1981).
이들이 제시한 원조의 경제적 귀결은 다음과 같이 정리될 수 있다. 1)
경제구조면에서－경제구조의 파행성, 대미의존성, 비자립적 경제구조 형
성, 원자재 의존적인 수입대체산업 생성. 2) 자본의 성격면에서－관료독
점자본(박찬일), 관료자본(박현채), 관료·예속자본(김양화), 비자립적·
대외종속적 국가독점자본(정일용)의 형성.

둘째, '미국의 대한 원조는 경제적 성격이 아니라 순수한 군사원조적

성격을 갖는 것이다'라는 사실인식에서 출발하는 이대근(1987)의 立論 이다. 그는 기존의 거의 모든 논의ㅡ근대경제학적, 정치경제학적 입장 모두ㅡ를 '원조의존 축적론'으로 범주화시킨다. 기존의 논의들은 어떠 한 입장을 견지하든, 1950년대 한국경제의 전개에 있어 자본형성·경제 성장의 결정적 계기를 외국원조에서 찾는다고 비판한다(212쪽). 처음부 터 군사적 목적아래 행해진 원조공여를 놓고 그것을 통한 자립적 경제 발전의 여부를 문제삼는 것부터 중대한 오류라는 것이다. 그는 1950년 대 자본축적의 원천은 외국원조에 있는 것이 아니라, 농업부문 잉여가 치의 도시부문으로의 끊임없는 유출에 있다는 '농업희생 축적론'을 제 기한다. 그 구체적인 메카니즘은 농업과 비농업부문간의 부등가교환 즉 농산물과 공산물간의 협상가격차에 의한 수탈, 전근대적인 강제적 조세 수탈, 그리고 전근대적인 고리채 금융 등으로 제시된다(179~192쪽). 반 면 원조의 도입은, 첫째, 한국의 방위가 서방진영 전체의 체제적 방위의 일부를 분담한다면, 원조재원에 의한 군사비 보충액이 체제적 방위부담 의 요구를 제대로 커버하고 있느냐에 의문이 있다는 점, 둘째 국내 경 제조건을 무시한 원조물자의 무계획적 도입과 그것의 무계획적인 국내 유통·소비, 셋째 원조에 의한 재화의 추가 도입은 인플레 억제요인으 로 작용하지만 원조물자의 배정 및 유통, 판매, 소비과정에서 투기적 인 플레 유발요인이 잠재되어 있다는 점(216~218쪽) 등으로 말미암아 오 히려 자본축적을 저해했다고 비판된다.

농업희생 축적론은 대한 원조의 군사적 성격을 드러내고, 동시에 자 본축적에 대한 원조의 저해역할을 포착한다. 그리고 1950년대의 자본축 적과정은 농업희생에 의한 자본축적이었음을 새로이 제시하고 있다. 따 라서 농업희생 축적론은 '원조'라는 용어자체의 사용도 재검토할 필요 가 있다고 본다. 왜냐하면 비경제적 목적으로 행해진 원조공여에 어떤 경제적 의미를 부여하는 '원조'라는 표현은 옳지 않기 때문이다.

기존 논의들은 원조의 군사적 성격 또는 경제적 성격에 대한 과도한 집착으로 말미암아 탈식민지 이후 미국주도의 세계 재편과정에서 가장 강력한 물적 수단이었던 원조의 총체적 성격을 포착하지 못하고 있다. 즉 원조공여의 논리가 정치적, 경제적 차원에서 상호 분리, 상호 배타적인 양식으로 관철되는 것처럼 보여지고 있다. 또한 이데올로기적 차원에서의 원조논리의 관철은 아예 사장되어 버리거나, 과소평가되고 있다. 따라서 식민지체제의 붕괴 이후 자본주의 중심국과 주변국의 종속관계는 일면적, 단편적인 종속관계로 격하되고, 그에 따른 실천적 과제도 통일적으로 제시되지 못할 개연성이 내재되어 있다.

한편, 교육원조에 대한 비판적 인식의 전환은 이숙경(1984)에서 찾아볼 수 있다. 그녀는 한국에 공여된 원조의 시혜성을 부정하고 원조논리의 교육적 각인이라는 차원에서 논의를 전개하고 있다. 이 논의는 그간 단편적이고 지엽적인 기술을 지양하고 1950년대를 포괄하는 논의를 제시했다는 점에서, 그리고 사회과학계에서의 비판석 원조인식과 맥을 같이 하고 있다는 점에서 교육원조에 대한 새로운 인식의 지평을 개척했다고 볼 수 있다.

그럼에도 불구하고 다음과 같은 몇 가지 문제점이 지적되어야 한다.

첫째, 그녀는 먼저 원조에 의해 한국경제의 대미 의존성, 국내 불균형 발전이 야기되었다고 보고 교육원조를 통해 교육부문은 그것을 유지, 반영하고 있다고 본다. 따라서 교육원조는 이미 완성된 경제적 종속을 유지하기 위한 후속적인 원조라는 그릇된 인식에 빠질 위험이 내재되어 있다. 한국에 공여된 원조의 성격자체가 이미 총체적 성격을 띠고, 그것이 동시적으로 발현되는 것으로 보아야 한다. 그렇지 않고 교육원조와 전체원조가 상호분리되어 후자의 경제적 성격에 전자가 환원된다면, 이것은 편향된 경제주의적 인식의 결과이다.

둘째, 원조의 종별 구분이 불명확하다. 즉 한국정부에 대한 무상방식의 원조의 일환인 교육원조를 연구대상으로 하고 있지만(384쪽) 1948년 미국 정보・교육 교환법(속칭 Smith-Mundt법)에 의한 미국무성 초청 교환교수계획(참고 : 한국교육10년사 간행회, 1960 : 330-331)도 혼재되어 논의되고 있다. 그러나 양자는 그 성격상 별개의 계획으로서 전자는

원조물자의 도입·분배·기술적 운용 등 실물자본과 인사교류가 포함
된 대한 무상원조의 일환이지만, 후자는 이것과는 별개로 1950~1966년
사이에(정범모, 1967 : 114) 이루어진, 경비일체를 미국무성이 부담할 뿐
만 아니라, 실물자본의 이동이 없는 독자적인 교수교환계획이었다. 따라
서 양자의 혼동은 교육원조의 정확한 성격규명에 저해요소로 등장한다.

　셋째, 교육원조의 도입운용 메카니즘이 사상되고 있다. 교육원조는 전
체원조의 운용과정에서 어떤 위치를 차지하고 있는가 즉 동일성과 차
별성이 규명되어야 한다. 그렇지 않는다면 교육원조의 성격이 전체 원
조의 성격에 매몰되어 버리거나, 과도하게 그 개별성만을 강조하는 논
의로 빠지기 쉽다.

　이상과 같이 경제학계의 논의는 원조의 일면적 성격에 과도하게 집
착하여 전체적 성격파악에 도달하지 못하였고, 교육원조에 대한 기존
논의는 교육원조의 위치설정의 모호함으로 인해 교육원조의 정확한 성
격을 포착하지 못하였다.

2) 원조규모의 문제

(표 V-1) 원조별 교육원조 수입현황　　　(단위 : 천 달러)

구분＼원조명[1]	GARIOA (1945-48)	ECA/SEC (1949-52)	UNKRA (1950-59)	CRIK (1950-56)	FOA/ICA (1953-61)	PL480[2] (1965-61)
원조총액　(가)	409,393	201,867	122,084	457,378	1,743,929	202,648
교육부문원조(나)	790	-	10,907	-	20,265	-
(나)/(가)　(%)	0.19	-	8.9	-	1.16	-

자료 : 한국은행 조사부(1960-63)(1958);
　　　홍성유(1962), 49쪽 ; 문교부(1958a) ; Dodge(1971) ; 기타자료
　주 : 1) GARIOA(Government And Relief in Occupied Area ; 점령지역행정구호 원조)
　　　　ECA (Economic Cooperation Administration ; 경제협조처 원조)
　　　　SEC (Supplies, Economic Cooperation)
　　　　UNKRA(United Nations Korean Reconstruction Agency ; 유엔한국재건단 원조)
　　　　FOA(Foreign Operation Administration ; 대외활동본부 원조)
　　　　ICA(International Cooperation Administration ; 국제협조처 원조)
　　　　PL480(Public Law 480 ; 공법480 원조)
　　　2) PL480원조는 1971년까지 계속됨.

1945년 이후 한국에 공여된 무상증여방식의 원조는 GARIOA, ECA/ SEC, CRIK, UNKRA, FOA/ICA 및 PL480원조였다. 이 중 교육부문에 대한 원조를 포함하고 있는 것은 GARIOA, UNKRA, FOA/ICA원조이 다. 그러나 각각의 원조에서 교육사업에 대한 투입액은 매우 미미하였 다. GARIOA 원조가 전체의 0.19%, 운크라원조가 8.9%, FOA/ICA원조 가 1.2%를 교육사업에 투입하였다(표 V−1 참고).

그러나 원조총액에 대한 교육원조액의 비중만을 가지고 교육원조의 역할을 결코 과소평가할 수는 없다. 1950년대의 경우 문교예산 대비 교 육원조(대충자금 포함)의 비중은 약 9~10%를 점하고 있다(표 V−2).

1948~61년 사이의 문교예산은 전체 정부예산의 2~5%로서(문교부, 1976 : 877) 매우 부족한 상태였다. 따라서 각급 학교는 사친회비 또는 기부금 등의 재원에 크게 의존하지 않을 수 없었다. 심각한 교육재정의 궁핍상황 속에서 문교예산의 약 10% 정도를 점하는 외국 원조는 어떠 한 형태로든 한국교육의 성격 형성에 큰 역할을 한 것으로 추정할 수 있다. 또한 1945년 이후 최대의 원조였던 ICA원조의 기술원조 도입상 황(1956~59)을 보면, 교육부문에 대한 기술원조가 전체 기술원조 도입 액의 28%로서 교육부문에 가장 많이 투입되고 있다(표 V−3). 이러한 다액의 기술원조 도입은 해방 이후 교육체제의 전면적 재편이 불가피 한 역사적 조건이었던 한국교육에 특별한 의미를 갖는 것으로 볼 수 있다.

해방 이후 한국은 심각한 교육재정의 극복 및 새로운 교육체제의 형 성·확립이 당면과제였던 점에 비춰 볼 때, 수 천만 달러에 달하는 시 설·기술원조는 전체 수원액 대비 교육원조의 비중이 낮다고 할지라도 교육부문과 관련하여 결코 과소평가될 수 없는 중요한 위치를 점하고 있다.

(표 V - 2) 문교예산 대비 교육원조비중   (단위 : 천 달러, %)

연도 \ 구분	문교예산[1] (가)	교육원조수원액(나)	(나)/(가)
1948-50	23,534 ($)	—	—
1951	4,365	—	—
1952	7,147	490[2] ($)	6.9 (%)
1953	13,275	2,714	20.4
1954	33,179	5,002	15.1
1955-56	91,753	9,094	9.9
1957	65,663	5,609	8.5
1958	89,161	4,074	4.6
1959	119,728	2,295	1.9
1960	110,110	1,703	1.5
1961	66,071	191	0.3

연도 \ 구분	문교예산 (가)	교육원조불화 (나)	대충자금[3] (다)	{(나)+(다)} (가)
1952-61	596,087	31,172	22,912	9.1(%)

자료 : 문교부(1976) ; 표 V - 1자료 ; 표 V - 13자료 ; 표 V - 21자료 ; 기타자료
주 : 1) 각 년도 공정환율로 환산한 것임. 공정환율표는 김대환(1981), 204~205쪽.
    2) 1951~52년도분임.
    3) 1954~61년 평균공정환율 1$: 518HW로 환산.

(표 V - 3) ICA기술원조 도입상황('56 - '59)   (단위 : 천 달러, %)

부문 \ 연도	1956	1957	1958	1959	합 계(%)
농업 및 자연자원	163	127	240	159	689(13.6)
광 공 업	462	268	185	96	1,011(20.0)
수 송	*10	43	53	4	90(1.8)
보건·위생	*8	10	66	19	87(1.7)
문 교	832	481	75	47	1,435(28.4)
공공행정	*17	266	77	54	380(7.5)
사회복지·지역사회개발	—	—	83	47	130(2.6)
기 타	2	210	636	388	1,236(24.4)
합 계	1,424	1,415	1,415	814	5,058(100)

자료 : 한국은행조사부(1959), I - 124쪽.
주 : * 는 1958년 12월말 현재 조정 감소된 분임.

3) 원조운용과정의 문제

한국정부에 공여된 각종 무상증여방식의 원조는 다음과 같은 세 가지의 도입·운용과정을 거친다. 1) 증여국 정부가 한국정부에 원조물자를 공여하는 과정, 2) 민간부문과 공공부문에 불하하는 과정, 3) 대충자금의 운용과정. 이 세 과정은 분리된 개별과정이 아니라 상호 유기적 관련을 갖는 과정이다. 교육원조에 대한 분석도 그러한 과정에 대한 분석이 필요하다.

(표 Ⅴ-4) 원조의 도입·불하과정

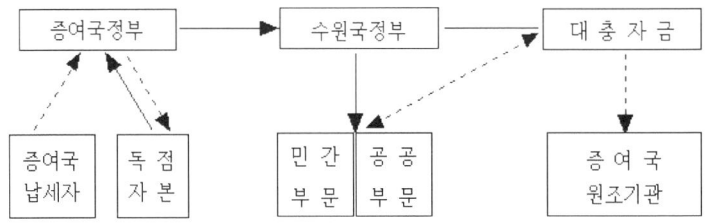

자료 : 김양화(1985), 237쪽 도표를 수정 작성.
주 : ┅는 자금의 흐름. →는 물자의 흐름.

그러나 교육부문에 대한 원조는 다음과 같은 분석의 동일성과 차별성을 갖는다.

첫째, 타국의 정부가 한국정부에 물자를 공여하는 과정에서는 원조물자의 구매지역 및 원조물자의 구성내용에 대한 분석이 중요하다. 교육원조는 특히 기술원조의 구매지역, 구매대상 단체의 파악이 더욱 부각된다. 왜냐하면 당시 한국교육체제가 1945년 이후 50년대까지 지속적인 재편과정에 있었다고 볼 때, 기술원조의 담당국과 단체가 견지하는 교육적 가정이 그대로 수용될 가능성이 있었기 때문이다.

둘째, 원조물자의 국내 불하과정에서 흔히 문제시되는 원조물자의 판매가격, 환율수준의 결정문제는 교육원조에서는 부차적인 중요성을 갖는다. 이는 교육용 원조물자가 '비경제적 물자', '관수용 물자'에 속하기 때문이다. 운크라원조에 있어 대충자금으로 예치될 물품·용역의 범주는 한국정부, 유엔 사령부 및 자문위원회가 협의하여 결정하였다. 그 결과 복지·사회봉사 목적의 물품, 예컨대 구호물자, 병원시설 및 교육용품과 협의의 비경제적 물품은 순수 무상분배되었다(United Nations, 1952a : 209–210). 그리고 계획원조, 비계획원조로 구분되어 제공된 FOA/ICA원조에 있어 교육사업은 계획원조에 속하였다(한국은행 조사부, 1960–1963). 계획원조 중에서도 민수시설부문이 아니라 관수시설부문에 속한다. 따라서 공매과정을 거치는 민간부문에 대한 불하는 그 과정에 대한 분석이 중요성을 갖지만, 공매과정을 거치지 않고 정부가 직접 구매자로 나서는 교육원조의 불하는 다른 문제가 더욱 부각된다. 즉 원조물자의 학교급별 할당비중, 불하분야, 기술원조가 치중된 학교수준과 영역에 대한 분석이 그것이다.

셋째, 대충자금의 운용과정이다. 대충자금 적립방식은 '대한민국과 미합중국간의 원조협정'(1948년 12월 체결)에서 확립되었다. 협정의 제5조 2항을 보면 다음과 같다 :

> 미합중국 정부는……증여로써 한국에 제공한 물자, 노무 및 기술적 제공의 **불화표시** 가격(제작, 저장, 운반, 수선 또는 기타 관개 사무비용 포함)을 대한민국 정부에 통첩한다. 한국정부는 이 불화표시 가격의 통첩을 접수하면, 조선은행에 한국정부 명의로 특별계정을 설치하여, 그 계정에 당시 한국과 미국대표 간에 협정된 환율에 의해 환산된 전기 가격에 대한 **환화 상당액**을 예금한다……(한국산업은행조사부, 1955 : 941) (강조표시는 필자).

대충자금은 통화팽창을 저지함과 동시에 국방비 및 기타 투융자 재원을 마련하는 데 그 취지가 있었기 때문에, 대충자금의 지출은 회수된 판매대전의 총액을 넘을 수 없다는 제약을 받는 것이다(부완혁, 1960 : 58). 대충자금 적립방식은 이후 CRIK원조를 제의한 모든 원조에서 채택되었다.

그 구체적 운용과정은 표 V−5와 같다.

(표 V-5) 대충자금 운용 과정

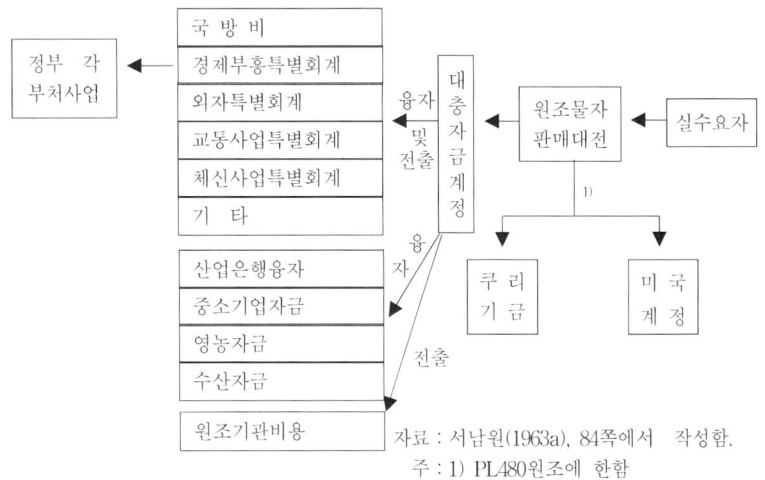

자료 : 서남원(1963a), 84쪽에서 작성함.
주 : 1) PL480원조에 한함

　먼저 대충자금은 한국정부가 차입한 후 원조물자의 국내 판매대전으로 그것을 상쇄시키는 과정을 취한다. 한국은행으로부터의 차입금은 공공부문·민간부문에 전출되거나 융자된다. 공공부문에 대한 지출의 경우, 정부의 교통사업, 체신사업에 융자되거나, 국방비, 관수용물자의 조달·배급비(외자특별회계) 또는 경제부흥특별회계로 전출되어 정부의 각종 사업자금으로 사용된다. 특히 경제부흥특별회계는 ECA원조에서부터 시작된 것으로서 대충자금을 이용하여 공공사업을 전개한 대표적이고 핵심적인 사례였다(서남원, 1963a : 167). 문교부도 이 특별회계의 일부를 지원받아 각종 외원 교육사업을 지원하였다. 따라서 교육부문은 원조불화 및 대충자금의 이중 원조를 받게 된 셈이다. 대충자금이란 그 성격상 원조물자의 판매대전이므로 대충자금의 교육부문으로의 전출은 타 부문에 대한 원조의 교육부문으로의 移轉效果를 갖는 것이다. 즉 교육부문은, 타 부문에서 실현된 판매대전이 교육부문에 전환됨으로써 원조불 이외의 추가 원조를 받게 되는 원조운용 메카니즘을 갖는 것이다. 기존 논의들은 각 분야에 전출·융자된 대충자금의 구체적 운용과정을

사상하고 있다. 따라서 경제부흥특별회계의 문교부 전출용 대충자금의
분석은 기존 논의를 보완·확장한다는 의미를 갖는다.

3. 교육원조의 역사와 내용

(1) 원조와 한국의 정치·경제 상황

현대사의 기점으로서 8·15해방은 다음과 같은 두 가지 점을 의미하
는 것이었다. 첫째, 식민지하 민족해방 투쟁에도 불구하고 8·15는 우리
의 주체적 역량에 의해 쟁취된 것이 아니라 2차대전의 승리자인 연합
군측의 전후 처리의 산물로서 주어졌다는 점 둘째, 그럼에도 불구하고
8·15는 한국 근현대사에서 무한한 가능성을 준 일찍이 경험하지 못한
혁명적 계기였다는 점이다(이명천, 1987 : 14). 그러나 해방 당시 국내의
계급적 상황은 어느 일 분파도 헤게모니 분파로서 등장할 수 없는 상
태였다. 일제하의 지주계급은 부일협력의 당연한 댓가로서 해방후 지배
계급으로서의 권력과 정통성을 가질 수 없었고, 민족 부르조아지 또한
일제하 총독부 권력의 정책적 억압과 일제 독점자본의 팽창으로 거의
소멸되었다고 볼 수 있다(박현채, 1985 : 21). 민족운동세력 역시 단일주체
세력을 형성하여 가능성의 공간을 능동적으로 주도하지 못하였다.
  이러한 계급적 상황하에서 그 자체가 미국의 거대한 군사력을 기반
으로 하는 미군정은 일본 총독부 관료조직의 부활, 일제하 한국인 관료
와 경찰의 재임용, 일제하 경찰조직의 부활 등을 통하여 고도의 강권력
을 행사할 수 있는 강력한 국가기구를 설립하였다. 미군정의 국가기구
의 활동은 계급적 지평에 대한 고도의 자율성을 바탕으로 남한의 정
치·경제·이데올로기적 지형을 중심모국의 이해에 따라 설정하는 데
모아졌다(참고 : 최장집, 1985, 1986). 여기서 한반도에서의 미국의 이해
는 군정 초기와 말기에 표출양식의 차이는 있지만, 기본적으로 '공산주

의에 대한 민주적이고 충실한 우방의 성채'(커밍스, 1983 : 129)를 쌓는 것이었다. 즉 자본주의 세계체제에서의 체제이탈에 직면한 한반도의 안정을 지향하고 한국내의 현상타파세력과 대결함으로써 사회주의체제에 대한 방파제로서의 반공국가의 건설(김승철, 1986 : 343)이 미군정의 일차적 목표였다.

미국의 대한 GARIOA원조 또한 38선 이남의 자본주의체제로부터의 이탈을 방지하기 위한 경제안정의 확보를 위한 것이었다.

미군정 당시의 경제는 심한 악성 인플레에 시달리고 있었다. 그것은 첫째, 미군은 상륙과 함께 미군표를 조선에서의 유일한 法貨로 사용하겠다는 당초방침을 바꾸어 조선은행권을 법화로 사용하게 됨에 따라 8・15 이후 미군 진주 전까지 조선 총독부가 공무원 월급 선불, 군수산업에 대한 미불금 청산 및 일본인의 귀환비용 명목으로 남발한 조선은행권이 인정되었다는 점, 둘째 미군정기에 정치적 혼란과 결부된 치안유지비가 막대하게 방출되고 또 양곡 수집자금이 다량 방출되었다는 점(이대근, 1987b : 68-69) 등의 요인에 의해 조장되고 있었다. 심각한 인플레에 의한 경제불안은 사회불안으로 이어지고, 그것은 체제이탈의 가능성을 제고시키는 요인으로 작용할 수 있는 것이었다. 미군정은 이러한 인플레를 원조물자의 도입에 의해 해결하려고 하였다. GARIOA원조의 소재적 내용은 식료품, 피복, 의료품, 직물 등 최종 소비재가 50% 이상인 반면 시설재는 10% 정도로서(김양화, 1984 : 170) 주로 인플레 수습을 위한 최종 소비재가 압도적 비율을 점하고 있다.

미군정 이후 1948년 단정수립은 국가권력 장악의 가장 큰 계기를 미국의 지원에서 찾아야 했기 때문에 외세의존성과 더불어 외세에 의해 일차적으로 규정되는 한계를 지닐 수밖에 없었다. 이승만 정권의 대미 의존성은 한미원조협정(1948, 12)에서도 드러나고 있다. 동 협정에서 미국은 원조를 제공하는 조건으로 1) 균형예산의 편성, 통화량의 규제, 환율의 규제, 식량 배급제의 실시 2) 미국인의 대한 민간투자 보장, 한국산 광산물의 대미 우선적 판매 3) 한국측 외환 사용에 대한 사전 동의

4) 원조물자에 대한 적절한 '원조표기'강제, 원조사실에 대한 대국민 홍보 등을 요구하고 있다(이대근, 1987a : 39). 이러한 원조공여의 조건은 한국경제에 대한 미국의 실질적인 통제권행사를 의미했다.

이승만 정권은 또한 국민의 지지를 기반으로 하지 못한 정당성이 결여된 통치권력이었다. 따라서 제주도 4·3사건, 여수·순천사태, 대구지역 군대반란사건 등 수많은 반정부 투쟁활동이 전개되었다. 정부는 일부 지역에 계엄령을 선포하고 국가보안법을 제정하는 등 강력히 대응하였으나 6·25전쟁에 이르는 기간까지 사회불안은 계속되었다.

한국전쟁은 한국현대사의 결정적 분수령을 이루는 것이었다. 6·25전쟁이 그 성격상 내전으로, 아니면 국제전으로 파악되든(참고 : 조순승, 1982 ; Cumings, 1981) 그 귀결은 한국현대사의 한 획을 긋는 것이었다. 먼저 정치적으로는 1945년 이후 남한의 이데올로기적 갈등이 좌경세력의 궤멸, 분단의 고정화, 반공이념의 정당성 획득으로 종결되었다. 특히 반공이념이 정당성을 획득하게 된 점은 한국전쟁 전과 후의 가장 큰 차이점이었다(최장집, 1985 : 194). 이제 정치권력은 공산주의자뿐만 아니라 어떠한 정치적 반대세력에 대해서도 안보와 질서의 이름으로 거의 무제한적인 강권력을 행사할 정당성의 자원을 제공받게 된 것이다. 또한 경제적으로는, 6·25전쟁은 자본축적을 위한 터전의 심한 파괴를 초래하였다. 1951년 8월 현재, 제조업부문의 경우 건물 44%, 시설 42%의 피해를 보았으며, 광업부문의 경우는 전체 피해액의 23.3%를 차지할 정도로 심각하였다. 전력부문은 개전 초기에 이미 80%의 피해를 입고 있었다(이대근, 1984 : 118-120). 심각한 경제적 토대의 파괴는 이후 한국경제를 원조의존적인 방향으로 전환케한 계기를 마련해 주었다.

1950년대 총 원조 도입규모에서 FOA/ICA원조가 차지하는 비중은 68%로서 가장 최대의 원조였다. FOA/ICA원조가 도입되기 전 한미간에 원조의 도입방침을 놓고 심한 의견대립을 보이고 있었다. 한국측의 주장은 소비재보다는 시설재를 우선적으로 도입하여 한국의 기간산업의 재건을 도모하려는 것이었다. 반면 미측은 인플레를 극복하기 전에

는 시설투자자금도 투기자금화되어 오히려 인플레만 더욱 조장한다고
주장했다. 이러한 의견대립은 '경제재건 및 재정안정 계획에 관한 합동
경제위원회 협약'(1953년 12월 체결)에서 절충을 보게 되었는데, 그 내
용은 미측의 경제안정론을 거의 반영하는 것이었다(한국산업은행 조사
부, 1955 : 561 - 562).

실제로 FOA/ICA 전체 도입액 중 시설재 대 소비재·원자재의 비율
은 7 : 3 정도였고, 전체 대충자금의 36%가 국방비로 전출되었다(한국
은행 조사부, 1961 : 재정-135). 1950년대의 각종 원조를 포괄할 경우에
도, 소비재·원자재가 70% 정도이고, 대충자금의 국방비로의 전출비중
은 34% 정도였다. 따라서 1950년대의 원조는 기본적으로 인플레의 억
제 및 한국정부의 국방비 지원에 의한 경제적·군사적 안정을 목표로
한 것이었고, 그것은 결국 전반적인 사회적 안정을 확보하려는 것이었
다. 다시 말하면, 미국의 원조는 경제적 이해보다는 정치적·군사적 이
해에 따라 사회주의 체제에 대한 억제력을 강화하려는 의도를 지닌 것
이었다(임현진, 1987 : 255).

미국의 대한 원조는 한국경제에 부정적인 구조적 각인을 남겨 놓았
다. 첫째, 미국의 잉여농산물 원조는 한국농업의 파탄 및 만성적인 식
량, 원료수입국으로의 전락의 결정적 규정요인이 되었을 뿐만 아니라
농공간의 유기적 단절과 불균등 발전을 초래함으로써 1960년대 수출지
향적 경제구조 형성의 전제조건을 형성하였다(박현채, 1981; 이병천,
1987). 둘째, 합동경제위원회의 운용, 대충자금의 적립·운용 등을 통하
여 한국의 경제정책결정, 시행에 이르기까지 한국경제 전반이 미국에
종속되는 결과를 초래하였다(김대환, 1987a : 138 ; 박현채, 1986 : 78).

원조의존적인 한국경제는 미국원조의 감소와 더불어 1957년을 고비
로 불황을 경험하게 된다. 불황과 더불어 국민의 생활은 더욱 극심한
빈곤상태로 떨어지고, 이것은 국민의 소외의식이 대결·적대의식으로
바뀌는 계기가 되었다(조용범, 1973 : 199). 원조경제내에 축적된 경제적
모순관계가 규정적 요인으로 작용하고, 그것이 정치에서 집약적으로 표

현된 것이 4·19였다.(박찬일, 1981 : 92－93 ; 박현채, 1987 : 120).

1) 원조의 종별 구분

1945년 이후 1961년까지 외국의 대한 원조는 크게 무상증여 원조와 유상차관 원조로 구분된다. 이 중 무상증여 원조가 전체 도입액의 91% 정도로서 압도적 비율을 점하고 있다. 따라서 이 기간의 원조는 무상증여 원조가 대종을 이루는 것이었다. 원조 공여국은 미국과 국제연합이었다. 그러나 유엔의 원조도 다액의 원조물자를 미국이 제공함으로써 사실상 미국의 원조와 다름이 없었다. 한국전쟁의 발발과 더불어 전재민의 긴급구호를 위해 제공된 유엔의 CRIK원조는 그 재원을 1) 유엔회원국 및 국제기관들의 출손분과 2) 미육군성 예산에서 지출되는 달러로 하였는데, 후자, 즉 SUN(Supplies for Korean Organization) 원조가 전자, 즉 SUN(Supplies from United Nations) 원조의 10배에 달할 뿐만 아니라, SUN원조에도 미국 민간인들의 기부액이 많이 포함되어 있었다(한국산업은행 조사부, 1955 : 555 ; 이대근, 1987a : 121 註 ; 홍성유, 1962 : 55). 또한 운크라원조는 36개 유엔 회원국, 9개 국제기구 및 비회원국에서 갹출한 물자와 기금을 재원으로 하였지만, 총 재원의 66%를 미국이 부담하였다(표 Ⅴ-7 참조). 이렇게 유엔에 의한 원조라 할지라도 거의 미국의 원조에 다름없었다.

요컨대, 1945~61년 사이의 외국의 대한 원조는 원조 공여방식상 무상증여원조가, 공여국별로는 미국원조가 압도적 비율을 점하고 있다. 즉 동 기간의 대한 원조는 미국에 의한 무상증여 방식의 원조가 주종을 이루는 것이었다.

(표 V-6) 원조의 종별, 국가별 구분(단위 : 백만달러, %)

구분 원조방식	원 조 명	공 여 기 간	공 여 국	공 여 액
무상증여	GARIOA	1945. 9~48. 8	미 국	409.4 (13)
	ECA/SEC	1949. 1~52. 9	미 국	201.9 (6)
	CRIK	1950. 7~56. 6	유 엔	457.4 (15)
	UNKRA	1950. 12~59. 6	유 엔	122.1 (4)
	FOA/ICA	1953. 8~61. 9	미 국	1,743.9 (56)
	PL480	1955.5~71.	미 국	202.6[1] (6)
				3,137.3 (100) (91)
유상차관	OFLC	1947. 2~47. 12	미 국	24.9 (8)
	DLF	1958. 1~61. 9	미 국	286.9 (92)
				311.8 (100) (9)

자료 : 한국은행조사부(1960-63) ; 이대근(1987a) ; 홍성유(1962)
주 : 1) 1961년도까지의 공여액임.

(표 V-7) 운크라원조의 국가별 기부액 (59. 9월 현재).(단위 : 천 달러, %)

회 원 국	미 국	92,903(65.7)
	영 국	26,840(19.0)
	기 타	21,333(15.1)
비 회 원 국	스위스 外 4개국	336(0. 2)

합 141,412(100. 0)

자료 : United Nations(1959), pp. 127 -130

2) 원조담당기관의 변천과정

외국의 원조는 미군정기부터 한국에 공여되기 시작했다. 이것은
GARIOA원조로서 2차대전의 종결과 더불어 전쟁 중에 추축국에 의해
점령된 지역에 대한 미국의 전후 처리의 일환으로 미육군성 예산을 통
하여 제공된 원조이다(이대근, 1987a : 114 ; 홍성유, 1962 : 19). 점령지역
주민들의 기아·질병 등의 긴급한 사태를 해결하기 위한 식량·의복·
의약품·연료 등의 물자를 공급함으로써 사회불안을 방지하는 것이 주
된 목적이었다. 교육용 물자의 도입도 이와 같은 맥락에서 긴급히 필요

한 교육용품의 제공에 그 목적이 있었다고 볼 수 있다. 원조물자는 상공부 산하 민수물자 공급처가 수송·저장·보관·배당 등을 담당하였는 데, 48년 4월 이후에는 중앙물자행정처가 중앙경제위원회 소속기관으로 창설되어 이들 업무를 담당했다(부완혁, 1960 : 54). 단독정부 수립 후 제공되기 시작한 원조는 미국의 ECA원조였다. 이 원조는 미국의 '1948년도 경제협조법'(The Economic Cooperation Act of 1948)에 의거한 대유럽 경제부흥을 위한 원조(소위 마샬원조)였는데, 한국도 한미 원조협정을 체결함으로써 동 원조를 공여받게 되었다. 이 원조는 긴급 구호적인 GARIOA원조와는 달리 장기적인 경제부흥을 위한 원조였다. 당초 순수 경제부흥을 위한 경제원조였으므로 교육부문에 대한 원조는 포함되어 있지 않았다. 그리고 원조담당기구로서 주한 경제협조처 (ECAMK)가 설치되어 미국에 있는 경제협조처(ECA)의 지시를 받아 업무를 추진하였다. 한국전쟁으로 말미암아 ECA원조는 51년 6월 중단되고, 미사용 잔액을 당시 유엔군 원조담당기관인 주한 유엔 민간구호 사령부(UNCACK)에 이관하여, 소위 SEC원조를 공여하게 되었다(홍성유, 1962 : 38).

6·25전쟁으로 한국에 공여되기 시작한 원조는 유엔의 CRIK원조와 운크라원조였다. 한국전쟁이 발발하자 유엔 안전보장이사회는 3차에 걸친 결의(1950. 6. 27, 1950. 7. 7 및 1950. 7. 30)에 의해 유엔군 총사령부를 통해 한국에 원조를 제공키로 하고 유엔군 총사령부에 원조 필요액의 결정 및 물자의 현지배급절차 수립에 대한 책임과 권한을 부여하였다 (한국은행 조사부, 1955 : I-204). 이렇게 시작된 원조가 CRIK원조이다.

CRIK원조는 처음에 유엔군 총사령부 산하 보건후생과가 원조책임을 맡았다. 이후 50년 9월말 유엔군 총사령관이 대한 민간구호 사업책임을 맡게 됨에 따라 동 사령관은 주한 유엔군 미 제8군에 민간구호 사업책임을 부여하였다. 이에 미8군은 1) 전투인접 지역에 대한 민간구호 사업은 각 사단 또는 각 사단에 부속된 민간구호과에, 2) 기타 지역의 민간구호 사업은 주한 유엔 민간구호사령부(UNCACK)에 원조책임과 권

한을 부여하였다(국방부 정훈국 전사편찬위원회 편, 1953 : C-402). 51
년 8월 1일부터 UNCACK는 미8군의 일제 사령부가 아니라 유엔군 총
사령관에 대하여 책임을 지는, 신설된 한국보급기지 사령부(KCZ)에 통
합되었다(국방부 정훈국 전사편찬위원회 편, 1954 : C-311). 휴전협정이
체결될 무렵인 53년 7월 1일 다시 UNCACK는 유엔군 총사령관 직속
관할인 한국민간구호사령부(KCAC)로 개편되어(국방부 정훈국 전사편
찬위원회 편. 1955 : C-308) CRIK원조가 종결되기까지 존속하다가,
1956년 7월 OEC에 사무일체가 인계되었다.

한편, 1950년 유엔 총회는 한국전쟁 후의 한국경제 재건을 위한 원조
담당기구로서, 이른바 한국통일부흥단(UNCURK)을 설치하고 그 산하
에 유엔한국재건단(UNKRA)을 창설하기로 결정하였다. 운크라원조는
긴급구호적인 CRIK와는 달리 한국의 정치적 통일과 독립을 위한 경제
적 기반을 구축하려는 원대한 목표를 가지고 있었다. 그런데 운크라는
두 가지 가정, 즉 1) 전쟁이 곧 종결될 것이라는 점과 2) 전쟁이 끝나면
한국은 통일국가가 될 것이라는 가정하에 설치된 것이었다(김만제,
Mason외, 1981 : 194). 그러나 전쟁이 장기화되자 전쟁기간 동안 단지
UNCACK의 긴급구호사업을 보조·지원하는 데 그쳤다. 이후 52년 5월
운크라 단장은 휴전성립에 대한 가능성이 농후해지고 전선의 교착으로
전황이 안정되자 당시 재무부 장관에게 각서를 보내, 사실상의 전쟁교
착상태에서도 원조를 추진하겠다는 견해를 표명하고, 동년 5월 28일부
터 원조물자를 도입하기 시작했다. 이어 동년 10월 중순경에는 유엔 사
령부와 운크라 및 한국측으로 구성되는 한국조정위원회(KCC)가 1953년
도사업 예산으로 7000만 달러를 책정하였다. 이 후 1953년 2월 중순에 53
년계획에 의한 원조물자가 도입됨으로써, 비로소 본격적인 원조활동이
개시되었다(한국은행 조사부, 1955 : I-205).

운크라사업이 본격적인 단계로 돌입하고, UNCACK가 KCAC로 개
편(1953.7)되자, 업무분담이 설정되어 KCAC는 보건위생, 구호공공사업,
식량 및 기타 필수물자, 교통 및 통신분야를 담당하였으며 운크라는 주

로 장기 부흥사업, 즉 전력, 공업, 광산, 수리, 산림, 수산, 주택, 교육 분야의 사업책임을 맡게 되었다(한국산업은행 조사부, 1955 : 573).

1950년 12월의 유엔 총회는 운크라의 재원으로 2억 6600만달러를 책정하였으나, 유엔 회원국의 불입신청액은 2억 1000달러에 불과하였고, 이 금액도 1억 4100만 달러로 줄어 들었다. 이와 같이 사업자금이 줄어든 이유는 미국이 자신의 부담액을 전체 회원국이 불입한 금액의 65%로 한정시켰으며, 기타 회원국이 원래 목표의 35%를 감당하지 못했기 때문이다. 이와 같이 원조자금의 부족으로 운크라 원조는 1953~1955회계연도에 집중적으로 실현되고, 1956회계연도 이후에는 초기 사업의 완결에만 주력하게 된다. 운크라 교육사업도 1955년 12월 ICA원조의 주한 원조담당 기관인 OEC로 이관되고 이후 초기 사업의 완결에만 주력하였다(The Comptroller General of the U.S., 1957 : 34, 130).

CRIK와 운크라에 대한 재원지원을 통하여 실질적으로 대한 원조사업에 참여해 온 미국은 휴전이 임박해 오자 다국적 지원에 의한 한국재건이냐, 아니면 한미간의 쌍무원조에 의한 한국재건이냐 하는 선택의 기로에 서게 되었다. 이에 아이젠하워 대통령은 타스카(H.J. Tasca)를 특사로 파견하여 한국의 제반 경제상황을 조사·보고하게 하였다(한국산업은행 조사부, 1955 : 558-560). 타스카 사절단의 건의를 받아들여, 미국은 유엔의 원조와는 별도로 독자적인 원조를 제공하기로 결정하였다. 이것이 FOA원조이다. FOA원조는 한국전쟁을 계기로 마샬원조 대신 군사원조 우위로 등장한 MSA원조의 일종이다. FOA는 55년 7월 다시 ICA로 개편되었다. 그러나 ICA원조도 FOA원조와 동일한 성격의 것이었다.

미국은 1953년 8월 CRIK원조와 운크라원조와의 조정을 위해 유엔 사령부 휘하에 OEC를 설치하고서 당시의 FOA원조를 관리하게 하였다. 이 OEC는 유엔 사령부 휘하기관으로, OEC의 경제조정관은 유엔 사령부 총사령관의 수석경제고문을 겸임하였다(The Comptroller General of the U.S., 1957 : 39). OEC는 초기에 원조계획 조정사무에만 치중하고, 그 사업의 운영은 KCAC와 운크라로 하여금 담당케 하였다. 그러나 이후 OEC는 KCAC를 흡수하고(1956. 7) 운크라는 종결상태에 들어감으로써 원조사업의 운영책임까지 맡는 유일한 원조기간이 되었다(부완혁, 1960 : 63). OEC는 유엔 사령부의 휘하에 있었으나 모든 정책, 계획, 관리에 관한 지시를 미국의 ICA본부로부터 직접 받고 독자적인 행동을 개시하였다(서남원, 1960a : 56). 그후 1959년 7월 1일 OEC는 유엔사령부로부터 완전 독립함과 동시에 USOM으로 개칭되었다. USOM은 이후 미대사관과 유기적 관련을 갖고 미국의 대한 원조를 관리하였다.

이밖에 미공법 480에 의한 미국 잉여농산물 원조가 1955년부터 실행되었다. 원조관리는 미대사관이 하였으며, 국내 판매대전의 한국측 사용분은 전액이 국방비로 지출되고, 미측 사용분은 별도로 미국정부 계정에 예치된 후 주로 주한미국 대사관 경비로 사용되었다. 또한 쿠리기금이란 명목으로 별도자금을 설정하여 원조물자의 시장확대를 위한 비용으로 지출되었다. 따라서 이것은 가장 비원조적 원조로서 미국내의 농업공항에 대처하는 해외 농산물시장의 강제적 창출의 수단일 뿐만 아니라 미국의 군사전략에 따른 군사비용을 수원국의 농업생산자 및 소비자의 희생으로 자변케 한 원조였다고 평가된다(박현채, 1981 : 288).

이상의 논의를 도표로 나타내면 표 Ⅴ-8과 같다.

무상증여 방식에 의한 대한 원조 중 교육원조를 포함하고 있는 것은 GARIOA, 운크라, ICA원조이다. 따라서 주한 교육원조 담당기관도 미군정때는 미군정청이 담당하였고, 1948년부터 1950년까지 공백기간을 거친 다음, 1951년부터 1955년 12월까지 운크라가 담당하였다. 그러나 6·25 전쟁 이후 원조기관 사이의 업무의 한계는 명확한 것은 아니었다(Adams, 1956 : 220). 1955년 12월 교육사업 책임에 OEC에 이관되기 전에 OEC는 이미 서울대에 대한 원조를 시작하고 있었다. 55년 이후 교육사업은 OEC가 단독 담당하였고, 운크라는 초기 사업의 완결에만 주력하였다.

(표 V-8) 주한 원조담당기관의 변천

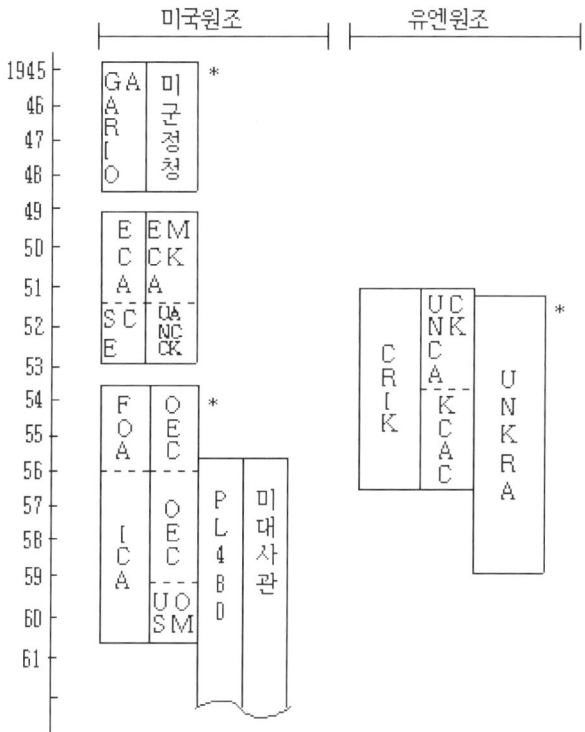

주 : 1) ECAMK((Economic Cooperation Administration
       Mission in Korea 주한경제협조처)
       UNCACK(UN Civil Assistance Command in Korea ;
       주한 유엔민간구호사령부)
       KCAC(Korean Civil Assistance Command ;
       한국 민간구호사령부)
       OEC(Office of the Economic Coordinator for Korea ;
       경제조정관실)
       USOM(United States Operations Mission to Korea ;
       주한 미국활동처)
    2) □□ 왼쪽은 원조명, 오른쪽은 주한원조담당기구
    3) *은 교육원조 포함하고 있는 원조.

(2) 미군정기의 교육원조

미군정기 교육원조 계획은 미군정 초기에 실행되고 있었다. 교육원조 계획은 1945년 10월 군정장관 러치(A.L. Lerch) 소장이 군정청 각 부국에 대하여 교육원조 요청안을 작성하도록 명령함으로써 시작되었다. 이에 학무국은 자문기관인 조선교육위원회 안에 미국 교육원조 추진 심의회(Korean Council on Education Aid from America)를 설치하고 18개 교육문화부문을 대표하는 한국인 저명인사 19명과, 주한 미군 정치고문, 군정장관 고문을 위원으로 임명하였다. 이들은 45년 10월 31일부터 동년 11월 22일까지 네 차례의 회합을 갖고, 46년 1월 러치장관 앞으로 보고서를 제출하였다(강길수, 1980 : 244 ; 阿部洋, 1987 : 13).

학무국에서 작성한 이 원조요청안은 타 局에서 작성한 그것보다 장기적인 전망에 서 있고 내용도 포괄적이었기 때문에 러치장관 및 주한 미군 정치고문 베닝호프(H.M. Benninghoff)는 타국에서 작성한 요청안과 분리하여 그것을 각각 육군 참모총장, 국무장관 앞으로 제출하였다. 학무국에서 작성한 원조요청안의 구체적인 내용은 다음과 같다.

1) 한국인 교육자 100명을 미국에 단기간 파견한다.
2) 미국인 교육전문가 10명을 고문으로 한국에 초빙한다.
3) 미국인 전문가로 구성된 교육조사단을 한국에 파견한다.
4) 한국인 학생을 미국의 대학에 유학시킨다.
5) 미국인 교사 100명을 한국에 초빙하여 1년간 각지의 사범학교에서 교원 및 학생지도에 임하게 한다.
6) 도서 및 실험설비를 기증한다(阿部洋, 1987 : 14-15).

이상의 원조요청안은 주로 한국교육에 대한 기술원조, 즉 한국 교육자 및 학생의 미국파견과 미국 교육자의 한국파견에 주력하고 있음을 알 수 있다. 그러한 기술원조를 통하여 한국교육에서의 일제잔재의 청산과, 동시에 미국식 민주주의 교육으로의 전환을 꾀하고자 한 미측의 의도가 반영된 것으로 볼 수 있다. 따라서 한국교육에 대한 실질적인 물적 원조는 원조계획안에서부터 소홀히 취급되고 있다.

  이후 도미교육사절단이 미국을 방문하여 미국무성 및 육군성, 그밖의 기관과 원조요청안의 절충을 시도하였다. 사절단의 구성원은 서울사대의 장리욱, 농상국 행정관 김훈, 경기여고 교장 고황경, 전 세브란스 의학부장 구영숙, 미군정 광공국 화학담당 기사 나기호 및 의무부의 문장욱 등 6명이었다.(동아일보, 1946. 4. 22 및 8. 18). 이들은 모두 미국에서 석·박사학위를 취득한 사람들이었다(한준상, 1987 : 583). 이들은 46년 3월 13일 서울을 출발하여 약 4개월 동안 각종 시설의 시찰 및 국무성의 위촉으로 연방교육국 국제 교육과에서 개최한 일련의 회의에 참석, 연방교육국 국제교육과 고문위원회 위원 7명, 사범대학장 및 기타 교육계 인사 5명, 연방교육국 직원 11명과 한국교육재건 및 미국의 대한 교육원조 방법을 검토하였다. 회의 결과 한국교육재건에 관한 미 연방교육국의 권고가 한국측에 전달되었는데, 그것은 학무국의 교육원조 요청안을 거의 그대로 추인한 것이었다. 그 권고안은 특히 46년 8월 15일 이전의 가능한 빠른 시기에 미국인 교육전문가로 구성된 교육조사단의 한국파견을 강조하였다(阿部洋, 1987 : 15-19).

  그러나 교육조사단의 파한은 당시 미 태평양 육군 총사령관 맥아더 원수의 시기상조론에 의해 일정 기간 연기되지 않을 수 없었다. 즉 맥아더의 의견은 교육조사단의 파견은 시기상조로서 남북 통일이라는 기본 문제가 해결될 때까지 연기되어야 한다는 것이었다(22쪽).

  이러한 연기조치는 당시의 국내외 정세와 밀접한 관련을 갖고 있다. 당시 남한만의 단독정부 수립에 대한 구상은 1945년말 하지, 군정 정치고문 및 미육군성 일부 관료에 의해 검토된 바 있으나, 공식적으로 표명되지 않은 채 군정장관 하지는 자신의 이념과 정세관에 따라 최소한 38도선 이남에 반공체제를 구축하기 위한 좌파 정당 및 사회단체들의 활동에 대한 정치적, 비공식적 또는 법적 제한 조치만을 실행하고 있었다. 그리고 46년 6월 5일 제1차 미소 공동위원회가 무기 휴회에 들어감에 따라, 소련과의 협상을 재개하고 미국의 정치적 기반을 강화하기 위해 좌우합작운동을 적극지원하고 나섰다. 따라서 독립촉성 국민회를 중심으로 한 이승만의 단독정부수립 운동과 일정 기간 동안 반목과 대립관계에 놓일 수밖에 없었던 정치적 상황이었다(최장집, 1986 : 30-35). 그러므로 남한만의 단독지원을 의미하는 대대적인 교육원조의 추진은 일정 기간 동안 연기되지 않을 수 없었다.

   교육원조사업의 실행이 연기됨에 따라 46년에서 47년에 이르는 기간의 미국의 대한 원조는 GARIOA원조를 통한 긴요한 교육용품의 공급에 그치고 말았다. 동 기간 GARIOA원조 중 교육부문 할당액은 약 22만 달러로 전체 원조에서 매우 작은 비중을 차지하였다. 교육원조의 구체적인 도입내용은 알 수 없으나, 당시 교육재개를 위해 긴요하였던, 교과서 편찬, 교사 재훈련 및 문맹퇴치를 위한 성인교육(오천석, 1975 : 13-21) 등에 사용되었을 것으로 추정할 수 있다. 또한 GARIOA원조물자의 약 94%가 무상분배되었기 때문에(한국산업은행 조사부, 1955 : 546) 교육원조 물자도 거의 무상분배되었을 것으로 볼 수 있다.

   1947년에 들어서자 국내외 정세는 급변하기 시작했다. 1947년 3월, 이후 대소 봉쇄정책 혹은 강경정책의 기본이 되었던 트루먼 독트린이 발표되었다. 이것은 당시 소련에 대한 미국의 선전포고와 대등하게 간주되고, 미국이 더이상 전 세계의 문제해결을 위해 소련의 협조를 구하지 않고 소련과의 협상을 포기하겠다는 것을 의미하는 것이었다(이호재, 1983 : 374). 또한 당시 중국내전은 장개석 국민당군이 급속도로 약세를 보이는 양상으로 전개되기 시작했다. 따라서 이 시기에 있어 미국의 정책 입안자들에게 있어서나 한국의 현지 사령관에게 있어서나 한국이 자칫 공산당의 헤게모니에 들어갈지도 모를 통일정부의 수립보다 단독정부하에서 반공정부가 수립되는 것이 훨씬 안전한 정책대안으로 나타났을 가능성이 크다(최장집, 1986 : 39). 이 같은 국제상황 속에서 재개된 제2차 미소 공동위원회는 제1차 공위 때와 똑같은 이유로 결렬되고 만다. 이후 미국은 이승만의 단정노선에 적극 동조하고, 국내 좌익세력에 대한 총공세에 돌입하게 된다.

(표 V-9) GARIOA 원조 수입(受入) 상황   (단위 : 천 달러)

구분 년도	1945	1946	1947	1948	합 계
교 육 용	—	33	186	571	790(0.2%)
총 수입액	4,934	49,496	175,371	179,592	409,393

자료 : 홍성유(1962), 49쪽.

이러한 국내외 정세의 극적인 반전으로, 47년 6월, 안트(C.O. Arndt)를 단장으로 한 대한 교육정보조사단이 내한하여 18일간 체재하면서 하지 사령관, 러치 군정장관, 주한 미군 정치고문 및 군정청 문교부의 한미 양국 인사들과 간담한 후, 서울 및 지방의 교육·공보관계 기관을 시찰하였다. 그것을 기초로 6월 20일 '대한 교육·정보조사단 보고서'를 작성, 하지 사령관에게 제출하였다. 안트조사단은 귀국후 국무성, 국방성 관계자들과 동 보고서의 검토회를 가졌다. 그 결과 우선 착수해야 할 교육개혁 방안으로서 서울 근교에 교원연수소를 개설하고 미국인 교육전문가를 파견하여 6개월 정도의 집중적인 단기 연수코스를 설치할 것이 최종 결정되었다. 그리하여 1948년 8월, 서울대학교 의과대학 내에 GARIOA자금 34만 달러와 미 군정청의 보조금으로 교원연수소(T. T. C ; Teacher Training Center)가 설치되었다.(阿部洋, 1987 : 25-26, 33-35).

연구소의 소장에는 피트맨(M.S. Pittman), 부소장에는 박경준과 쉴링(J.T. Schuiling)이 임명되었고(서울시 교육회, 1953 : 105), 강사진은 미국 각지에서 선발된 총 33명의 미국 교육전문가였다. 그들은 모두 백인이었고, 남녀가 각각 절반을 차지하였다(성내운, 1986 : 206 ; Nam, 1962 : 131 ; 阿部洋, 1987 : 37). 이들에 대한 한국인 보좌관은 서울대학교 사범대학 학생인 성내운, 유형진, 정범모와 타 대학의 유영준, 노창섭 등 10명이었고, 통역과 번역에 종사하였다(박준희, 1984 : 107 ; 서울특별시 교육연구원, 1981 : 599). 수강생들은 서울대학교 총장, 서울시 교육과장, 경기도 교육국장, 문교부장, 문교부 교사교육국장, 및 문교부의 미

국인 고문 2명으로 구성된 선발위원회에서 선발되었다(Nam, 1962 :
131). 이들은 각도의 현직교사, 교장 및 장학관 등으로서 각도의 학생수
에 비례하여 선발되었다. 원래 총 845명(이 중 172명이 여자)으로 예정
되었으나(USAFIK, 1948 : 171) 실제 1~2기 연수에 참가한 사람은 총
567명이었다. 연수는 제1기(8. 3~9. 24), 제2기(10. 1~11. 25) 각각 8주
간 실시되었다. 그리고 교원연수소의 설립 목적은 교원의 재교육에 의
해 일본식 잔재를 불식하고 민주주의 교육을 도입하려는 데 있었다. 아
울러 이것을 이론에서 그치는 것이 아니라 교육실천과정 속에서 몸에
익히도록 하는 데 있었다(阿部洋, 1987 : 38-39). 연수과정은 교육철학,
인간발달, 사회생활, 체육·보건, 언어학, 학교행정, 과학교육, 수학, 도
서관연구과정과 기타 홈룸, 영화연구, 과외활동 등으로 구성되었고, 강
의중심이 아닌 연구협의회식으로 진행되었으며, 시청각기구의 활용 및
견학시찰의 기회를 가졌다(서울시 교육회, 1953 : 105)

이상의 미군정기 교육원조의 특징은 다음과 같이 요약·정리될 수
있었다. 첫째, 교육원조액을 기준으로 할 때 시설원조 대 기술원조의 비
율은 6 : 4 정도로서 시설원조에 치중하고 있다. 그러나 시설원조는 기
본적인 교육용품의 제공에 그쳤다고 볼 수 있다. 반면, 교육부문에 대한
기술원조는 타 부문에 대한 GARIOA원조보다 상대적으로. 적극적인 의
미를 갖는 것으로 평가될 수 있다. 왜냐하면 첫째, 한국인 사절단이 미
국을 방문하여 원조계획의 절충을 시도하였으며, 또한 미국 교육조사단
이 내한하여 원조공여를 위한 사전 실태조사가 실시되는 등 매우 주도
면밀하게 계획되고 추진되었다는 점, 둘째, 타 부문에 대한 GARIOA원
조가 적극적인 경제부흥보다는 '안정'을 목적으로 한 것이었던 반면,
교육부문에 대한 기술원조는 비록 교육의 제도적 개편이 어느 정도 마
무리된 군정 말기에 실현된 것임에도 불구하고, 미국 교육전문가들의
현지지도에 의한 미국식 민주주의 교육의 적극적인 국내 확산이 시도
되었기 때문이다.

둘째, 1948년 GARIOA원조가 종결됨에 따라 기술원조 중 한국인의

해외파견 훈련은 실현되지 못하였다는 점이다. 이것은 1950년대의 교육 원조에 의해 광범위하게 실현될 것이었다.

미군정기 이후 교육원조사업은 일정 기간 중단되었다. 그것은 단독정부 수립 이후 제공되는 ECA원조의 성격 및 미국의 대한반도 정책의 보호성에 기인한 것으로 볼 수 있다.

첫째, ECA원조는 미군정기의 GARIOA원조와는 달리 적극적인 경제부흥을 위한 경제적 성격의 원조였다. 따라서 비경제적인 교육용품 및 시설의 도입은 억제되게 마련이었다.

둘째, 1949년 중국의 공산화를 전후하여 미 행정부내에서는 대한 정책에 대한 엇갈린 견해가 제시되고 있었다. 중국이 공산화되기 이전 미국의 극동전략은 맥아더의 도서공군력 전략, 즉 알류산 열도, 미드웨이 섬, 필리핀과 오키나와를 연결하는 U자형 지역을 설정하고 그 안에 있는 미군 기지로써 아시아 대륙의 공산세력에 대처할 수 있다는 전략에 입각해 있었다. 그러나 맥아더는 1949년에 들어 국민당군이 결정적으로 약세에 몰리자, 한국을 포함한 극동에 대한 적극적인 지원을 해야 한다는 견해를 제시하였다. 반면 정책기획참모부장 케난(G. Kennan)은 중국의 공산화를 기정 사실로 보고, 처음 맥아더가 주장한 '도서공군력' 개념에 기초한 소련의 봉쇄정책에 역점을 두는 정책을 제시하였다(한배호, 1980 : 90-92). 미국의 대극동, 대한전략에 대한 상이한 견해가 대립되고 있던 당시, 실제 한미간의 관계는 매우 혼미한 양상을 띠고 전개되었다. 한미 원조협정(1948. 12), 한미 상호방위협정(1950. 1) 등이 체결되지만, 1949년 6월 주한 미군의 철수가 완료되고, ECA원조계획도 마지막 하원 심의과정에서 부결되는 등 우여곡절을 겪다가, 1950년 6월까지 불과 6000만 달러(당초 계획은 1억 5000만 달러)가 지출되는 정도에 그쳤다(이대근, 1987a : 39-41).

(3) 1950년대의 교육원조

1) 운크라 교육원조

가) 교육원조 계획의 수립

앞서 살펴 본 바와 같이 운크라 교육원조는 1953년도부터 본격화되었다. 교육원조의 계획을 위한 활동은 그 이전인 1952년부터 시작되었다. 즉 1952년초 유네스코 대표들이 내한, 한국의 제반 상황을 조사한 후 교육원조에 관한 권고를 함으로써(Adams, 1956 : 208) 시작되었다고 볼 수 있다. 그 후 52년 9월 초에 유네스코, 운크라 합동지원에 의한 유네스코·운크라 교육계획사절단(UNESCO-UNKRA Education Planning Mission to Korea)이 한국에 파견되었다. 단원은 5개국 출신의 6명으로 구성되었으며(표 V-10) 단장은 미국 오하이오 주립대학 교육대학장인 코트렐(D.P. Cottrell)이었다. 이들은 1952년 9월 4일부터 약 9주일간 한국교육 전반에 대한 조사를 실시한 후 12월 1일 예비조사보고서를 작성, 운크라 단장 킹스리(J.D. Kingsley) 에게 제출하였다. 이들의 실태조사는 미군정기의 안트조사단에 이어 두번째의 외국인에 의한 전반적인 한국교육 실태조사로서, 그들도 인정하듯이 절대적으로 정확하다고 할 수 없지만(유네스코·운크라 교육계획사절단, 1952 : 2) 당시 한국교육에 대한 가장 객관적인 실태조사로 볼 수 있다.

(표 V-10) 유네스코-운크라 교육계획사절단 단원현황

이 름	국 적	교 육 경 력
D. P. Cottrell	미 국	오하이오 주립대 교육대학장
V. Bernadino	필 리 핀	필리핀 불라칸 주 장학관
A. N. Feraru	미 국	
C. L. J. Grosbois	프 랑 스	중국 상해 프랑스 조계구 장학관
L. H. Cabrera	멕 시 코	유네스코 초등교육국 교수단원.
D. Portway	영 국	캠브리지 대학 세인트 카타린 대학 교수

자료 : 유네스코-운크라 교육계획사절단(1952). 2쪽

그들은 이 예비조사보고서를 기초로 1953년 2월 다시 최종보고서 (Rebuilding Education in the Republic of Korea)를 작성, 운크라 단장에 제출하였다. 이 보고서는 제1부와 제2부로 나뉘어, 제1부에서는 한국교육에 관련된 전분야에 걸쳐 108개의 권고와 건의를 하고, 제2부에서는 유엔 한국교육원조 5개년 계획을 작성, 제시하였다. 이 원조계획안은 총 20개 계획에 대한 연도별 弗貨, 환화 예산책정액(5년간 총 5500만 달러, 23억 3300만 환)과 연도별 한국파견 유엔인사(5년간 총 192명) 및 해외파견 한국인 수(5년간 총 229명)를 구체적으로 계획, 제시하였다. (부록 2 참고)

원조계획안의 가장 큰 특징은 90% 이상의 불화·환화 자금이 초·중등학교의 교실건축·수리, 설비를 위해 배정되어 있다는 점이다. 이것은 한국전쟁 후 한국교육 재개의 실질적인 물적 기반을 마련하려는 유엔교육원조의 기본의도를 드러내는 것이라고 평가할 수 있다.

이후 재원의 부족으로 말미암아 원조계획의 축소조정이 불가피하였지만, 이 계획안은 운크라 교육원조의 실행을 위한 기본 틀을 제시하였다는 점에서 큰 의의를 갖는 것이었다.

(표 Ⅴ-11) 운크라 교육원조 연도별 수입상황   (단위 : 천 달러)

분야 \ 연도	1951-52	1953	1954	1955	1956	1957	1958-59	합 계
학교실험기구 및 도서	—	318	66	34	12	—	—	430
기 본 교 육	15	88	—	—	87	67	—	257
외 국 어 학 원	—	12	28	26	36	37	—	139
교 원 훈 련	—	42	105	52	44	17	1	261
직 업 교 육	8	132	70	429	485	202	42	1,368
교 사 재 건	—	1,438	2,684	964	221	15	—	5,322
해 양 대 학	—	38	148	130	48	5	5	374
외 서 소 매 상	—	18	27	32	2	—	—	79
교 과 서 인 쇄 공 장	—	21	211	4	—	—	—	236
대 구 의 대 · 병 원	—	219	666	323	77	11	21	1,316
기 타	467	388	262	3	—	5	—	1,125
합 계	490	2,714	4,266	1,997	1,012	359	69	10,907

자료 : 한국은행 조사부(1958), Ⅲ-232쪽
　　　한국은행 조사부(1960), 214쪽.

나) 교육원조 도입규모 및 운용상의 특징

운크라 교육원조의 연도별 受入상황을 보면, 1951·52년부터 1959년까지 7~8년에 걸쳐 도입되었지만, 1953~56년에 집중 도입되고 이후 격감되고 있다(표 V-11). 운크라 교육원조는 약 1100만 달러로서 운크라 전체 원조도입액 1억 2200만 달러의 약 9%를 점하는 것이다. 이것을 GARIOA 교육원조와 비교해 보면(표 V-9 참고), 교육원조 절대액에서 뿐만 아니라 전체 원조에서 교육원조가 차지하는 비중에서, GARIOA 교육원조와 비교가 안 될 정도로 큰 규모였다는 것을 알 수 있다. 그러나 그것은 당초 교육원조 계획액의 1/5 정도밖에 실현되지 못한 것이었다. 이것은 앞서 살펴 본 바와 같이 심각한 재원부족에 기인하였다.

운크라 교육사업은 원조불화와 대충자금으로 추진되었는데, 양자의 비율은 9:1 정도로서 원조불이 훨씬 많이 투입되었다. (표 V-12와 13 참조) 먼저 교육원조불의 도입현황을 보면, 시설원조 대 기술원조가 9:1 정도로서 시설원조가 압도적이다. 교육계획사절단이 제시한 양자의 상대적 비율이 그대로 지켜지고 있음을 알 수 있다. 시설원조의 분야별 할당비중은 교실건축 55%, 고등교육 22%, 중등교육 13%, 기타 6%의 순으로서 교실건축 사업이 가장 강조되고 있다. 운크라 교육원조에서의 시설원조는, 기본적으로 소규모이긴 하지만, 기술원조와 결합되어 추진되었다. 기술원조의 분야변 할당비중은 고등교육 31%, 사범교육 27%, 중등교육 14%, 기타 17%, 사회교육 11%로서 교실건축 사업을 제외하고 각 부문에 10% 이상씩 분배되었다. 또한 단일 기술원조 사업으로서는 미국 교육사절단에 의한 교원교육 사업과 경북대학교 의과대학 및 부속 병원에 대한 기술원조가 가장 비중 있는 것이다. 특히 다음에서 살펴보겠지만, 전체적으로 운크라 기술원조의 구매지는 여러 나라에 분산되어 있었는데, 미국 교육사절단의 경우는 그것이 전적으로 미국으로 한정되어 있었다. 따라서 이 점은 미국식 교육의 한국내 침투의 중요한 계기로 작용할 수 있는 것이었다.

전체적으로 시설원조와 기술원조를 통합하여 보면, 교실건축 50%, 고

등교육 23%, 중등교육 13%, 기타 7%, 사회교육 4%, 사범교육 3%로서
교실건축에 가장 많은 비중이 두어졌다. 이것은 전쟁으로 파괴된 교육시
설을 재건함으로써 피난학교나 전시 연합대학의 형태로 겨우 교육의 명
맥을 이어오던 한국교육의 물적 기반을 구축하려는 운크라의 의도를 나
타내는 것이다. 또한 특징적인 것은 사범교육 분야가 낮은 비율을 점하
고 있다는 점이다. 이것은 사범교육 분야에 대한 기술원조는 매우 강조
되고 있었지만, 그에 따른 시설원조가 거의 도입되지 않았기 때문이었다.

〈표 V-12〉 운크라 교육원조의 분야별 할당내역

(단위 : 천 달러, %)

할당분야＼구분		시설원조	비율	기술원조	비율	합계[5]	비율
교 실 건 축		5,407	55	—	—	5,407	50
중 등 교 육		1,262	13	142[1]	14	1,404	13
고등교육	대 구 의 대	1,093		266			
	해 양 대	331	22	59[2]	31	2,520	23
	각대학도서·비품	771		—			
사범교육	미교육사절단	—	1	279	27	379	3
	사범학교비품	100		—			
사회교육	신생활교육원	186		114	11	401	4
	시 청 각 교 육	85	3	—			
	성 인 교 육	16		—			
기타	교과서인쇄공장	514[3]		—			
	외국어학원	—	6	164	17	770	7
	외서소매상	80		—			
	교사장학금[4]	—		12			
합 계		9,845	100	1,036	100	10,881	100
비 율		90		10		100	

자료 : United Nations(1956b~1958) ; 문교부(1955), 61~76쪽 ; 문교부(1958a), 328-330,
　　　353쪽
주 : 1), 2) 교사해외유학장학비 4만 8천달러를 명/년을 기준으로 분할한 깃 포함
　　 3) 교과서 용지원조(1t당 300＄로 계산)포함. 문교부(1955), 73, 75쪽 참고.
　　 4) 특정시설원조와 관련이 없기 때문에 기타에 포함시킴.
　　 5) 자료의 상이로 표 V-11의 합계와 약간 차이 있음. 그러나 심각한 것은 아님.

(표 Ⅴ-13) 교육사업에 투입된 운크라 대충자금(FY53-55)

(단위 : 천 환, %)

분 야	신 생 활 교 육 원	직업교육	해양대학 시 설	대구의대	합 계
대충자금	92,540 (22)	183,245 (43)	142,719 (34)	4,600 (1)	423,104[1] (100)

자료 : 문교부(1958a), 328-330쪽

주 : 1) 1954-61 평균공정환율(1 : 518)로 환산하면 816,803달러임.

운크라 원조는 '한국 경제원조 계획에 관한 대한민국과 국제연합 한국재건단과의 협약'(1954. 5. 31 체결)에 의해 1953년 8월 28일 이후에 도착하는 원조물자에 대해서는 대충자금을 적립하게 되었다(한국산업은행 조사부, 1955 : 954). 따라서 운크라에 의한 교육사업도 대충자금의 지원을 받게 되는데, 그 현황은 표 Ⅴ-13과 같다.

경제부흥 특별회계에 전출된 총 운크라 대충자금은 148억 3900만 환이었다(한국은행 조사부, 1961 : 재정137). 그 중 교육사업에 투입된 것은 약 4억 2300만 환으로서 전체의 약 3%를 점하였다. 사업별로 보면, 직업교육 43%, 해양대학 34%, 신생활교육원 22%, 대구의대 1% 순으로서 직업교육에 가장 많이 투입되고 있다. 그러나 대충자금의 규모가 원조弗과 비교해서 상대적으로 매우 작은 규모였기 때문에(표 Ⅴ-12와 표 Ⅴ-13 비교), 교육사업 중 직업교육이 특히 중시되고 있었다고 보기는 힘들다.

다) 교육원조 내용

먼저 교실건축 사업에 약 540만 달러가 투입되어, 1,133개 학교의 약 3800개의 교실이 신축되었다(United Nations, 1958 : 71). 신축상황을 학교급별로 보면, 국민학교에 63%, 중고교에 29%, 사범학교에 4%, 대학에 5%가 할당되었다(표 Ⅴ-14 참고). 국민학교에 63%가 투입됨으로써, 가장 심각한 피해를 입은(전체 전파교실의 73% 차지) 국민학교의 복구에 최우선권이 두어졌음을 알 수 있다. 원조물자의 할당 계획은 문교부와 합동으로 입안되었으며, 가능한 한 광범위한 지역에 할당하려고 하

〈표 Ⅴ-14〉 운크라 신축교실 학교급별, 지역별 분포상황[1]

지역＼학교급	국교	중·고 교	사범학 교	대학	합계(%)	전파 교실	복구율 (%)
서 울	184	107	12	48	351(10)	1,183	(30)
경 기	327	54	12	11	404(11)	1,511	(27)
충 북	168	91	16	0	275(8)	640	(43)
충 남	120	115	6	28	269(7)	513	(52)
전 북	174	101	11	29	315(9)	803	(39)
전 남	270	138	10	14	432(12)	1,384	(31)
경 북	296	130	32	10	468(13)	1,697	(28)
경 남	336	152	20	18	526(15)	1,229	(43)
강 원	366	142	13	0	521(14)	1,742	(30)
제 주	36	10	5	9	60(2)	189	(32)
합 계 (%)	2,277 (63)	1,040 (29)	137 (4)	167 (5)	3,621(101) (101)	10,891	(33)
전파교실 복구율(%)	7,899 (29)	2,097 (50)	333 (41)	562 (30)	10,891 (33)		

자료 : 문교부(1955), 66쪽에서 작성.

주 : 1) 운크라 사업번호 9.6-6에 의한 120교실분을 자료불비로 제외됨.

였다(United Nations, 1957 : 71). 다음 표에서 알 수 있는 바와 같이, 각 시도에 널리 분산되어 사업이 실행되었다. 운크라 보고서는 서울을 비롯한 남한의 모든 시와 전국 총 132개 군 중 130개 군에서 운크라 자금에 의한 신축교실을 발견할 수 있었다고 한다(United Nations, 1958: 67). 아뭏든 운크라 교실건축 사업은 전쟁으로 인한 전파교실의 33%의 복구를 의미하는 것이었다.

운크라는 또한 CRIK로부터 물자를 제공받아 292개 학교의 1000개 교실을 개수하는 데 사용하였다. 이 원조물자도 국민학교에 56%, 중고교에 33%, 사범학교에 7%, 대학에 4% 할당되어, 국민학교에 가장 많이 투입되었다(문교부, 1955 : 65).

둘째, 고등교육 부문에 대한 원조는 전체 운크라 교육원조의 23% 정도를 점하는 것으로, 교실건축 사업 다음으로 비중 있는 것이었다. 이것은 해양대학에 15%, 경북대학교 의과대학 및 부속병원에 54%, 기타 여러 대학에 31%가 제공되었다.

해양대학교는 원래 군산에 있었던 것이 전쟁으로 부산으로 이전했다. 해양대학에 대한 원조는 교실, 실험실, 기숙사, 사택, 기타 편의시설의 건축 등의 시설원조와 운크라 직원에 의한 기술원조, 한국인 교수의 해외유학 등의 기술원조를 포함하고 있다. 기술원조의 경우, 운크라 항해학 담당 교육직원 1명, 해양공학 담당 교육직원 1명 도합 2명이 1) 건물설계, 설비계획 2) 교육과정 개정 3) 교수방법, 교원에 대한 정기강습 활동을 수행하였다(United Nations, 1956 : 69 ; 1955 : 60 ; 1957 : 80). 또한 2명의 해양대학 교수가 미국 뉴욕의 King's Point 해양대학에 6개월간 유학하였다(United Nations, 1956 : 69). 해양대학교에 대한 원조는 상선 갑판원과 기관원의 양성을 목표로 하였다. 이 해양대학 원조는 1950년대 말까지 계속되었다.

경북대학교 의대 및 부속 병원에 대한 원조는 운크라 원조의 유엔원조로서의 성격을 부각시키는 것이었다. 병원시설, 대학건물의 복구와 더불어 운크라와 스위스 정부와의 협정(1954. 8)에 의해서 기술원조를 담당할 15명의 스위스 의료단이 내한하여(1954. 9) 55년 11월까지 활동하고 다시 추가 협정에 의해 이 중 4명은 1955년 12월부터 58년 6월까지 기술지원을 하였다. 이들은 스위스 의사, 간호원, 관계 기술자로 구성되었고, 교수방법의 개선, 병원운영 등에 기술지원을 하였다(United Nations, 1955 : 66 ; 1957 : 96 ; 1958 : 81). 또한 부속 병원 의사(1명), 간호원(1명)이 각각 2년씩 스위스 병원에서 실무훈련을 받았다.

이렇게 기술원조의 수행 및 한국인 해외파견 대상국이 미국이 아닌 스위스였다는 점은 미국원조에서는 찾아보기 힘든 유엔원조로서의 성격을 드러내는 것이었다.

운크라는 또한 전국의 9개 국・공・사립대학에 각종 자연과학 서적 (영・독・불서 3만 3천권) 및 이화학 실험용 비품・약품을 제공하였다 (문교부, 1955 : 69, 73 ; 1958 : 352 ; United Nations, 1954 : 57−58).

이상과 같이 운크라의 고등교육부문 원조방식은 특정 대학의 집중지원방식이라기보다는 공·사립을 망라한 다수 대학에 대한 분산지원방식을 취하였다. 또한 인문사회과학보다는 각종 자연과학계통의 학과지원을 그 특징으로 한다.

셋째, 운크라 교육사업에 대한 **기술원조** 중 양과 질 양면에서 가장 핵심적인 것은 미국 교육사절단에 의한 기술원조였다. 전체 기술원조액의 27%가 사절단의 경비로 투입되었고, 총 22명(행정관과 단장비서 제외)의 교육전문가의 내한이 실행되어 기술원조에서 가장 대규모적인 것이었다.

미국 교육사절단은 1952년 10월부터 1955년 6월까지 세 차례에 걸쳐 내한, 활동하였다.

제1차 미국 교육사절단(1952. 10. 12~53. 6)(참고 : 동아일보, 1952. 10. 14)의 재정은 대부분 미 국무성이 부담하고(홍웅선, 1979 : 83) 운크라는 도서관 자료, 사무실 비품, 생활용품을 제공하였다(United Nations, 1952 : 27). 운크라가 재정의 대부분을 부담치 않고 보조한 데 그친 이유는 앞서 살펴본 바와 같이 전쟁의 장기화로 인해 운크라가 본격적인 활동을 연기하고 있었기 때문이다. 사절단원은 유니테어리언 서비스 커미티(Unitarian Service Committee)에 의해 모집된 미국 교육전문가들이었다.(부록 1 참고) 단원들은 주로 현직 교원훈련에 주력하였다. 부산 영선 국교에서 두 차례(1952. 11. 3~12. 12 및 1953. 1. 19~2. 22), 서울 남산 국교에서 한 차례(1953. 3. 23－4. 24)의 강습회를 개최하였다(서울시 교육회, 1953 : 51). 강습회는 교육과정, 교수법, 아동발달과 정신위생 등의 주제하에 주로 워크샵의 형식으로 진행되었다(교육문화 편집실, 1954 : 33, 39, 41). 수강생은 초·중등학교 교장, 교감, 교사 및 장학사들로서 총 600명에 달했다(서울시 교육회, 1953 : 51).

당시 국내에서는 기존의 '교과과정 연구심의회'(1951. 3. 30일 심의회 규정 공포)와 '교수요목 제정 심의회'(1950. 6. 2. 심의회 규정 공포)를 교육과정 합동 제정위원회로 일원화하여 1953년 3월 11일부터 본격적인 교육과정 제정작업을 벌이고 있었다(함종규, 1976 : 275－276 ; 교육

과정 개정 합동위원회, 1953 : 38). 사절단은 문교부와의 협의(교육문화
편집실, 1954 : 32) 및 현직교원들에 대한 강습회를 통해 교육과정 제정
운동에 직접적인 자극을 주었다. 사절단은 3회에 걸쳐 보고서를 작성,
미 국무성에 제출하였는데(서울시 교육회, 1955 : 341), 보고서도 교육과
정 연구반에 가장 많은 수강생이 참석하였다고 기술하고 있다(교육문화
편집실, 1954 : 33).

사절단에는 한국인들이 배속되어 통역관으로 활동하였다. 그들은 당시
소장 교육학자들로서 강길수, 성내운, 유영준, 유형진, 이규환, 이영덕, 정
확실, 한기언 등이었다(중앙교육연구소 20년지 편찬위원회, 1973 : 23).

제2차 미국 교육사절단(1953. 9~54. 6)의 경비는, 운크라가 본격적인
활동에 돌입함으로써 운크라가 대부분(79,500＄)을 부담하고 한미재단
이 보조하였다. 2차 사절단원들도 유니테어리언 서비스 커미티에 의해
미국에서 모집된 미국교육전문가(6명)였다.

이들은 A, B 두 팀으로 나뉘어 주로 현직교육에 주력하였다. 서울 청
계 국민학교, 광주 사범학교, 전주 사범학교에서 교육철학, 교육과정 개
선, 학습지도, 생활지도 및 교사양성에 관한 강습회를 개최하였고, 미
공보원과 합동으로 서울대학교 사범대에서 시청각 교육원리 및 영사기
조정법에 관한 강습을 실시하였다. 또한 진해 공군 사관학교(Air Force
Academy)에서는 현대교육심리학 및 교육방법을 강의하였다(문교부,
1955 : 72 ; 1958a : 274 ; United Nations, 1954 : 60 - 61). 중앙교육연구소
에서는 소원들과 주 1회씩 연 5회에 걸쳐 교육연구에 관한 좌담회를
갖고, 연구논문 7편을 번역, 제공하였다(중앙교육연구소 편, 1962 : 108).

이상 두 차례의 미국 교육사절단이 개최한 각종 교육강습회에는 약
천여 명의 초·중등학교 교장, 교감, 교사 및 장학사, 사범대학 교수들
이 참석하였다. 직위별로는 교사 44%, 교감 22%, 교장 19%, 기타 15%
순으로 교사가 가장 많이 참석하였고, 학교급별로는 국민학교 43%, 고
등학교 23%, 중학교 18%, 기타 15%로서 국민학교에서 가장 많이 참석하
였다. 따라서 국민학교 교사가 전체의 22%로 가장 많이 참여하고 있었다.

(표 V-15) 미국교육사절단 주최 강습회 참여자 현황(제1차~2차 사절단)

(단위 : 명, %)

직위 \ 수준	국민학교	중학교	고등학교	사범대학	행 정	합계(%)
교 장	114	47	28	–	–	189(19)
교 감	99	70	56	–	–	225(22)
교 사	226	67	148	–	–	441(44)
교 수	–	–	–	19	–	19(2)
장 학 사	–	–	–	–	136	136(13)
합 계	439	184	232	19	136	1,010(100)
(%)	(43)	(18)	(23)	(2)	(13)	(99)

자료 : 서울시 교육회(1955), 142-143쪽에서 작성.

　제3차 미국 교육사절단(1954. 9~55. 6)은 미국 교육전문가 12명, 행정관 1명, 단장비서 1명 등 총 14명으로 구성되었고, 운크라가 대부분의 재정을 부담하고 한미재단이 보조하였다. 이들의 활동은 매우 조직적인 것으로서, 서울 본부반(Benjamin, Myksvol, Beust), 서울사대반(Wilson, D.K. Adams, Marks), 경북사대반(Bannon A.L. Adams, Milam), 광주사범반(Lewis, Robinson, Tulock) 등 네 반으로 나뉘어 활동하였다(문교부, 1955: 73). 이들의 활동은 현직교사 교육, 문교부에 대한 기술원조, 중앙교육연구소에 대한 교육연구 지원에 중점을 두었다.

　먼저 단장 벤자민(H.R.W. Benjamin) 박사는 서울 청계 국교에서 문교부 및 서울시 교육간부, 일선 교사들(340명)에게 연 6회에 걸쳐 교육행정·정책에 대한 강연을 하였다. 이 강연 원고는 '국가적 교육제도의 수립'이란 제목으로 중앙교육연구소에서 번역, 간행되었다. 또한 사절단은 문교부 또는 문교부와 중앙교육연구소가 공동 주최하는 세 차례의 재교육 강습회를 지도하였다. 여기에는 약 300여 명의 각급학교 중견교원, 교육행정가들이 참가하였으며, 강습내용은 사제관계, 개인지도, 학습지도, 교육과정, 행동평가, 인성검사, 정서·행동발달조사 등(중앙교육연구소 편, 1962 : 113, 118-119, 120) 주로 교육방법적인 차원의 것이었다. 그리고 서울, 광주, 대구에서는 실제 시범수업을 실시하고 또한

교육과정 개선, 교수법에 관한 워크샵을 개최하였다. 문교부 편수국에서
는 국민학교 교과서 개정작업을 도왔으며(United Nations, 1955 : 61) 약
일주일간(1955. 5. 24~28) 단장을 비롯한 사절단원들과 문교부국장, 과
장급 간부들은 한국교육문제 전반에 대해 간담회를 가졌다(새한신문사
편, 1971 : 211). 사절단원 중 믹스볼(B. Myksvol)은 중앙교육연구소에
상주하면서 김란수·김해옥 팀과 함께 아동 지능성숙검사를 작성하였
는데, 이것은 California Mental Maturity Test의 한국판으로서 1955년 6
월 전국적으로 표준화되었다(중앙교육연구소 20년지 편찬위원회, 1973 :
64).

이런 여러 활동 중 그들의 가장 큰 관심사는 한국의 교육과정 개선
이었다. 그들이 귀국하기 전 '이별의 선물'이라고 남긴 책자(Curriculum
Handbook for the Schools of Korea)는 각 사절단원이 한 章씩 쓴 글
을 편집한 책으로서, 경험교육과정의 이론과 실제를 해설해 놓은 교과
서 같은 인상을 남긴다. 이 책은 크게 세 부분으로 나누어 경험교육과
정의 원리, 구성절차 및 각 교과별로 한국에서 필요한 교육과정 개선방
향을 제시하고 있다. 이것은 1956년 중앙교육연구소에서 번역('교육과
정지침')되어 각급 학교에 보급되었다.

이상과 같은 세 차례의 미국 교육사절단의 활동은 미군정 말기 미교
육전문가들에 의한 대한 교육원조 사업의 연속선상에서 파악될 수 있
는 여러 측면을 가지고 있다.

첫째, 이들도 미군정 때와 마찬가지로 현직교원 교육에 주력하였고,
그 내용 또한 교육방법, 기술적 측면의 강조였다.

둘째, 제2차, 3차 사절단의 활동경비는 운크라가 대부분 부담하였지
만, 제1차 사절단의 활동은 대부분 미 국무성의 재정부담으로 이루어졌
다.

셋째, 제2차, 3차 사절단의 활동은 운크라 교육사업의 일환이었음에도
불구하고, 단원이 미국에서 모집된 미국 교육전문가 일색이었다. 특히
사절단원 중 아담스(A.L. Adams)는 1948년도에 내한, T.T.C.에서 활동

한 적이 있고, 벤자민(H.R.W. Benjamin)은 1946년 도미 한국인교육사절단이 미국을 방문했을 때, 당시 미 연방교육국 국제교육 과장으로서 일련의 회의에 참석, 한국인들과 미국의 대한 교육원조문제를 협의한 바 있다(참고 : 阿部洋, 1987).

그러나 우리는 미군정 당시의 교육원조계획이 1950년대까지를 포괄하는 장기적 전망에 입각해 있었다고 볼 수는 없다. 왜냐하면 남한만의 단독정부 수립 이후 미국의 대한 정책은 일관성을 상실한 혼미한 양상으로 전개되었고, 교육원조의 공여도 일정 기간 단절되었기 때문이다. 한국전쟁이 발발하자 미국정부는 미군정 학무국에서 입안된 대한 교육원조 계획을 다시 검토하였을 것이고, 당시 미국은 운크라 원조자금으로 유엔에 막대한 자금을 기부하고 있었기 때문에 물적인 교육원조는 운크라에 전담시키고, 1948년 성공적으로 추진된 바 있는 미국 교육전문가들에 의한 기술원조를 다시 착수하였을 것으로 추정할 수 있다.

넷째, 운크라의 중등교육부문 원조는 실업계 고교, 즉 6개 공고(부산공고, 대전공고, 서울공고, 경기공고, 광주공고, 목포공고)와 1개 수산고(여수 수산고)의 복구·재건에 치중되었다. 1953년 9월 정부, 운크라 및 유엔군 사령부 사이에 '실업기술 연수원 및 그 운영에 관한 협정'이 체결되어(중앙대학교 부설 한국교육문제연구소, 1974 : 193), 처음에는 부산·대전공고의 시설복구에 착수하였다. 이후 4개 공고와 1개 수산고가 추가 복구되어 각 지역의 기술훈련 센터로서 기능하게 하였다. 시설원조 외에, 운크라와 미국의 용역회사와의 계약(1956. 1)에 의해 국제직업교육전문가 4명이 내한, 상기 학교에서 작업장의 설계, 기계설치, 교수방법 개발 등을 기술지도하였다(United Nations, 1957 : 77). 실업고교 교사의 미국 파견훈련도 실행되었다. 상기 6개 공고에서 각기 1명씩, 도합 6명의 교사가 미국의 Dunwoody Institute에서 1년간의 작업장(shop) 훈련과정을 마쳤으며, 여수 수산고 교사 1명이 워싱턴 대학교에서 2년간 유학하였다(United Nations, 1956 : 72 ; 1957 : 77).

사범학교에 대한 원조를 제외한다면, 중등교육부문에 대한 운크라원

조는 실업계 고등학교에 전적으로 한정된 것이었다. 이것은 전쟁으로
파괴된 산업의 재건·부흥에 요구되는 기능인 양성에 그 목적이 있었
다. 운크라 보고서는 그 점을 다음과 같이 언급하고 있다:

> ……정부수립 이후 한국에서 국가산업의 효과적인 운영과 팽창을 위해 필요
> 한 기능인력을 제공하기 위해 가장 중요한 것은 고등학교 수준에서 직업·
> 기술훈련을 제공할 수 있게 하는 잘 설비된 시설이었다. 이러한 시설의 공급
> 은 운크라 프로그램의 주요타깃이었다(United Nations, 1957 : 72-73).

  직업교육의 강조는 운크라 원조가 일시적 긴급구호적 성격의 원조에
서 벗어나 전후 장기적 경제부흥을 위한 적극적인 의도에서 출발하였
다는 점에서 당연한 귀결이었다.
  다섯째, 운크라 원조는 한국의 지역사회개발 사업의 일환으로 새로운
교육기관을 창출하였다. 이것이 바로 1956년 11월 수원에 개원한 한국
신생활교육원(KORFEC ; Korean Fundamental Education Center)이다.
유네스코·운크라 교육계획사절단은 그 최종 보고서에서 "사회와 경제
면의 개선을 위한 국민운동의 확실한 성공을 가져오기 위하여 이 방면
에서 일할 만한 지도자를 양성하고 아울러 사회개량의 제 문제를 연구
할 연구기관으로서 한국에 국립 중앙 기본교육 지도자 양성소를 설치
해야 한다"고 그 설치를 권고한 바 있다(유네스코·운크라 교육계획사
절단, 1953 : 46). 교육원의 설치는 한국, 유네스코, 운크라의 합동사업으
로 추진되었다. 운크라는 30만 달러를 제공하고, 유네스코는 강사 지원,
한국정부는 한국인 강사제공 및 경비부담을 담당하였다. 처음에는 운크
라가 운영책임을 맡았으나, 운크라의 사업이 전반적으로 종결되기 시작
함에 따라, 운크라와 유네스코의 협정에 의해 1957년 1월부터 유네스코
가 운영하였다. 그후 운영권은 1959년 9월 한국정부에 이양되었다.(문교
부, 1959b : 50).
  교육원의 입학자격은 남자의 경우 고등학교 이상의 졸업자로서 병역
을 필한 자, 여자는 만 20세 이상의 여고 이상의 졸업자로 하였다. 남녀

공학으로 운영되었고, 학생은 전원 기숙사 생활을 하였으며, 수업료는
면제되었다. 교육과정으로 2년 정규교육과정과 단기 재교육 과정이 설
치되어, 기초교육, 가정학, 농학, 시청각 교육, 보건학 등을 교수하는 초
급대학 수준의 교육기관이었다. 그리고 교육기간 중 1년은 이론학습에,
나머지 1년은 현장실습에 주력하였다.

　1956년 11월과 1957년 4월에 각각 남자 18명, 여자 6명 총 48명이 입
학하였다. 그리고 1958년 5월 현재, 6명의 한국인 교수 및 6명의 외국인
교수(멕시코, 미국, 영국, 네덜란드, 뉴질랜드 출신)가 재직 중이었다. 교
육원의 졸업생은 농림부나 OEC 계획하에 있는 직장에 취직된 것으로
알려지고 있다(문교부, 1959a : 7－9 ; 한국일보, 1958. 5. 14 ; United
Nations, 1957 : 105－107).

　여섯째, 기타 사업으로 교과서 인쇄공장이 설립되었고(1953. 9 완성),
외서 소매상을 설치하여 학생, 교사, 교수들에게 8만 달러에 달하는 서
적과 과학기재를 국내 통화로 판매하여 운크라 원조자금에 충당하였다
(United Nations, 1957 : 82). 또한 1953년 2월 설치된 외국어 학원에 3
개월 과정의 영어, 독어, 불어 강습과정을 설치하여 만 4년 동안 2천여
명에 달하는 유학준비생, 정부관료, 기자 및 한국인 외국어 교사들에게
외국어 회화를 교수하였다(United Nations, 1954 : 59－60 ; 1957 : 78－
79 ; 1958 : 73－74).

　위에서 살펴본 바와 같이 운크라 교육원조는 전후 한국교육의 재개
를 위해 긴급히 필요한 시설의 복구 및 확충에 일차적인 관심이 있었
다. 교실건축사업, 교과서 인쇄공장의 설립이 그 대표적인 예이다. 양자
는 전체 교육원조불의 54%를 차지하고 있다. 그와 동시에 중등교육·
고등교육부문에 대한 원조는 주로 실업계통의 학교 및 학과에 집중됨
으로써 전체 운크라 원조의 경제적 성격과 맥을 같이 하는 것이다. 특
히 이 부문에 대한 원조는 집중지원 방식이 아닌, 다수 학교에 대한 분
산지원 방식을 취하였다.

　운크라 원조가 유엔의 원조였음에도 불구하고 미국 교육사절단의 활

동은 가장 미국적인 성격을 갖는 것이었다. 그들에 의한 교원훈련 및 문교부, 중앙교육연구소에 대한 기술적 지도·조언은 미국식 교육이론 (주로 교육방법적인 차원의)의 교육현장에의 유포를 결과하는 것이었다. 또한 운크라의 지원에 의해 농촌 지도자 양성을 위한 새로운 교육기관 이 창출되었으며, 외국어학원 및 외국서적 소매상을 통해 외국서적과 외국어 특히 영어의 보급이 활발히 이뤄지기 시작했다.

전체적으로 볼 때, 운크라 원조는 기술원조보다는 시설원조에 더 치중 하였다(양자의 비율은 1 : 9). 기술원조 중 외국 교육전문가와 기술자의 내한은 어느 정도 실현된 감이 있으나, 한국인의 해외파견은 거의 실현 되지 못하였다고 볼 수 있다(표 V-16 참조).

(표 V-16) 운크라 교육원조에 의한 한국인 해외 파견 및 외국 전문가 내한 실적

분류＼형태	한국인 해외 파견	유학지	외국전문가 내한	파견국
직 업 교 육	7	미 국	4	?
해 양 대 학	2	미 국	2	미 국
대 구 의 대	2	스위스	15	스위스
교 원 교 육	·	·	26	미 국
교과서인쇄공장	·	·	1	캐나다
외 국 어 학 원	·	·	8[1]	?
신생활 교육원	·	·	6	미, 영, 네, 멕, 뉴질
기 타[2]	3	·	·	
합 계	14(명)		62(명)	

자료 : 앞 표의 각종 자료
주 : 1) 한국에서 조달한 5명의 강사 포함.
    2) MIT하계 강습회에 참가한 3명의 교수에게 여비제공한 것. 문교부(1955), 74쪽

2) FOA/ICA 교육원조

가) 교육원조 도입규모 및 운용상의 특징

앞서 살펴 본 바와 같이 대한 원조의 핵심은 FOA/ICA원조이다. FOA원조가 본격적으로 도입되기 시작한 1954년부터 교육부문에 대한

원조도 시작되었다. 그러나 1955년 12월, 교육원조 사업 관할권이 OEC로 이관되기까지 FOA의 교육사업은 서울대에 한정되어 추진되었다. 표 V-17에서 알 수 있듯이 1956~58년 사이에 원조도입은 절정을 이루고 그 후 격감되는 경향을 보여준다. 이것은 당시 미국이 당면한 국내외 정세 속에서 점차 무상증여방식의 원조를 차관형식의 원조로 대체하기 시작함에 따라 대한 원조에도 그것이 반영되어 나타난 것이다. 미국은 1961년 새 대외원조법(Foreign Assistance Act of 1961)를 제정·공포함으로써 이후 차관 중심의 국제개발국(AID ; Agency for International Development) 원조를 미국 대외 원조의 주종으로 공여하게 된다(참고 : 홍성유, 1962).

(표 V-17) FOA/ICA 교육원조 연도별 수입 상황

(단위 : 천 달러)

연도 분야	1954	1955	1956	1957	1958	1959	1960	1961
서 울 대	736	526	3,290	2,277	700	1,011	868	44
해 양 대	–	–	30	–	123	–	61	–
연·고대[1]	–	–	125	200	200	261	261	260
교원교육	–	–	305	1,076	1,206	668	456	214
교실건축	–	–	1,109	672	499	–	40	–
직업교육	–	–	700	957	956	337	–	(−327)
기 타	–	–	–	68	339	–	17	–
합 계	736	526	5,559	5,250	4,023	2,277	1,703	191

자료 : 문교부(1958a) ; 문현식(1959) ; 박덕주(1959) ; Dodge(1971) ; 기타 자료
주 : 1) 1959−61년 금액은 782,000달러를 3년으로 균분한 것임.

FOA/ICA에 의한 교육원조는 총 2000만 달러에 달한다. 이것은 운크라 교육원조보다 약 2배 큰 규모이다. 먼저 원조弗貨의 할당분야를 보면, 고등교육 54%, 교원교육 19%, 중등교육 13%, 교실건축 12%, 기타 2%의 순으로, 고등교육부문에 절반이상이 불하되고, 교실건축이 열세를 보인 반면 교원교육부문이 매우 강조되고 있다(표 V-18). 운크라 교육

원조와 비교해 볼 때, 가장 특징적인 점은 고등교육부문 특히 서울대에 대한 압도적인 지원, 반면 교실건축에 대한 저조한 원조이다. 서울대 원조는 전체 FOA/ICA 교육원조의 47% 정도, 고등교육부문 원조의 86%를 차지함으로써 FOA/ICA 교육원조의 압권이었다고 볼 수 있다.

그리고 시설원조 대 기술원조의 비율은 6 : 4로서 기술원조에도 상당히 치중되고 있다. 시설원조의 분야별 할당비중을 보면, 고등교육 45%, 교실건축 19%, 중등교육 19%, 교원교육 16%, 기타의 순이며, 기술원조의 분야별 비중은, 고등교육 66%, 교원교육 25%, 중등교육 5%의 순으로서 시설, 기술원조 모두 고등교육에 가장 큰 비중이 두어졌고, 특히 기술원조는 고등교육과 교원교육에 91%가 투입되어, FOA/ICA 교육원조의 핵심적인 기술원조는 고등교육부문과 교원교육부문에서 실행되었음을 알 수 있다.

(표 V─18) FOA/ICA 교육원조 분야별 할당 내역(FY '54 - '61)

(단위 : 천 달러, %)

분야＼구분	시설원조	기술원조	합 계
교 실 건 축	2,281 (19)	40 (1)	2,321 (1)
중등교육 〈실업계고교	2,189 (18)	434 (5)	2,623 (13)
기 타	106 (1)	─	106 (1)
고등교육 〈서 울 대	5,471 (45)	3,981 (49)	9,452 (46)
기 타	90 (0.7)	1,431 (17)	1,521 (8)
교 원 교 육	1,894 (16)	2,031 (25)	3,925 (19)
기 타 분 야	36 (0.3)	281 (3)	317 (2)
합 계	12,067 (100) (60)	8,198 (100) (40)	20,265 (100) (100)

자료 : 표 V-17과 동일.

FOA/ICA 원조계획의 수립은 OEC(USOM)의 원조계획안 작성→ICA 본부에 제출→미 국무장관, 대통령의 결재 및 국회승인→OEC(USOM)에 최종 원조계획안 통지→OEC(USOM)와 수원국 정부간의 원조사업내용의 합의 등의 절차를 거친다. 마지막 절차로서 한국정부와 원조기관과

의 합의는 사업협정(Pro. Ag. ; Project Agreement)의 체결로써 이루어
졌다. 이렇게 한국정부와의 의견절충 과정을 거치지만 용역도입의 경우,
자금지출을 포함한 일체의 도입관리는 OEC(USOM)와 ICA 본부에서
관할하였다(서남원, 1963b : 48−50). FOA/ICA에 의한 기술원조는 1) 한
국인의 해외파견 훈련 2) OEC(USOM)직원에 의한 기술지원 3) 외국 인
사의 내한에 의한 기술지도 등 세 가지 형태로 실행되었다. 그런데 기술
원조 관리에 대한 관할권이 기본적으로 미국측에 있었기 때문에 미측이
의도하는 내용의 기술원조가 제공될 수밖에 없는 실정이었다.

　FOA/ICA 원조도 대충자금 적립방식을 채택하였던 바, 문교부는 경
제부흥특별회계에 전출된 대충자금의 일부를 할당받게 된다.

　먼저 경제부흥특별회계(각 원조 총괄)의 각 부처별 세출예산을 보면,
재무부 소관사업으로 전체의 38%가 투입되고 다음으로 농림부 18%,
내무부 16%의 순이다. 문교부 소관사업으로는 3%가 책정되어 매우 비
중이 낮다(표 V−19). 이것을 다시 문교 일반예산과 비교해 보면, 1955~

(표 V-19) 경제부흥 특별회계 각 부처별 세출예산안(각 원조총괄)
(FY '55-'61)　　　　　　　　　(단위 : 백만 환)

부서 \ 연도	1955	1957	1958	1959	1960	1961	합계(%)
국 무 원	103	252	66	266	741	515	1,943 (0.5)
내 무 부	10,596	12,540	10,942	10,612	9,086	10,621	64,397 (16)
재 무 부	312	67,891	30,204	16,466	16,284	17,845	149,002 (38)
법 무 부	473	57	23	406	204	500	1,663 (0.4)
문 교 부	1,024	1,228	3,636	2,920	1,877	2,241	12,926 (3)
부 흥 부	2	126	293	1,373	1,384	647	3,825 (1)
농 림 부	9,349	10,892	13,523	14,734	11,655	10,433	70,586 (18)
상 공 부	4,865	8,835	4,946	4,202	3,829	4,847	31,524 (8)
보 사 부	15,716	1,809	2,933	1,349	1,125	808	23,740 (6)
교 통 부	12,831	4,883	2,503	3,110	2,050	1,451	26,828 (7)
체 신 부	2,796	1,639	594	843	1,141	11	7,024 (2)
공 보 실	−	−	−	82	105	−	187 (0.1)
합　　계	58,067	110,152	69,663	56,363	49,481	49,919	393,645(100)

자료 : 국회사무처, 국회속기록, 제20회 81호, 제22회 114호 : 제26회 69호, 제30회 29호,
　　　제33호 6호·23호, 제37호 25호.

(표 Ⅴ-20) 문교부일반예산과 경제부흥특별회계 문교부 세출예산 비교
(FY'55-'61)   (단위 : 백만 환, %)

예산종류 \ 연도	1955~56	1957	1958	1959	1960	1961	합계
문교일반예산 (가)	26,000	33,000	45,000	60,000	63,000	76,000	303,000
경특문교세출예산 (나)	1,024[1]	1,228	3,636	2,920	1,877	2,241	12,926
(나)/(가) (%)	3.9	3.7	8.1	4.9	3.0	2.9	4.3

자료: 표 Ⅴ-19의 자료 및 문교부(1976), 877쪽
주: 1) FY '55분임.

(표 Ⅴ-21) 경제부흥 특별회계를 통한 대충자금 지원상황(ICA원조 FY '55-'60)

(단위 : 백만 환, %)

분야 \ 연도	1955	1956	1957	1958	1959	1960	합 계
교 실 건 축	―	315.0	889.5	962.5	850.0	500.0	3,517.0 (31)
중 등 교 육	―	110.5	145.5	216.5	263.9	622.2	1,358.6 (12)
고 등 교 육	560.1	782.2	695.5	948.1	496.1	494.2	3,976.2 (35)
(서울대)	(560.1)	(781.3)	(692.2)	(854.3)	(488.6)	(450.0)	(3,826.5) (33)
교 원 교 육	―	22.0	341.1	1,034.0	819.5	250.0	2,466.6 (22)
기 타	―	―	―	9.9	55.0	61.5	126.4 (1)
합 계	560.1	1,229.7	2,071.6	3,171.0	2,484.5	1,927.9	11,444.8 (101)

자료 : 문교부(1958a), 330 ― 332쪽 ; 문현식(1959), 64-65쪽 ; Dodge(1971) ;
   표 Ⅴ-19 자료

61년까지 문교일반예산 총액 3030억 환의 4.3%에 해당하는 규모임을
알 수 있다(표 Ⅴ-20). 앞서 살펴 본 바와 같이 교육사업은 원조불화도
공여받은 바, 그것이 문교일반예산의 5.2% 정도의 규모였음에 비춰볼
때, 교육원조사업은 문교일반예산의 약 10%의 규모로 추진되었음을 알
수 있다.

그렇다면, FOA/ICA의 대충자금은 어떤 교육사업에 투입되었으며 그 특징은 무엇인가? 교육부문에 할당된 대충자금은 교육원조사업의 실현에 필요한 국내 노무비 및 국내에서 획득할 수 있는 시설·자재의 구입비로 사용되었다(문현식, 1959 : 63). 즉 교육원조사업의 효과적인 수행을 위해 환화와 불화의 동시 투입이 불가피했던 것이다.각 분야별 대충자금 지원상황(FY '55−'62)을 보면, 고등교육 35%, 교실건축 31%, 교원교육 22%, 중등교육 12%, 기타 1%의 순으로 고등교육, 교실건축, 교원교육 분야에 집중투입되었다(표 V−21). 그 중 고등교육 분야 특히 서울대에 대한 절대적 지원(고등교육분야 대충자금의 91%, 전체의 33%)을 가장 큰 특징으로 한다. 1962 회계연도에 교실건축 자금으로 155억 환이라는 엄청난 대충자금이 책정되지만, 이것은 1963년도의 민정이양을 위한 대통령 선거 및 국회의원 선거(참고 : 村常男, 1987)의 정치적 공약의 성격을 갖는 것이었으며, 사실 그것의 최종 사용 검사보고서도 없었다(Dodge, 1971 : 60). 따라서 이것을 제외한다면, 대충자금도 서울대에 가장 많이 투입되었고, 이것은 서울대에 대한 원조불화의 편중지원과 더불어 ICA원조의 자금배정과정에서 가장 큰 특징을 이루는 것이었다.

나) 교육원조의 내용

이상과 같이 FOA/ICA 교육원조의 핵심은 고등교육 분야 특히 서울대에 대한 물적·기술적 원조였다.

원래 문교부가 요청한 고등교육원조는 서울대에 대한 집중지원방식을 택한 것은 아니었다. 전쟁 중 당시 백낙준 문교장관은 연대·고대·이대·세브란스 의대 등 4개 사립대학에 대한 원조를 요청하였다(Dodge, 1971 : 158). 그러나 백낙준 장관의 퇴임 후 당시 서울대의 최규남 총장은 미 원조당국과 수차에 걸친 접촉끝에 정부측에서 승인만 하면 서울대에 원조를 하겠다는 미 원조당국의 승인을 받았다. 처음에 문교당국은 수많은 학교 가운데 유독 서울대에만 특혜를 줄 수 없다는 소극적 견해를 피력하였으나 결국 최규남 총장의 '집중투자방법'을 채택하였다(서울대학교 20년사 편찬위원회, 1966 : 159).

문교부의 급작스러운 태도변경은 문교부와 특정 국립대학간에 강한 이해관계의 연결고리가 형성되어 있었음을 반증해 주는 것으로 평가될 수 있다. 먼저 FOA/ICA의 타 분야, 즉 교실건축, 사범교육 및 중등교육 분야에 대한 원조는 모두 분산지원 방식을 취하였다는 점, 둘째, 원조가 국가적 차원의 교육사업을 위해 투입되었어야 할 것이라면, 문교부의 초기의 입장처럼 굳이 **일개**의 국립대학에 집중될 필요는 없었다는 점에 주목해야 한다. 당시 문교부 장관 백낙준과 김법린은 획기적인 고등교육정책으로서 각 지방에 국립대학 설치사업을 추진하고 있었다. 그에 따라 1952~53년 사이에 6개의 지방 국립대학이 설립되었다. 그러나 이들 대학은 "사실 우수한 고등학교에도 미치지 못할 정도의 조건 하에서 발족될 수밖에 없었다"라고 기술될 만큼(김종철, 1979 : 65) 그 창설의 물적 기반은 매우 허약한 것이었다. 따라서 원조에 의한 고등교육사업을 국립대학에만 국한시켜 추진할 경우에도 굳이 일개의 대학에만 원조를 집중시켰어야 할 명분을 찾기 힘들다. 그럼에도 불구하고 고등교육 원조사업이 일개 국립대학에 집중되었다는 점은 과거 일제하의 관료주의적 발상에서 벗어나지 못한 문교부 관료와 국립대학간의 이해관계의 연결고리를 통해서 가능했을 것이다. 사실 원조의 서울대 유치에 적극 노력한 당시 최규남 총장은 이후 1956년에 문교부 장관으로 발탁되었다(참고 : 중앙대학교 부설 한국교육문제 연구소, 1974).

그러나 서울대에 대한 집중원조는 당시 미국원조의 군사적 성격을 반영하여 자연과학 계통의 학과의 집중육성으로 나타났다(자세한 논의는 V-4-(2) 참조). 즉 그러한 이해관계의 고리는 미국원조에 내재된 미국의 이해관계의 틀을 벗어나지 않는 범위내에서만 가능했다.

서울대학교가 제시한 자료(서울대학교 20년사 편찬위원회, 1966 : 152 -153)에 의하면, 서울대학교 전체 예산에서 외원(대충자금과 원조불화)이 차지하는 비율은 1955~60년 사이에 30~50%를 차지한 반면 국고예산이 차지하는 비율은 1953~1954년 사이에 80% 이상이던 것이 1955~

1960년 사이에는 30~50%로 하락하고 있다. 1955~61년에 걸쳐 정부예
산 중 서울대학교 국고예산의 비율이 0.4~0.5%로. 고정되어 있었음을
고려할 때, 정부는 일정한 절대액의 국고예산을 서울대에 제공하면서
외원을 서울대에 집중 제공하였음을 알 수 있다.

서울대 원조는 FOA/ICA와 미네소타 대학교간의 계약에 의해 수행되
었다. 굳이 미네소타 대학이 선택된 이유는 당시의 FOA 장관 스타센
(H. Stassen)이 미네소타 대학 출신으로 미네소타 주지사였었다는 점이
크게 작용하였기 때문이다(서울대학교 20년사 편찬위원회, 1966 : 159 ;
Dodge, 1971 : 160). 1954년 9월 28일 최종계약에 의해 미네소타 대학은
3년간 1) 미네소타대학교원의 파견에 의한 농·공·의대에 대한 고문활
동 2) 서울대 교수들에 대한 미네소타 대학 및 미국의 기타 대학에서의
훈련 제공 3) 서울대학교 농·공·의대의 부흥계획 개발에 대한 고문활
동 등을 하게 되었다. 이후 기술지원에 앞서 충분한 시설·설비의 확보
가 필요하다는 판단하에 1955년 9월 및 1956년 7월의 수정계약에 따라
각종 실험설비, 교실건축자재의 공급이 이루어졌다. 1957년 1월의 수정
계약에 의해 1959년 9월까지 계약기간을 2년 연장하고, 공공행정 분야

(표 V -22) 서울대 원조 내역(ICA원조)   (단위 : 천 달러)

원조별 연도	미국인 내한자	한국인 참여자	직접 고용	소 계	대규모시설· 기타교육자재	합 계	계약에 의 한 원 조
	기 술 원 조				시설원조		
1954	479	257	—	736	—	736	736
1955	—	—	—	—	526	526	—
1956	328	394	—	722	2,568	3,290	2,327
1957	280	320	—	600	1,677	2,277	1,246
1958	200	—	—	200	500	700	592
1959	489	305	16	811	200	1,011	943
1960	488	358	22	868	—	868	598
1961	—	25	19	44	—	44	—
합 계 (%)	2,265 (57)	1,659 (42)	57 (1)	3,981 (100) (42)	5,471 (58)	9,452 (100) (100)	6,442 (68)

자료 : Dodge(1971), 163, 184-185쪽의 표를 재구성

에 대한 원조가 추가되었다. 그 이후에는 주로 기존 원조사업의 완결에 주력하게 된다(Comptroller General of the U.S., 1957 : 131－132).

서울대 원조는 기술지원을 위한 자금이 42% 정도였고 시설원조는 58%였다. 즉 시설원조와 기술원조가 어느 정도 균형을 이루고 있다(표 Ⅴ－22). 그러나 서울대 원조가 전적으로 미네소타 대학과의 계약에 의해 실행된 것은 아니다. 미네소타 계약에 의한 지원은 약 68%이고, 나머지 32%는 직접적인 시설 및 기타 소규모의 기술지원을 하는 데 사용되었다(앞의 표 참고). 기술원조 중 미국인의 파견에 투입된 재원과 한국인의 파미 훈련에 사용된 재원의 비율은 6:4 정도로 미국인에 의한 현지지도가 더 강조되고 있다.

서울대 원조 결과, 1954~61년 사이에 226명의 서울대 농·공·의대·행정대학원의 교수, 강사, 조교, 대학원생 및 행정인들이 6개월~4년의 기간 동안 미국의 미네소타 대학 및 기타 대학에서 유학하였다. 이 중 11명이 박사학위를, 55명이 석사학위를 취득하였다. 석사학위 취득자를 전공별로 보면, 농학 19명, 공학 18명, 의학(수의학 포함) 7명, 행정학 11명이었다. 또한 미네소타 대학 교수(32명), 부교수(7명), 조교수(11명), 강사(1명), 비서(3명), 기타(2명) 등 총 56명이 내한, 총 67명/년 동안 농·공·의대 및 행정대학원의 교육연구, 교수방법의 개발, 학교행정, 교육시설의 재건 등에 기술적 지도·조언을 하였다(현창근, 1962 : 76－77, 90－91 ; Williams, 1962 : 16). 또한 ICA 기술원조의 일환으로 서울대 법대 내에 우리나라 최초의 특수 대학원과정인 행정대학원이 창설(1958년)되었다. 원조에 의해 교수요원의 훈련과 기타 도서관 시설, 서적이 공급됨으로써 창립을 보게 된 것이다. 이후 행정대학원은 주간과정은 학구적 교육기관으로서, 야간과정은 현직 고급공무원의 현직훈련 기관으로서 해방 후 우리나라 학계에 행정학을 도입, 보급하는 데 선구적 역할을 하였을 뿐만 아니라, 수많은 중견·고급공무원을 배출하였다(서울대학교 30년사 편찬위원회, 1976 : 701－703).

이러한 기술원조와 더불어 막대한 규모의 시설원조는, "1955~57년 3

년간은 서울대학교 사상 유례없는 획기적인 발전을 기록하였다"라고
평가될 만큼(서울대학교 20년사 편찬위원회, 1966 : 162) 서울대의 재건
및 국내 중심대학으로서의 면모를 갖추게 하는 데 결정적인 역할을 하
였다고 볼 수 있다.

상대적으로 서울대에 대한 원조보다 훨씬 비중은 작지만, 연·고대에
대한 경영행정 원조 및 해양대 원조가 고등교육분야 원조의 일부를 구
성하고 있다.

연·고대 경영행정 원조는 워싱턴 대학과의 계약에 의해 수행되었다
(참고 : 연세춘추, 1958. 4. 7). 이것은 서울대의 공공행정 원조와 그 궤
를 같이 하는 것으로서 연·고대에 미국식 경영학을 도입, 조직화시키
는 데 주력하였다.

5명의 워싱턴 대학 교수가 내한하여 양교에 시범과정을 설치하고 1)
경영학교육과정 및 경영학과의 운영강화 2) 도서·교수자료, 기재 제공
3) 교수방법개발 등에 주력하고(Dodge, 1971 : 198) 1958년 여름에는
연·고대, 워싱턴대학 합동으로 금융기관 및 중요기업체 최고 경영층을
대상으로 온양에서 2주일간의 경영실무 회의를 개최하였다. 이것은 경
영이론 및 실무에 관한 연수를 통하여 경영자의 자질을 향상시킨다는
취지를 갖는 것이었다. 이후 이 경영실무회의는 워싱턴 팀이 주재하는
동안 매년 계속되었다. 또한 계약 종결 무렵(1962. 6) 연대와 워싱턴 대
학은 경영학과 교과과정 연구회를 공동 개최하고, 계약종결에 따른 그
동안의 성과를 재검토하는 한편 경영학 교과과정의 합리적 편성, 교과
내용의 충실화를 위한 개선방안을 검토하였다. 전국 22개 대학에서 56
명의 교수가 참석한 이 모임에서 연구자료로 제출된 '교과과정 연구
자료집'은 이후 우리나라 경영학 교육의 골격을 이루는 것이었다.(연세
대학교 백년사 편찬위원회, 1985 : Ⅲ78 - 80) 이 경영행정계획으로 연·
고대 교수 약 22명이 워싱턴 대학에 유학하였다(Dodge, 1971 : 197).

워싱턴 대학의 활동이 계속되던, 1958년 12월 연·고대에 경영학과가
신설되고 이후 서울대, 중앙대, 성균관대 등 여러 대학에 경영학과가 설

치되게 된다. 원조계획으로 워싱턴 대학에 유학한 교수들은 이후 미국 경영학의 도입·보급에 중심적인 역할을 하였고, 우리나라 경영학을 이전의 독일 경영학의 영향을 받은 일본식 상학으로부터 미국식 경영학으로 재조직시키는 데 결정적인 역할을 한 것으로 평가되고 있다(연세대학교 백년사 편찬위원회, 1985 : Ⅲ-82 ; 연세대학교 출판부, 1980 : 21).

해양대학 원조는 운크라 원조사업의 연장으로서 1) 설비, 서적 확충 2) 교육과정 및 시설 이용법에 대한 교원훈련을 그 내용으로 하였다(Dodge, 1971 : 187-188).

이상과 같은 고등교육 분야에 대한 원조 결과의 검토 및 한국 고등교육의 전반적인 개편방침을 수립하기 위하여 뉴욕 대학교 교수인 스톳다드(G.D. Stoddard)를 단장으로 한 7명의 조사팀이(부록3 참고) 내한하여, 1959년 10월부터 6개월간 4개의 국립대학, 5개의 국립 단과대학 및 17개 사범학교에 대한 실태조사를 실시하였다(문교월보 편집실, 1960c : 71 ; USOM, 1960).

그들은 실태조사 보고서(한국 국립고등교육기관 실태조사 보고서 : 1960. 5)에서 대학 행정기구와 물적 시설, 농학분야, 공학 및 기초과학분야, 인문사회과학분야, 사범분야로 나누어 각각 실태조사의 내용 및 건의사항을 제시하였다. 특히 조사단은 서울대, 연·고대에 대한 원조의 집중지원은 그 실질적 이익이 기타 대학에 미칠 것을 예기하고 추진되었으나 그 이익이 기타 대학에 파급되지 못하였음을 지적하고, ICA 원조가 계속되는 동안 기타의 전 국립대학교 및 단과대학에 그 선호가 주어져야 한다고 권고하고 있다(USOM, 1960 : 210).

그러나 이 권고는 ICA 원조가 1961년 종결됨에 따라 실현되지 못하였고, 다만 서울대에 교수학당(Professorial Institute)을 설치(1961년), 서울대가 받은 '이익'의 국내파급을 시도하였다. 교수학당의 설치에 대충자금 5000만 환이 투입되고, 미네소타 교수와 USOM 교육국 요원이 고문활동을 하였다. 또한 참여자는 문교부, USOM, 서울대가 상호협의, 선택하고 참여교수가 불이익을 받지 않도록 참여기간 중 각자의 직위는 유지되며, 봉급·수당도 지급되었다. 교수학당은 원조자금으로 이룩된 서울대의 시설·건물과 미국에서 유학을 마친 서울대 교수의 지식과 경험을 이용하여 타 국립대 교수의 자질향상을 도모하기 위한 것이었다(Dodge, 1971 : 181-182 ; Williams, 1962 : 16). 1961년 전국 각지의 32명의 교수가 참여하여 계획의 실행을 보았으나, 참여교수는 인문·사회과학 교수가 대부분이었고, 교수학당도 단지 1년간만 존속됨으로써 실질적인 파급효과는 거두지 못한 채 끝나고 말았다(Dodge, 1971 : 182 ; Williams, 1962 : 16).

둘째, 교원교육분야에 대한 원조는 통칭 피바디계획으로서 ICA와 피바디교육대학(George Peabody College for Teachers)과의 계약(1956. 8 체결)으로 시작되었다. 교원교육에 대한 원조가 개시된 데에는 1952년부터 3차에 걸쳐 파견된 미국 교육사절단의 '한국의 실질적인 재건을 위해서는 사범교육의 강화가 시급하다'는 보고가(대학신문, 1962. 7. 12) 크게 작용한 것으로 보인다.

피바디 대학이 선택된 것은 여러 가지 상황이 고려된 결과였다고 보여진다. 피바디 대학이 미국의 남북 전쟁 이후 파괴된 남부에 설립되었다는 점, 그리고 남부가 경제적으로 빈곤하였지만 전통적인 문화를 보전하고 있었다는 점, 또한 피바디 대학이 당시 국제교육에 관심을 갖고 있었다는 점 등이 종합적으로 고려된 것으로 볼 수 있다(Dodge, 1971 : 219).

피바디계획은 원래 3년 계약으로 추진되었으나, 1957년과 1958년에 사업계획이 계속 확대되고, 1962년에 가서야 종결을 보게 된다.

그러나 교원교육분야 원조가 전적으로 계약에 의해 수행된 것은 아니다. 미국은 계약방식 이외에 직접원조 방식을 병행하였다. 양자의 비율은 6 : 4 정도로서 전자가 더욱 우세하였다(표 V-23). 직접원조는 90%가 사범계 학교의 시설, 건물 확충에, 기타 10%가 한국인의 파미 훈련 및 원조기관 기술자에 의한 고문활동에 투입되었다. 피바디 대학과의 계약에 의한 교육원조는 그것과는 반대로 84%가 기술원조에 나머

(표 V -23) 교원교육분야 원조내역(ICA원조)   (단위 : 천 달러)

실행방식 / 원조구분 / 연도	직접 재정 원조				피 바 디 계 약 원 조				총 계
	기술원조		시설원조	소 계	기술원조		시설원조	소 계	
	미국정부 기술자	한국인 참여자	물 품		피바디 전문가	한국인 참여자	물 품		
1956	–	22	103	125	165	–	15	180	305
1957	17	–	661	678	255	98	45	398	1,076
1958	37	1	782	821	209	135	42	386	1,207
1959	22	1	–	24	260	140	244	644	668
1960	30	–	–	29	287	140	–	427	456
1961	26	25	2	53	161	–	–	161	214
총 계 (%)	132 (7)	49 (3)	1,548 (90)	1,729 (100) (44)	1,337 (61)	513 (23)	346 (16)	2,196 (100) (56)	3,925 (100)

자료 : Dodge(1971), 235쪽의 표를 재구성함.

지 16%가 시설원조에 투입되었다. 이러한 재원의 분배는, 계약에 의해 집중적인 기술지원을 하고 그것의 효과적인 사업수행을 위해 미국은 직접적인 원조사업으로 시설부흥 사업에 주력하였음을 알려주는 것이다. 전체적으로 볼 때, 기술원조 대 시설원조의 비율은 5 : 5 정도로서 시설·기술원조 양자가 공히 강조되고 있다. 그 중 기술원조는 28%가 한국인의 해외파견에, 72%가 미국인(미국 정부 기술자 포함)의 파견에 의한 현지지도에 투입됨으로써, 미국인의 현지지도가 더욱 강조되었다. 그러한 현지지도는 피바팀에 의한 것이 압도적이었던 바, 그들의 활동내용은 다음과 같다.

첫째, 피바디 팀의 일차적인 목적은 각종 사범계 학교의 교원양성 및 교사 재교육에 대한 기술원조를 하는 데 있었다(교육주보, 1957. 3. 15). 교원양성기관에 대한 그들의 지도활동은 당시 초등교원 양성기관인 사범학교에 대한 집중지원의 형태로 나타났다. 초기에는 광주(전남)에 활동센터를 설치하고 광주 사범학교, 사범대학 및 부속학교에 대한 지원에 국한되었으나, 이후 문교부, USOM과 피바디팀이 협의한 결과 교사교육계획을 국가적 규모로 확대시킬 것을 결정하고, 광주 이외에 대전,

대구, 부산, 서울에 교사교육센터를 설치하였다(Dodge, 1971 : 251 - 252). 이 센터를 중심으로 전국 사범학교의 교육과정 개선, 교수법의 개선, 행정절차의 민주화, 도서자료의 개발 등에 조력하였다(문교월보 편집실, 1960b : 68). 또한 피바디 건축계획에 의하여, 12개 사범 학교, 부산·광주 사범대학, 서울대 사대, 공주사대 등의 교실, 실험실, 도서관이 건축되었다(Dodge, 1971 : 245 - 248).

이러한 시설·기술원조는 초등교원 양성제도의 개편을 위한 토대제공의 의미를 갖는 것이었다. 피바디팀이 내한하기 전인 1955년 12월 문교부는 교육특별심의회에 사범교육 분과위원회를 설치하여, 그후 수차에 걸쳐 초등교원 양성기관의 격상문제를 심의하였다. 이것은 해방 이후 교원부족을 해소하기 위해 각종 고시와 임시교원양성소를 통하여 교원자격을 부여해 온 결과, 1955년 경에는 일정한 포화상태에 도달하여 교원양성기관의 축소 내지 질적 향상문제를 논의하지 않을 수 없었기 때문이다(중앙대학교 부설 한국교육문제연구소, 1974 : 472 - 478 ; 참고 : 한국교육 10년사 간행회, 1960 : 88, 99 - 100). 이때를 전후하여 사범학교 단기 연수과 및 각 대학부설 중등교원 양성소가 폐지된 것도(문교부 사범교육과, 1958 : 62) 그와 같은 맥락에서였다. 피바디팀은 내한 후 문교부와 수차례에 걸쳐 사범교육문제를 토의하고 또한 사범교육분과위원회의 논의에 참석하였다(김영돈, 1958 : 44 - 45 ; 1965 : 17). 당시 피바디팀의 단장인 가스린(W.E. Goslin)은 4년제 사범대학교안을 주장하였다. 즉 기존 사범학교에 일년을 추가하여 4년제로 운영하다가 그후 일년을 더 연장하여 5년제로 하되 3년을 분리하면 자연스럽게 2년제 대학이 된다는 것이었다. 그러나 한국 교육계 인사들은 일시에 2년제 대학으로의 승격을 주장하였다(중앙대학교 부설 한국교육문제연구소, 1974 : 42). 그러나 위원회의 심의결과 2년제 사범대학 설치안이 결정되었지만, 예산부족, 시기상조 등의 이유로 국회 문사위원회에서 폐기되고 말았다(김영돈, 1965 : 20).

이후 1960년에 문교부는 다시 교육대학설치를 결정, 학계 및 사회 저명인사들로 구성된 교육대학 심의위원회를 조직하고 1960년 10월 12일 일차 본회의를 개최하였다. 교육대학 심의위원회 규정 제3조를 보면, 심의회 위원은 학계 및 사회 저명인사뿐만 아니라 사범교육을 원조하는 의원기관에 종사하는자 중에서 문교부장관이 위촉하는 자로 구성되게 되었다(문교월보 편집실, 1960a : 20). 실제로 피바디팀은 승격대상 사범학교를 결정하기 위한 기존 사범학교의 평가 및 신설될 교육대학의 교육과정 개발에 지도적 역할을 하였다(Dodge, 1971 : 257).

1962년 3월, 새로운 교육대학의 개교를 보게 되었다(참고 : 대한교육연합회, 1965 : 184). 기존 사범학교는 폐지되고, 광주·부산 사범대학은 전남대학교와 부산대학교 병설 교육대학으로 개칭되었으며, 서울·전주·대구 사범학교는 각각 서울대, 전북대, 경북대 병설 교육대학으로, 인천·청주·공주·춘천 사범학교는 각각 단설 교육대학으로 승격되었고, 제주 사범학교는 제주대학 교육학과로 편입되었다(김영돈, 1965 : 18).

이상과 같은 교원양성기관에서의 기술적 지원 이외에 피바디팀은 문교부 또는 중앙교육연구소가 주관하는 교원행정강습을 후원하여 각 시도 국교 교장 100여 명, 중학교 교장 40여 명, 고교 교장 40여 명에게 재교육 강습을 실시하였다. 1959~1960년 사이에는 전국 사범학교 및 사범대학(광주, 부산) 교원을 대상으로 한 강습을 문교부, 서울대 사대, 연대 등과 공동 주관하여, 3천여 명에 달하는 교원들의 현직교육을 실시하였다(문교부 사범교육과, 1960b : 49－51 ; 성하원, 1959b : 111－114 ; 중앙교육연구소 편, 1962 : 133－136). 이들 강습의 내용은 학습지도, 생활지도, 평가방법, 단원학습, 홈룸, 사회과 교육, 교생실습지도, 도서관 운영, 과학기구 사용법, 지역사회와 학교, 교수 방법 등 교육실제에서 이용할 수 있는 다양한 방법적인 것이 대종이었다(부록4 참고). 피바디팀에 의한 대규모 강습활동은 서구 교육이론에 입각한 다양한 교육실천 방법이 한국교육계에 실질적으로 확산되는 계기를 이루는 것이었다고 평가될 수 있다.

둘째, 피바디팀은 우리나라에 도서관학을 도입, 정착시키는 데 결정적인 역할을 하였다. 1957년 당시 연대 총장이었던 백낙준은 피바디팀으로부터 도서관학 전공교수 1명(E.C. Swiger)과 전공·참고도서, 시청각 기재 등의 교육설비를 제공받아 우리나라 최초로 도서관 학과를 창설하였다(1957. 4). 창설 당시 스와이거는 부교수 대우를 받았다. 미국 피바디 교수단원은 스와이거(1957.4~1959.3)를 시작으로 버제스(R. Burgess, 1959. 2~1961. 6), 크라슬린(K. Croslin, 1961. 6~62. 6, 부교수 대우) 순으로 교체 부임하면서, 5년 반동안 원조를 계속하였다(연세대학교 백년사 편찬위원회, 1985 : Ⅲ-53). 그들은 주재하는 동안 연대와 합동으로 '듀이 십진분류에 관한 관련색인'(Relative Index to Dewey Decimal Classification) 등의 각종 도서관학 자료를 번역·출판하였다(Dodge, 1971 : 241-242). 또한 도서관학과의 창설과 더불어 한국도서관학당이 설립되었는데, 이 학당에서 피바디팀과 연세대 합동으로 현직 도서관담당 교사의 현직교육이 실시되기도 하였다(참고 : 연세대학교 백년사 편찬위원회, 1985 : I-652, Ⅲ-57).

셋째, 피바디팀은 중앙교육연구소에 상주하면서 중앙교육연구소의 각종 연구사업을 지도·조언하였다. 피바디팀이 한국에 체재하는 동안 중앙교육연구소에 주재하였던 단원은 R.R. Kelsey(1957-58), A.I. Heggerston(1958-59), G. Hayward(1959-60), J. Cooper(1960-61), J.C. Hilliard(1961-62) 등 모두 5명이었다. 이들의 교육경력 및 약력은 구체적으로 밝혀져 있지 않지만, 이 중 캘시(R.R. Kelsey)는 1954년에 피바디대학에서 학위를 받고 하버드대학에서 교육평가를 연구한 바 있다(교육주보, 1957. 6. 18). 이들의 기본 임무는 중앙교육연구소의 활동방향을 지원하고 한국에 있어 교육연구 전문가군의 창출에 조력하는 것이었다(Dodge, 1971 : 221). 이 임무의 수행은 교육의 과학화라는 슬로건 아래 실행된 중앙교육연구소의 각종 검사지 작성, 실태조사 방법에 대한 기술지도와 중앙교육연구소 연구직원의 해외 유학파견이라는 형태로 나타났다. 피바디 계약으로 피바디대학에 유학한 연구소의 연구직원은 전용신(1956-57), 김란수(1957-58), 정원식(1957-58), 백영기(1958-59),

황응연(1959-60), 김종서(1960-61) 등 모두 6명이었다.

넷째, 피바디 팀은 또한 유아교육에 지대한 관심을 표명하였다. 내한한 이래 이화여대 사대에 전문가를 배치하여 유아교육을 위한 연구협의회, 교육과정 개발, 시범수업 등을 통해 유아교육의 향상을 기하고자 하였다(Dodge, 1971 : 237). 그러나 피바디팀에 의해 유아교육이 이화여대에 최초로 소개된 것은 아니다. 이대는 1914년 부속 이화유치원을 설립한 이래 해방 후까지 유아교육에 지속적인 관심을 보이고 있었다(참고 : 이화 80년사 편찬위원회, 1967 : 568-569).

다섯째, 문교부에 대한 각종 기술지도를 들 수 있다. 문교부 편수국 및 기타 관련부서에서 교과서·교수자료의 편찬, 아동의 흥미와 지역사회의 필요에 적합한 초·중등학교 교육과정의 개선 등에 직접 기술지도를 하였다. 이 사업은 1956회계연도 이래 1962년까지 계속되었다(문교월보 편집실, 1960b : 69 ; Dodge, 1971 : 221).

여섯째, 어학훈련소를 설립(1961년)하여 유학 준비생 및 현직 영어교사에게 영어강습을 제공하였다. 이것은 운크라 교육원조에 의한 외국어학원의 연속적인 사업으로 파악된다. 훈련소의 설립은 워싱턴 D.C.의 영어 용역회사와의 계약에 의해 실행되었다. 이 계약에 의해 미국인 전문가 4명이 내한하여 훈련소의 설립과 교육과정의 작성에 기술지도를 하였고(1961년 3월~62년 12월), 5~6명의 한국인이 UCLA에 유학하여 언어학 석사과정을 이수하였다. 이들은 계약이 종결된 후 어학훈련소의 운영을 맡았다(Dodge, 1971 : 25 ; Williams, 1962 : 18). 어학훈련소의 설립에 의해 피바디팀이 서울대 사대 및 연세대에서 벌인 영어교사에 대한 직전교육은 어학훈련소의 사업으로 통합되었다.

일곱째, 서울대 사대와 피바디팀이 협의한 결과, 새로운 현직교육 기관이 탄생하였다. 1961년 10월 서울대 사대에 설치된 교육행정연수원이 그것이다. 피바디 요원, 문교부 대표, 한국인 교수 및 교육자로 구성된 합동위원회에서 연수원의 교육과정을 개발하였고, 문교부가 최종 선발한 교장, 교감, 장학관, 장학사 등 지도급 교육행정 담당자를 대상으로 장기 현직교육을 실시하였다. 연수원은 1961년 연수원 설치령(국무원령)으로 직제화되어 교육행정관연수원으로 개칭되었고, 1964년 다시 대통령으로 교육행정연수원으로 개칭되었다(교육신문사, 1961 : 189 ; 문교부 사범교육과, 1960b : 52 ; 중앙대학교 부설한국교육문제연구소, 1974 : 412 ; Dodge, 1971 : 255).

이상과 같은 다양한 현지지도에 참가한 피바디 단원은 총 39명에 달하고, 그들은 총 65명/년의 기간동안 활동하였다. 한국에서의 현지지도 이외에 82명의 한국교육자가 피바디 대학에서 연수 또는 유학하였다. 파견훈련 대상자는 문교부와 피바디 단원이 합동으로 선발하였다(Dodge, 1971 : 267 ; Williams, 1962 : 17). 이 중에는 1956년 이래 일년 예정으로 매년 1~2명씩 파견된 중앙교육연구소 연구직원 6명과 1958년~59년 사이에 피바디에 유학한 38명의 문교부 관료도 포함되어 있다(교육신보사, 1960 : 17).

이상에서 논의한 바와 같이 피바디팀의 활동은 교원교육 분야에 국한된 것은 아니었다. 교원교육 분야 이외에 교육연구, 유아교육, 영어교육에 대한 각종 기술지도 및 도서관학의 도입과 현직교육기관의 설치과정에서의 각종 지원활동을 병행하였다. 그러나 피바디팀의 이러한 다양한 교육활동이 단지 조언자로서의 역할수행에 한정되었다고 보기 힘들다. 그들은 사범학교의 승격을 위한 정책결정과정에 적극 참여하였고, 한국의 현직교원들에게 각종 미국 교육이론을 직접 교수하였으며, 중앙교육연구소와 연세대에서는 실질적으로 연구직원, 교수의 역할을 한 것으로 평가될 수 있다. 즉 그들은 조언자로서가 아니라 이식자로서의 역할수행을 한 것이다. 이러한 이식자로서의 역할수행은 미국교육 혹은 피바디 대학을 모델로 한 한국교육의 처방을 의미하는 것이었다. 예컨대 미국인 자신들도 피바디팀의 적극적인 협력에 의해 창출된 단설 교육대학 제도는 한국인에게 너무 값비싼 교사교육 체계였을 뿐만 아니라 미국에서는 이미 쇠잔해 가고 있는 제도라는 점, 결국 피바디 대학은 자기와 같은 종류의 제도를 한국에 정착시키려는 경향을 나타내고 있었다는 점을 비판하고 있다(Dodge 1971 : 265).

셋째, 운크라 교육원조보다는 상대적으로 비중은 낮지만, FOA/ICA원조에 의해 교실건축 사업이 60년대 초까지 계속되었다.

원조물자의 배정방식은 노무비 또는 건축비의 절반을 부담하는 학교에 물자배당을 한정시키는 것이었다. 그리고 나머지 반의 건축비와 원조물자의 운송비는 대충자금으로 지원되었다(Dodge, 1971 : 28). 따라서 재정기반이 튼튼한 학교, 지역이 원조물자의 배당과정에서 유리한 위치에 있었다고 볼 수 있다. 그리고 1958년부터는 건축자재의 일부가 국내 생산되고 원조물자의 국내반입이 충분히 이뤄짐에 따라 극히 예외적인 상황(예컨대 태풍피해의 경우)을 제외하고는 원조불화는 할당되지 않았고, 단지 대충자금에 의해 사업이 실행되었다.

건축물자의 할당은 OEC와 문교부의 공동결정에 의거 실행되었지만 OEC의 감사결과, 건축과 물자사용에 있어 많은 부정행위가 적발되었다. 당시 OEC의 결론은 문교관료들이 물자·자금의 오용에 결탁되어 있다는 것이었다(Dodge, 1971 : 40-41).

원조불화 및 대충자금의 규모가 고등교육 원조규모보다 소규모였다는 점과 더불어 이러한 원조물자의 배정방식 및 문교부 관료의 부정결탁 등으로 말미암아 교실건축사업은 큰 실효를 거두지 못한 것으로 평가될 수 있다.

원조결과, 1956~60년 사이에 약 2700여 개의 교실이 신축되고, 1500여 개의 교실이 수리되었다. 이 중 1956~58년 사이의 학교급별 교실건축 상황을 보면, 국민학교 52%, 중등학교 35%, 사범학교 및 고등교육기관 13%의 비율로 분배되었다(Dodge, 1971 : 34).

이 같은 실적을 운크라에 의한 교실건축 실적과 비교해 보면(표 V-14 참조), 전체 FOA/ICA 교육원조의 규모(원조불화의 경우)가 운크라의 그것보다 약 2배 더 큰 것이었음을 고려할 때, FOA/ICA의 교실건축의 실적이 운크라의 그것보다 상대적으로 더 저조하였음을 알 수 있다. 더욱이 운크라 교실건축은 모두 신축교실이었던 반면에 FOA/ICA

교실 건축사업은 천여 개의 교실이 부분개수였던 점에서 더욱 그러하다. 그리고 운크라 교실건축이 초등교육에 63%의 교실건축을 보인 반면 FOA/ICA 교실 건축사업은 상대적으로 중등·고등교육분야의 교실 건축에 치중하고 있다.

넷째, 중등교육분야에 대한 원조는 90% 이상이 실업계 고교에 투입되었다. FOA/ICA원조도 운크라와 마찬가지로 초기에는 전국의 여러 실업계 고교에 대한 분산지원 방식을 취하였다. 수산고(5개교), 상고(19개교), 농고(15개교), 공고(12개교) 등 총 51개교의 84과가 지원되었다(문교부, 1958a : 340-342). 실업계 고교에 대한 기술지원은 미국의 직업교육 전문기관과의 계약에 의해 실행될 예정이었으나, 계약자 확보의 어려움 때문에 직접고용 방식에 의한 기술지원으로 전환되었다(Dodge, 1971 : 88-89).

또한 중등교육분야에 대한 원조에서 중요한 것은 당시 새로운 학교 유형인 종합고등학교가 탄생하였다는 사실이다.

OEC 당국의 협력을 얻어 종합고등학교 제도의 연구와 실험에 착수한 것은 1954년 가을이었다(이창갑, 1959 : 46). OEC와 중앙교육연구소, 평택교육구의 협력으로 평택 종합고등학교 추진위원회가 조직되어(오천석, 1975 : 110) 먼저 평택지역에 대한 실태조사가 실시되었다. 당시 실태조사는 중앙교육연구소의 전찬화가 수행(1954. 12. 22-24)하였는데, 실태조사 보고서는 다음과 같이 기존 학교의 종합고등학교로의 개편의 필요성을 주장하고 있다:

> ……그러나 평택읍의 요구를 살릴 수 있는 길은 새로운 학교의 설립에 있지 않고 기성학교의 개편에 있을 것이다……그것은 평택읍의 요구를 충족시켜줄 뿐만 아니라 교육의 기회균등 원칙의 실현을 위하여도 공헌할 바 클 것이니, 평택고등학교를 종합고등학교로 개편하는 것이 그것이다(전찬화, 1957 : 80).

이 실태조사 보고서는 일년 이상 문교부와 OEC전문가들에 의해 신중히 검토된 결과, 1957년도 외원사업 계획에 평택 종합고등학교 예산이 계상됨으로써, 종합고등학교 계획이 실현되게 되었다. 종합고등학교 설치를 위한 시설비는, 도비 및 지방부담 2천 890만 환, 국고 일반예산 500만 환, 대충자금 3천 190만 환(FY'57, '58), 외원 6만 7,000달러로 구성되었다(이창갑, 1959 : 51).

OEC는 물적 지원뿐만 아니라 1명의 미국인 고문을 임명하여, 평택 종고 및 문교부의 보통교육국에서 중등교육분야에 종사케 하였다 (Dodge 1971 : 109) 또한 ICA기술원조에 의해, 심태진(문교부 장학관), 신집호, 성내운(중앙교육연구소) 등의 한국인 교육자 5명은 OEC 교육 고문 페롯(C.F. Perrots)을 포함한 OEC교육직원 2명과 함께 약 일개월 동안(1957. 9. 19~10. 16) 대만과 필리핀의 지역사회 학교 운동을 시찰 하였다(교육주보, 1957. 10. 25; 대한 교육연합회, 1965 : 150). 이들의 시 찰보고서는 연구협의회 등을 통해 문교부 및 중등교육 행정가들에게 각각 배포되었다(Dodge, 1971 : 105). 그리고 문교부와 중앙교육연구소 가 공동 주최한 전국 고등학교 교장 연구 협의회(1958. 1. 13~1. 17)에 는 USOM 교육직원 및 시찰을 다녀온 한국인들이 참석, 각 시도의 고 교 교장 53명과 종합고등학교 운영에 관한 연구협의를 한 후 문교부에 종합고등학교 설치를 건의하기도 하였다(문교부 사범교육과, 1960a : 52 −53; 중앙교육연구소 편, 1962 : 141).

이후 61년까지 10여 명의 한국인 교육자가 미국의 종합고등학교의 운영실태를 파악하기 위해 미국에 파견되었다(대한 교육연합회, 1965 : 150).

이러한 미국의 물적, 기술적 원조는 종합고등학교 설치의 결정적 계 기를 이루는 것이었다. 평택고교를 시발로 군산고등학교(1959), 서울 청 량상고(1962), 춘천고등학교(1964) 등이 시범학교로 지정되어 미국의 원 조를 받게 되었다. 이들 종합고등학교의 교육과정은 대개 인문과와 실 과를 병치하여, 실업과 전공학생은 타 실업고교 학생과 동등한 자격을 얻도록 한 다학과 병치식의 형태를 띠었다(대한 교육연합회, 1965 : 150 −152 ; 오천석, 1975 : 110−112).

종합고교는 미국의 독특한 중등학교 형태로서, 서구에서는 영국이 1960년대 초반에, 서독과 스웨덴이 1970년대에 본격적으로 도입, 추진시킨 바 있다(이규환, 1983 : 41). 그러나 한국이 이미 1950년대에 종합고등학교 제도를 도입한 맥락은 이들 선진국과는 사뭇 다르다. 첫째, 미국의 교육원조를 매개로 한, 매우 타율적으로 도입된 측면이 강하다는 점, 둘째, 중등교육에 대한 미국원조의 90% 이상을 실업계 고교에 투입함으로써 다른 한편으로 고등학교의 계열화를 촉진시키고 있었다는 점 등으로 미루어 볼 때, 한국에서의 종합고등학교 제도의 도입은 미국에 의한, 종합고교 제도의 대후진국 실험 케이스의 일환이었을 가능성이 크다.

기타 중등교육 분야에 대한 원조로서 전국적인 규모의 중등교육 실태조사가 실행되었다. 문교부, USOM, 중앙교육연구소의 합동으로 추진되었으며, 실태조사는 중앙교육연구소가 담당하였다. 실태조사의 담당자로서 굳이 중앙교육연구소가 선택된 이유는, 이 연구소의 창설뿐만 아니라 그 후의 활동이 미국의 원조와 밀접한 관련을 갖고 있었기 때문이었을 것으로 판단된다(중앙교육연구소의 창설과 활동에 대해서는 4절 −(1)−2) 참고). 실태조사에는 중앙교육연구소의 연구원 87명, 연구조원 13명이 참여하였고, 약 일년 반의 기간 동안(1961. 1~1962. 5) 144개의 중등학교, 약 3만 명의 학생 및 직업교육에 관한 조사를 위한 약 3천여개의 기업체를 대상으로 한 대규모 실태조사였다. 실태조사를 완료한 후 국문·영문 요약보고서 및 종합보고서를 작성, 출판하였다(중앙교육연구소, 1962b : ii−v).

이상에서 논의한 중등교육 분야에 대한 원조는 총 82명에 달하는 한국인의 해외 파견훈련을 수반하였다. 파견지는 거의 미국이었다(Dodge, 1971 : 134).

(표 V - 24)　운크라, FOA/ICA 교육원조 종합　　(단위 : 천 달러)

원조자금 / 원조구분 / 원조분야	원 조 불 화 (가)			대충자금[1] (나)　(%)	(가)+(나) (%)
	시설원조(%)	기술원조(%)	소　계(%)		
교실건축	7,688(35)	40(0.4)	7,728(25)	6,790(30)	14,518(27)
중등교육	3,575(16)	577(6)	4,134(13)	2,977(13)	7,111(13)
(실업계)	(3,451)	(577)	(4,028)	(2,849)	(6,877)
고등교육	7,755(35)	5,737(62)	13,492(43)	7,961(35)	21,453(40)
(서울대)	(5,471)	(3,981)	(9,452)	(7,387)	(16,839)
교원교육	1,994(9)	2,310(25)	4,304(14)	4,762(21)	9,066(17)
사회교육	322(2)	227(2)	549(2)	376(2)	925(2)
기　타	594(3)	344(4)	938(3)	46(0.2)	984(2)
총　계 (%)	21,910(100) (70)	9,235(99.4) (30)	31,145(100) (100) (58)	22,912(101.2) (42)	54,057(101) (100)

자료 : 앞의 여러 표의 자료와 동일.
주 : 1) 1954~61년 평균 공정 환율 1 $: 518HW으로 환산.

다섯째, 기타 사업으로 시청각 교육에 대한 원조를 들 수 있다. 문교부와 USOM 사이에 체결된 3차례의 협정(1958. 5, 1959. 2, 1960. 6)에 의거, 시범 시청각 교육원이 설치되었고(1958. 9), 8명의 한국인이 미국 인디애나 주립대학에서 유학하였으며, 미국인 고문 2명이 내한하여 각종 기술지도를 수행하였다. 이러한 원조활동은 문교부의 학무국 안에 시청각 관리과를 설치하고(1961년) 각 시도에 시청각 교육원을 설치하는 데 직접적인 영향을 주었다(황철수, 1965 : 40).

이상에서 1950년대의 대한 교육원조의 내용과 그 운용을 고찰하였다. 운크라 원조와 FOA/ICA원조를 종합하여 볼 때, 1950년대의 교육원조는 다음과 같은 특징을 나타내고 있었다.

먼저 1950년대의 교육원조사업은 그 전과 달리 원조불화와 대충자금의 이중재원으로 추진되었다. 전자 대 후자의 비율은 약 6 : 4로서 원조불화의 투입이 상대적으로 더 많았다(표 V-24). 대충자금을 포괄하는 전체 교육원조 중 40%가 고등교육 분야에 투입되어, 원조사업에서 고등교육 분야가 가장 강조되었다. 특히 서울대에 대한 원조는 전체 원조

의 31%, 고등교육 원조의 78%를 점하는 것으로서 고등교육 원조사업
에서 뿐만 아니라 전체 교육원조사업에서 단일 사업으로는 최대규모의
원조였다.

또한 1950년대의 교육원조는 시설원조와 기술원조(양자의 비율은 7：
3) 양자의 본격적인 도입을 의미하는 것이었다. 이 중 시설 원조는 기
술원조의 효과적인 수행을 위한 환경조성의 의미를 갖는 것이다. 즉 전
쟁으로 파괴된 교육시설의 복구와 교육용품의 구비라는 선행조건이 충
족되지 않는 한, 기술원조는 효과적으로 수행될 수 없는 것이었다. 기술
원조는 서울대와 교원교육분야에서 집중적으로 실현되었는데－양자는
전체 기술원조의 68%를 차지한다－이 중 피바디팀과 3차례에 걸친 미
국 교육사절단의 활동은 조언자라기보다 이식자로서의 성격을 나타내
었다. 미군정기의 기술원조가 미국식 민주주의 교육이 도입되는 최초의
계기로 작용하였다면, 1950년대의 각종 기술원조는 그것을 구체적으로
실험, 적용, 이식하기 위한 매개로 작용하였다고 볼 수 있다. 1950년대
에 들어서면서 기술원조의 형태도 다양하였다. 미군정 때는 미국 교육
전문가의 내한에 의한 현지지도가 유일한 형태였지만, 1950년대에는 그
것과 더불어 원조담당기관의 직원에 의한 기술지도 및 한국인의 해외
파견 훈련도 본격적으로 실현되었다.

50년대 교육원조의 또 다른 특징은 원조기관과 미국 특정 대학간의
계약에 의한 원조사업 추진방식이 등장하였다는 점이다. 이러한 방식은
시설원조뿐만 아니라 기술원조가 더욱 중요하게 부각되는 고등교육과
교원교육 원조사업에 적용되었다. 예컨대 미네소타 대학과의 계약에 의
한 서울대 원조사업, 피바디 교육대학과의 계약에 의한 교원교육 원조,
워싱턴 대학과의 계약에 의한 연·고대 경영행정 기술원조 등이 이에
속한다. 이들 사업은 모두 수년간의 장기적인 사업이었다는 점에서 특
징적이다.

미군정기의 교육원조와 비교되는 50년대의 교육원조사업의 전반적인
특징은 이상과 같으나, 당시 유엔기관인 운크라의 교육원조와 미국의

FOA/ICA교육원조는 몇 가지 상호 다른 특색을 보이고 있다.

첫째, 운크라 교육원조는 시설원조를 매우 강조하고 있었으나, FOA/ICA원조는 시설원조와 기술원조의 균형을 유지하고 있었다. 즉 시설원조 대 기술원조의 비율이 운크라는 9 : 1, FOA/ICA는 6 : 4 정도 였다. 여기서 운크라는 전쟁으로 파괴된 각급 학교의 실질적인 시설복구를 목표로 한 것인 반면, 미국의 FOA/ICA는 교육시설의 확충과 더불어 각종 프로그램에 의한 현지 기술지도 및 한국인의 파미 훈련을 통하여 미국식 민주주의 교육의 한국내 정착을 의도하고 있음을 암시받을 수 있다.

둘째, 운크라는 교실건축사업을 가장 강조하고 있었지만 FOA/ICA는 고등교육분야 사업을 가장 강조하였다. FOA/ICA 전체 교육원조弗의 54%, 대충자금의 35%가 고등교육에 투입되었다. 고등교육원조사업의 추진 방식도, 운크라는 전국 각지의 국·공·사립 대학에 대한 분산지원 방식이었지만, FOA/ICA는 서울대에 대한 집중지원 방식이었다. FOA/ICA에 의한 서울대학교 집중 원조는 FOA/ICA 교육원조가 운크라 교육원조보다 더 큰 규모였음에 비춰볼 때, 1950년대 전체 교육원조의 전반적인 특징을 형성시키는 것이었다.

셋째, 기술원조의 경우, 운크라원조에서는 한국인 파견 훈련이 본격적으로 추진되지 못하였으나, FOA/ICA원조에서는 미국 교육전문가의 내한에 의한 기술지도뿐만 아니라 한국인의 해외파견훈련도 대규모로 추진되었다. 또한 운크라 교육원조에서는 기술원조의 구매지가 여러 국가에 분산되어 있었던 반면, FOA/ICA 교육원조에서는 거의 전적으로 미국에 한정되었다.

4. 교육원조와 한국교육

(1) 한국교육의 특징적 성격 형성

1) 한국교육의 국내 중심·주변 형성

외국의 대한 교육원조는 한국의 고등교육분야에 대한 집중지원을 가장 큰 특징으로 하는 것이었다. 이것을 초등교육에 대한 원조와 비교해 볼 때, 고등교육에 대한 편중원조의 양상이 극명하게 드러난다.

표 V-25에서 알 수 있는 바와 같이 고등교육에 대한 원조는 초등교육 원조보다 약 2.6배 더 큰 규모였다. 이 중 서울대에 전체 고등교육 원조의 약 79%인 16.9백만 달러가 투입되었다. 국민학교 학생수를 대략 400만 명(1962년), 서울대학교 학생수를 12,000명으로 잡고, 일인당 원조액을 산출해 보면, 국민학교 학생 일인당 2달러, 서울대학교 학생 일인당 1,408달러의 원조를 받은 것으로 나타난다. 양자의 차이는 실로 엄청난 차이이다.

고등교육, 특히 서울대를 비롯한 서울 소재 몇 개 대학에 대한 집중지원은 대학간, 지역간, 학교급간의 심한 교육격차를 낳게 한 매우 중요한 요인으로 작용하였다.

(표 V-25) 초등 및 고등교육에 대한 원조 비교

(단위 : 백만 달러, %)

	원조불화(%)	대충자금(%)	합 계(%)
초등교육[1]	4.6(15)	3.4(15)	8 (15)
고등교육[2]	13.5(43)	8.0(35)	21.5(40)
(서 울 대)	(9.5)(30)	(7.4)(32)	16.9(31)
총교육원조	31.2(100)	22.9(100)	54.1(100)

주 : 1) 교실건축에 할당된 원조 중 운크라 교육원조는 62.9%, FOA/ICA 교육원조는 50%가 초등교육에 투입된 것임.
2) 고등교육에 투입된 교실건축용 원조는 포함되지 않음.

먼저 대학간의 교육격차의 반증은 앞서 살펴 본 교수학당의 설치에
서 찾아 볼 수 있다. 원조결과, 획기적 발전을 이룩한 서울대는 학당의
설치를 통해 타 대학 교수에 대한 직접적인 지도를 실시한 것이다. 그
러나 학당이 원조의 종결과 더불어 일년간 지속되다 폐지되었기 때문
에 서울대가 원조로부터 받은 실질적인 이익의 파급은 실현되지 못한
것으로 볼 수 있다. 사실 서울대학교 이외의 타 대학에 대한 실제적인
물적 지원 없이 이뤄진 교수들만의 자질향상 도모는 대학의 전반적인
수준향상을 가져올 수는 없는 것이었다.

서울 소재 몇 개 대학에 대한 집중지원은 종합고등학교 설립에 대한
원조의 취지와 모순관계를 갖는 것으로 평가될 수 있다. 왜냐하면 종합
고등학교의 설립목적 중, 미국인들에 의해 가장 중요하게 생각된 것 중
의 하나는, 지역사회에 부합되는 중등교육을 실시함으로써 이미 중등교
육 수준부터 발생하는 학생들의 도시로의 유입현상을 막아보자는 데
있었기 때문이다(Dodge, 1971 : 107). 서울 소재 대학에 대한 집중원조
는 고등교육의 지역간 격차를 심화시킴으로써, 결국 서울로의 교육인구
의 집중을 조장하는 결과를 초래하여 종합고등학교 설립의도를 무력화
시키는 것이었다. 이 점은 종합고등학교의 성장률에서도 드러나고 있다.

(표 V-26) 종합고등학교 성장현황

구분 연도	전체고교수[1] (가)	전체고교생수 (나)	종고수 (다)	종고학생수 (라)	다/가 (%)	라/나 (%)
1965	701	426,531	18	12,458	2.6	2.9
1966	735	434,820	16	10,122	2.2	2.3
1970	889	590,382	77	37,296	8.7	6.3
1971	898	647,180	107	55,089	11.9	8.5
1975	1,152	1,123,017	121	88,924	10.5	7.9
1976	1.198	1,253,676	128	83,828	10.7	6.7
1980	1,353	1,696,792	307	121,121	22.7	7.1
1981	1,402	1,823,039	180	150,046	12.8	8.2
1984	1.549	2,092,401	201	198,906	13.0	9.5
1985	1,602	2,152,802	204	203.659	12.7	9.5

자료 : 문교부, 문교통계연보, 각 년도
주 : 1) 주·야간 포함

1965년 이후의 종합고등학교 현황을 보면, 종합고등학교의 학교수와 학생수는 꾸준히 증가하고 있다. 그러나 전체 고등학교에서 그것이 차지하는 비중은 거의 답보상태를 면치 못하고 있다. 즉 20년간(1965~1985)에 걸쳐, 전체 고교 수에서 종합고교가 차지하는 비율은 약 10% 정도 증가하였고(2.6%→12.7%), 전체 고교생수에서 종합고등학교 학생이 차지하는 비중은 약 6.6% 증가하여(2.9%→9.5%) 매우 저조한 성장률을 보이고 있다(표 V-26).

이것은 종합고등학교 제도가 국가적 정책의 일환으로 추진되지 못한 데 한 요인이 있겠지만, 종합고등학교의 저조한 성장의 기저에는 원조에 의해 야기된 현격한 지역간 교육격차가 종합고 성장의 방해요인으로 작용하고 있는 것이었다.

기술원조에 있어 한국인 참여자의 지역간 편재분포도 지역간 교육격차 유발의 일 요인으로 작용한 것으로 보여진다.

(표 V-27) ICA 기술훈련참여자 거주지역

(1) 출발 전

	합 계		농업 및 자연자원	광공업	교통	보건 위생	교육	공공 행정	기 타
	수	백분율	%	%	%	%	%	%	%
서 울	414	79	49	75	88	92	72	95	90
도청소재지	104	20	47	24	12	8	26	5	10
기 타 지 역	6	1	4	1	—	—	2	—	—
합 계	524	100	100	100	100	100	100	100	100

(2) 귀국 후

	합 계		농업 및 자연자원	광공업	교통	보건 위생	교육	공공 행정	기 타
	수	백분율	%	%	%	%	%	%	%
서 울	434	83	54	89	81	94	70	93	88
도청소재지	79	15	42	8	14	4	28	7	12
기 타 지 역	11	2	4	3	5	2	2	—	—
합 계	524	100	100	100	100	100	100	100	100

자료 : USOM, *Statistical Summary, Evaluation Survey of the ROK/USA Participant Traning Program* ; 서남원(1963a), 126쪽에서 재인용.

(표 V-28) ICA 기술훈련참여자 소속기관

	합계		농업 및 자연자원	광공업	교 통	보 건 위 생	교 육	공 공 행 정	기 타
	수	백분율							
정 부	243	46%	56%	17%	93%	27%	19%	77%	78%
국영기업체	228	43	39	69	5	63	58	15	20
합 계	471	89	95	86	98	90	77	92	98
개인기업체	29	6	1	12	2	–	–	7	2
전 문 직	15	3	3	1	–	2	17	1	–
학 생	1	–	1	–	–	–	–	–	–
기 타	8	2	–	1	–	8	6	–	–
총 합 계	524	100	100	100	100	100	100	100	100

자료 : 표 V-27과 동일
주 : 1) 공립대학교 포함

　　1961년에 실시된 '기술원조 참여자 평가 실태조사'에 나타난 것을 보면, 기술원조 참여자의 귀국 후 활동지역은 심한 편재를 보이고 있다. 한국인 참여자의 출발 전 거주지와 귀국 후 거주지는 각각 전체 평균 79%, 83%가 서울이었다(표 V-27). 교육부문의 경우, 출발 전에 72%, 귀국 후에 70%가 서울에 거주하였다. 교육부문이 타 부문보다 상대적으로 낮은 서울 편재율을 보이고 있으나 교육기관이 전국적으로 분포되어 있음을 고려할 때, 70%가 넘는 서울 편재율은 매우 높은 서울 집중률을 나타내는 것이다.

　　그리고 한국인 참여자의 소속기관을 살펴보면, 교육부문의 경우 58%가 국공립학교 교직원들이었고, 19%가 정부관료들로서 정부관료보다는 국공립학교 교직원이 훨씬 많이 파견되었다(표 V-28). 이것은 출발 당시의 소속기관을 나타낸 것이지만, ICA 원조규칙에 따라 귀국 후에도 출발 당시의 소속기관에 종사해야 했으므로 귀국 후 소속기관으로 볼 수 있다.

　　이상 기술원조 참여자 상황을 종합해 보면, 교육부문의 경우 서울 소재 국공립학교의 교원들이 해외파견 훈련에 가장 많이 참여하였다고 볼 수 있다. 따라서 기술원조의 가장 많은 '혜택'을 받은 기관도 서울 소재 각급 학교였음을 알 수 있다.

이러한 서울지역 각급 학교에 대한 집중 지원은 의무교육 실행이 유명무실한 상태에서 동시적으로 진행되었음에 주목해야 한다.

교육법에 의해 법적 보장을 받아 1950년 6월 1일부터 의무교육 사업이 추진되나 6.25전쟁으로 연기될 수밖에 없었고, 전쟁 후 6개년 계획 (1954~59)에 의해 추진된 의무교육 사업은 계획 교실건축의 40% 정도만이 실행되었으며, 교과서의 무상지급도 전국 국민학교 일학년 학생의 10%(도서 벽지는 전 취학아동의 10%)에 한정될 정도를 매우 불철저한 것이었다(고광득, 1965 : 102 ; 문교부 의무교육과, 1959 : 13, 20). 따라서 1950년대는 '사친회 학교의 시대'라고 명명될 정도로(중앙대학교 부설 한국교육문제 연구소, 1974 : 184) 교육재원은 사친회비에 크게 의존하지 않을 수 없었다. 1958년 교육세법이 마련되어, 의무교육의 재정확립에 획기적인 전환이 이뤄지지만, 사친회비는 '법 시행이 본 궤도에 오르기까지의 임시징수'라는 명목으로 계속 징수되었다(동아일보, 1958. 11. 15). 이러한 상황 속에서 가난한 농촌지역의 아동은 의무교육의 기회마저 박탈될 상태에 직면하지 않을 수 없었다.

국민학교 아동에 대한 의무교육마저도 제대로 실행되지 못한 상태에서 서울 소재 몇 개 대학과 학교에 시설원조와 기술원조가 집중된 결과, 지역간 학교급간에 심한 질적 교육격차가 야기됨으로써 한국교육의 국내 중심, 주변을 형성시키는 결정적인 계기가 마련되었다고 볼 수 있다. 이러한 관계의 형성은, 국내 중심이 한국교육 문제의 논의에 대한 주도권을 장악하게 되고 국내 주변은 국내 중심에서 결정된 논리에 추종하는 세력으로 전락하게 된 상태를 의미한다. 그리고 국내 중심은 원조를 매개로 형성되었다는 점에서 국외 중심부 교육체제와 강한 연계를 갖는 것이었다.

국내 교육의 중심·주변관계의 형성은 교육인구의 도시로의 끊임없는 유입을 수반하는 것이었다. 교육원조가 거의 종결될 무렵인 1962년 현재, 전체 4년제 대학(교) 학생의 69%, 교원의 62%가 서울에 집중되어 있다(표 V-29). 또한 1954~1963년도 사이에 서울 소재 초·중등학

(표 V-29) 대학(교)[1]의 시도별 분포상황(1962현재)

구분 시·도	학 교 수	학생수(%)	교원수(%)
서 울	25(11)[2]	79,693(69)	2,106(62)
경 기 도	2	1,671(1)	52(2)
충 청 도	4(1)	5,310(5)	173(5)
전 라 도	4(3)	8,783(8)	333(10)
경 상 도	10(3)	18,085(16)	617(18)
강 원 도	2	672(1)	40(1)
제 주 도	1	625(1)	66(2)
합 계	48(18)	114,839(101)	3,387(100)

자료 : 문교부(1962), 17쪽
주 : 1) 초급대학 제외
2) ( )는 종합대학교

(표 V-30) 각 시도별 초·중등학교, 학생·교사의 증가 현황

연도 지역	구분	1954	1963	증 가 율
서 울	학 생	296,939	665,427	2.2
	교 사	4,903	12,484	2.5
	학 교	235	462	2.0
경기도	학 생	361,830	535,531	1.5
	교 사	5,632	9,753	1.7
	학 교	543	757	1.4
충청도	학 생	536,319	850,051	1.6
	교 사	8,809	15,899	1.8
	학 교	795	1,050	1.3
전라도	학 생	764,955	1,223,367	1.6
	교 사	12,843	22,733	1.8
	학 교	1,243	1,499	1.2
경상도	학 생	1,105,174	1,798,937	1.6
	교 사	18,380	33,420	1.8
	학 교	1,908	2,227	1.2
강원도	학 생	238,079	319,853	1.3
	교 사	3,542	6,530	1.8
	학 교	450	580	1.3
제주도	학 생	49,685	58,448	1.2
	교 사	958	1,419	1.5
	학 교	118	134	1.1

자료 : 한국교육 10년사 간행회(1960), 554-555, 558쪽 ;
문교부(1963), I 10-11, 20-21, 32-45쪽

교의 학생 및 교사의 수는 타 지방의 그것에 비해 훨씬 더 빠른 양적 성장을 보이고 있다. 즉 지방이 학생수는 1.2배~1.6배의, 교사수는 1.5~1.8배의 성장을 보인 반면, 서울은 각각 2.2배, 2.5배의 성장을 기록하였다(표 Ⅴ-30).

한 논자의 분석에 의하면, 1958년 현재 서울 소재 중학교 및 고등학교에 대한 하급학교 졸업자의 지원율은 각각 148%, 133%였다(이숙경, 1984 : 396). 이 점에 비춰 볼 때 서울 소재 학교의 학생 및 교사의 급속한 양적 성장은 교육인구의 서울로의 유입현상에 기인한 것으로 볼 수 있다. 그러한 유입현상을 촉발시킨 중요한 요인 중의 하나는 물적·기술적인 교육원조의 편중지원에 의한 한국교육의 지역간, 학교급간의 불균등 성장이다.

이후 한국교육은 이렇게 생성된 국내 교육중심의 논리에 따라 움직여 나갔으며, 그것은 국내 주변의 희생을 수반하는 과정이었다고 볼 수 있다. 왜냐하면 국내 교육중심은 국의 중심부의 교육논리를 수용하고 그것의 국내 주변으로의 유포에 여념이 없었기 때문이다. 교육원조를 매개로 하여 미국 교육사절단, 문교부, 중앙교육연구소 간에 형성된 일종의 3자동맹은 해방이후 한국교육의 재편과정에서 그러한 국내 교육중심의 논리를 형성시키는 데 결정적 역할을 수행하였으며, 교육원조에 의해 새롭게 창출된 미국지향적 교육엘리트 집단은 국내 교육중심과 국외 중심부 교육체제의 강한 연결고리로서 작용하였다. 다음 절에서는 이 점을 상술하고자 한다.

2) 미국식 교육의 각인화

해방이후 한국교육계에 미국식의 교육이론 및 실제를 보급·정착시킨 데는 미군정기 이래 내한한 미국 교육사절단의 활동이 절대적인 역할을 담당하였다. 이들의 활동은 기술원조의 핵심이었다. 원조기관의 직접고용에 의한 기술원조도 있었으나 미국의 대학, 단체와의 계약에 의한 기술원조가 대종을 이루는 것이었다. 이중 미네소타팀과 워싱턴팀의 원조가 특정 대학에 한정된 반면, 사절단(피바디팀 포함)에 의한 기술원조는 국가적인 차원에서 이루어졌다.

한국 현지 기술지도에 참여한 미국 사절단원은 1948년에 33명, 제1~3차 사절단 26명, 피바디 사절단원 39명으로 총 100여 명에 달한다. 미군정 때는 임시적인 T · T · C에서 현직교원에 대한 단기 훈련을 제공하는 데 그쳤으나, 1950년대에 들어서 매우 다각적이고 조직적인 활동형태를 보였다. 그것은 첫째, 미군정 때는 비교적 단기간의 활동에 그쳤으나, 1950년대에는 1952년~62년까지 지속적인 활동을 보였다는 점, 둘째 전국의 몇몇 사범학교를 활동센터로서 삼아, 그 센터를 중심으로 전국 각지에서 활동을 벌였다는 점, 셋째 교육현장에서의 직접적인 지도활동과 더불어 교육연구 기관의 제도화를 통한 간접적인 교육현장 지도, 문교부에 대한 기술적 지도 등, 교원교육, 교육연구, 교육행정의 세 측면에 대한 다각적인 원조활동을 수행하였다는 점에서 그러하다.

그리고 기술원조의 구매지 즉 기술원조 담당자가 모두 미국 교육전문가들이었다는 점에서, 또한 그들의 활동이 미국 교육이론에 입각한 한국교육의 진단, 처방이었다는 점에서, 미국식 교육의 이론과 실제가 미국 교육사절단의 활동을 통해 한국내에 본격적으로 각인화되어 갔다.

그러나 그 각인화는 미국 교육사절단의 노력만으로 성취될 수는 없었다. 거기에 문교부와 중앙교육연구소가 적극 동참하여 일종의 3자동맹이 형성됨으로써 가능하였다. 그럼에도 불구하고 미국 교육사절단과 문교부 · 중앙교육연구소와의 관계는 지도자와 학습자의 관계였다. 동시에 문교부와 중앙교육연구소의 관계는 상호보완적인 관계를 유지하고 있었다. 즉 문교부는 중앙교육연구소의 재정을 보조하였고, 중앙교육연구소는 문교부에 각종 정책자료를 제공하였으며 또한 문교부와 공동으로 교사 재교육 강습을 담당하였다. 이러한 3자동맹 관계를 도표로 제시하면 표 Ⅴ-31과 같다. 동맹관계 내에서 발휘한 미국 교육사절단의 역할내용은 다음과 같다.

먼저, 사절단은 직접 교원들의 현직교육, 재교육을 담당, 각종 방법적

(표 V - 31) 미국 교육사절단의 활동경로

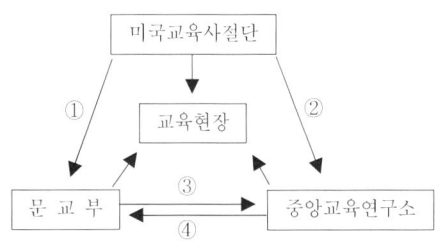

주 : ① 기술지도, 해외파견
    ② 연구지도, 유학파견, 재정지원
    ③ 재정지원
    ④ 정책자료제공, 교사재교육담당.

인 차원의 교육이론과 실제를 소개, 유포하였다. 각 장에서 살펴 본 바와 같이 어림잡아 5천여 명이 넘는 각급 학교 교원들을 직접 지도하였다. 그것은 직접주관하거나 문교부나 중앙교육연구소가 주최하는 재교육 강습을 보조하는 형태를 보였다. 지도방법은 워크샵, 강의, 실습, 좌담회, 직접수업 등 매우 다양하였다. 그 내용은 학습지도, 교육평가, 측정, 지역사회, 카운슬링, 단원 학습, 홈룸, 교생실습, 도서관 운영, 사회과교육, 생활지도, 과학기구 사용법, 낭독지도법, 순결지도, 교육과정, 미술, 공작교육, 인간발달, 학교행정 등 실로 다양하였다. 이것들은 거의 모두 실제 교육현장에 필요로 되는 교육방법적, 기술적인 차원의 것들이다. 이것은 미군정기 이래 내한한 미국 교육사절단의 일관된 지도내용이었다. 따라서 한국교육의 이념정립, 주체적 교육의 창출이라는 시대적 요구와는 거리가 먼 것이었다. 그들이 미군정기부터일찍이 강조한 교육에서의 일제 잔재의 청산이란 미국식 교육이론에 입각한 교육방법·기술의 실천적인 도입으로 귀결되고 있는 셈이다.

둘째, 중앙교육연구소에 대한 물적 원조 및 사절단에 의한 기술원조는 그것의 성격을 매개적 연구기관으로 나타나게 하는 데 핵심적인 역할을 하였다.

중앙교육연구소는 우리나라 교육계 및 교육학자들의 교육연구의 과학화에 대한 내적 열망뿐만 아니라 유네스코·운크라 교육계획사절단의 교육연구의 필요성에 대한 권고(유네스코·운크라 교육계획사절단, 1953 : 5) 및 당시 내한하여 활동중이던 제1차 미국 교육사절단의 직·

간접적인 영향을 받아 창설되었다. 이러한 사정을 당시 문교부 장학관
이었던 심태진은 다음과 같이 증언하고 있다 :

> ……그 후 사절단이 귀국함에 따라 사절단이 민주주의 교육에 대해 노력
> 하였는데 사업을 그대로 계승하여 계속해서 민주주의 교육을 발전시킬 연구
> 기관이 있어야겠다는 생각으로 당시 나와 보통교육국장인 박희병씨와 같이
> 상의하여 사절단의 사업을 이어가야겠다는 생각으로 중앙교육연구소를 생각
> 하게 되었다(중앙교육연구소 20년지 편찬위원회, 1973 : 59).

사절단의 간접적인 영향은 또한 당시 사절단의 보좌관이었던 성내운,
이영덕, 정확실, 한기언 등이 연구소의 창설과 더불어 입소한 데서도 찾
아 볼 수 있다(참고 : 중앙교육연구소, 1962 : 325).

(표 V-32) 중앙교육연구소 제작 각종표준화 검사(1953~61)

검 사 명	형 별	연 도	작 성 자
지능성숙검사	국1~3	1955	김란수・김해옥
산수학력검사	국5~6 갑, 을	1955	전용신・전찬화
국어읽기학력검사	국4~중1	1956	전용신・전찬화
산수계산진단검사	국3~6 가, 나	1957	정원식
지능성숙검사	국4~6 가, 나	1957	김란수
자연과학력검사	국4~중1 가, 나	1958	김재은
영어학력검사	고1~3 A, B	1959	전용신
수학학력검사	중1~3 A, B	1960	전용신
수학학력검사	고1~3 C, D	1960	전용신
사회과학력검사	국4~6 가, 나	1960	황응연・민윤기

자료 : 중앙교육연구소 20년지 편찬위원회(1973), 351쪽

창설 후 사절단원 1명이 개의 매년 상주하면서(총 6명) 연구소의 교
육연구를 지도하였다. 특히 각종 표준화 검사지의 작성에 주력하였다
(중앙교육연구소 편, 1962 : 108-171). 제3차 사절단원 믹스볼(B.
Myksvol)의 지도아래 김란수・김해옥 팀이 국민학교 저학년용 지능성
숙 검사지를 작성한 이래 61년까지 중앙교육연구소에서 제작한 표준화
검사지는 총 9종류의 18개에 달한다.

이것은 당시 서울대의 정범모를 중심으로 한 통칭 '교육심리학연구실'의 각종 표준화 검사지 제작활동과 더불어(참고 : 오천석, 1975 : 103) 한 때 교육학 연구는 오직 교육측정 및 교육평가만인 양 느낌이 들 정도로 일대 선풍을 일으켰던 것이다(서울대학교 30년사 편찬 위원회, 1976 : 688). 이들은 상호 경쟁적으로 표준화 검사의 제작, 보급에 열을 올렸으며, 문교부도 덩달아 그것을 학교교육에 적용하려고 하였다. 문교부는 문교부령 제11호로써 국민학교 학적부를 생활 기록부로 개정하도록 하였던 바, 이것이 학적부와 다른 점은 1) 각 교과성적을 백점제로 표시하던 것을 정상분포 곡선에 의한 5단계법으로 표시한 점, 2) 각 교과의 평가목표를 분석하여 표시한 점, 3) 행동평가를 중시한 점, 4) 표준화 검사의 결과를 기록하도록 한 점 등이었다(한국교육 10년사 간행회, 1960 : 168).

중앙교육연구소는 표준화검사의 제작뿐만 아니라 그것의 보급에도 힘을 기울였다. 1957년 8월에는 연구원 9명이 9개 도시에서 延 529명의 교사, 장학사를 대상으로 표준화 검사의 활용을 위한 전국 순회 연구협의회를 지도하였다(중앙교육연구소 편, 1962 : 136-137).

중앙교육연구소에 대한 외국원조는 사절단에 의한 기술지도에 머물지 않고 막대한 재정지원도 수반하는 것이었다. 원래 연구소의 소요경비는 대한교련의 연구소비와 국고보조금으로 충당하도록 되어 있었다(중앙교육연구소 20년지 편찬위원회, 1973 : 46) 그러나 61년까지의 세입상황을 보면, 국고보조금이 전체의 53%, 외원기관 보조금이 23%, 기타 14%, 대한교련 보조금이 10%로서 국고보조금과 의원기관 보조금이 세입의 가장 큰 원천이었다(참고 : 중앙교육연구소 편, 1962 : 27) 특히 56년도는 외원기관의 보조금이 전체세입의 36%로서 가장 큰 비중을 차지하고 있다. 따라서 중앙교육연구소의 연구는 외원기관의 요구에 심히 제약될 상황에 놓여 있었다. 사실 중앙교육연구소는 1956년도의 경우, 운크라, 한미재단, ICA, 아세아 재단, AFAK, 미공보원 등의 원조를 받았는데, 운크라 원조는 교육과정 안내서 제작, 지능검사 및 과학 학력검

사 제작의 명목으로, 한미재단 원조는 진단적 계산능력검사 제작비로
제공되고 있었다(중앙교육연구소 20년지 편찬위원회, 1973 : 55-56).

물적·기술적 지원에 의한 제약된 상황 속에서 행해진 중앙교육연구
소의 연구는 계량적·실증적 방법에 기초한 교육연구였다는 점을 특징
으로 한다. 표준화 검사지 작성 이외에도 중앙교육연구소가 행한 64여
회의 각종 연구(1953~61년 사이의 연구)는 대개가 경험적인 방법에 의
한 교육현장연구였다(참고 : 중앙교육연구소 20년지 편찬위원회, 1973 :
332-336).

(표 V - 33) 중앙교육연구소 번역도서(1953-61)

분 야	권 수
교육정책	2
교육제도	1
교육과정	3
학교와 지역사회	2
학습지도	4
생활지도	1
장학지도	1
정신위생	1

자료 : 중앙교육연구소 편(1962), 108-171쪽 ; 홍웅선(1979), 50쪽

중앙교육연구소는 연구활동에 그치지 않고 각종 지도·보급활동에도
주력하였다. 먼저 1961년까지 중앙교육연구소는 총 15권의 교육학 서적
을 번역 간행하였다. 그것은 미국 교육학 전반에 관한 도서를 골고루
번역, 소개한 것이었다(표 V-33). 1953~55년 사이에는 각 도에서 파
견된 300여명의 현직연구원과 연구소내에서 장기 공동연구를 수행하
였다. 이들은 이후 각 지방 교육연구소의 설립에 주동적인 역할을 하였
다. 또한 57년에는 각 지방에 설립된 교육연구소를 총 망라하여 전국
교육연구소 연합회를 조직, 그 운영을 주도하고 수 차에 걸친 공동연구
및 공동연구 발표회를 겸한 연차대회를 개최하였다(중앙교육연구소 편,

1962 : 109, 115, 120 ; 중앙교육연구소 20년지 편찬 위원회, 1973 : 7). 그
리고 연구실험 학교의 지정(1953년 3개, 1954년 8개), 지정연구학교 및
각종 기관에 지도강사 파견(1953~60년 사이에, 140여 군데에 230여 명
파견)활동 등을 통하여 각종 미국식 교육이론의 전국적인 보급에 주력
하였다(중앙교육연구소 편, 1962 : 108-171). 또한 문교부와 각종 재교
육강습을 공동주관하여 3천여 명에 달하는 각급 교원들에게 재교육강
습을 실시하였다(중앙교육연구소 20년지 편찬위원회, 1973 : 86).

  결국 중앙교육연구소는 미국 교육체제와 한국 교육현장의 중간에 서
서 미국식 교육이론의 수용과 보급을 매개한, 매개적 교육연구 기관이
었다고 볼 수 있다. 그것은 재정과 연구기술·방법을 외원기관에 크게
의존함으로써 연구소의 각종활동은 원조증여자의 요구에 심히 제약되
어질 수밖에 없었다. 이러한 상황 속에서 실행된 교육연구는 실증적·
경험적인 연구가 주류를 이루었으며, 그것의 보급활동은 기능적인 각종
미국식 교육이론의 보급에 주력한 것이었다.

  셋째, 미국 교육사절단은 문교부에 대한 직·간접적인 원조활동을 수
행하였다. Ⅳ장 (3)절에서 살펴본 바와 같이 그들은 1) 교육과정 개편,
2) 교과서 편찬 및 개편, 3) 사범학교 승격·개편 등의 문제에 대해 커
다란 영향력을 행사한 것으로 볼 수 있다. 이러한 그들의 활동은 미국
교육에서의 경험·철학에 입각한 것으로서, 그것의 한국교육에서의 적
합성 문제가 제기될 수 있는 것이었다. 예컨대, 사절단의 직·간접적인
영향을 받아 개편을 보게 된 1955년의 교육과정은 '아동의 경험과 생
활을 존중하는 경험적 교육과정'이었다고 평가되고 있다(김순택, 1983 :
214 ; 홍웅선, 1979 : 82). 그러나 당시의 교육과정은, 아동중심의 교육
을 행할 만큼 교사의 자질이 향상되어 있었느냐는 점, 시설·교재 등
아동중심 교육을 하기에 적합한 교육환경이 구비되어 있었느냐는 등의
실천상의 문제뿐만 아니라(이돈희, 1983 : 152) 초기 진보주의에 입각한
아동의 경험, 생활 중심의 교육이 교육의 주체적 방향설정기에 있었던
당시 한국의 교육상황에서 적합성을 갖는 것이었느냐(이규환, 1983 : 13)

하는 보다 궁극적인 문제점을 내포하고 있었다.

 이상에서 논의한 바와 같이 교육원조를 매개로 형성된 일종의 3자동
맹은 다양한 미국식 교육이론－주로 방법적인 차원의－과 교육 실제를
한국교육에 수용하고 적용시켜 보는 데 몰두하였으며, 그 과정에서 미
국식 교육을 기반으로 한, 국내 교육중심의 교육논리가 강한 영향력을
발휘하기 시작했다.

3) 미국지향적 교육엘리트 집단의 창출

 앞서 살펴본 바와 같이 교육계인사들의 대규모 해외파견은 ICA/FOA
원조에서 본격화되었다.

 원래 ICA/FOA원조는 계획사업(project) 원조와 비계획사업(nonproject)
원조로 구분되어 도입되었는데, 전자는 주로 시설재 도입을 위한 것으
로서 기술원조가 수반된 것이었다. 이 기술원조에 의한 해외 파견자는
총 2400여 명에 달한다(표 V-34). 이 중 농업분야 17.5%, 공학분야
14.4%, 교육분야 14.1%, 행정분야 13.6%로서 이 네 분야가 전체 파견자
의 약 60%를 점하고 있다. 이들을 기간별로 보면, 2년 이상과 2년 이하
가 각각 절반을 차지하여(정범모, 1967 : 113) 단기훈련과 장기훈련 모
두 강조되고 있었다.

(표 V-34) USOM 교육교환 분야별상황(1954～1965)

전공분야	인 수	%	전공분야	인 수	%
보건위생	136	7.8	행 정	336	13.6
노 동	4	0.2	공공안전	108	4.3
교 통	164	6.6	지역사회개발 복지	63	2.5
동 력	200	8.0	주 택	23	0.9
광 산	67	2.7	사 기 업	16	0.6
공 학	355	14.4	매 스 컴	23	0.6
농 업	433	17.5	조 달	25	1.1
교 육	348	14.1	원자력리	26	1.1

총 2,464명

 출처 : 정범모(1967), 113쪽

　요컨대 FOA/ICA 원조가 공여되기 시작한 1950년대 중반부터 교육부문뿐만 아니라 각 부문에서 미국 유학생이 급격하게 증가하기 시작했다는 점이다. 미국의 원조는 그 계기를 제공하였으며, 미국 편중 유학경향은 그 후 1980년대까지 계속되었다(표 V－35). 미국유학생은 1953년에서 70년대까지는 전체 유학생의 80%~90%, 80년대에는 대략 60%~70%를 차지하고 있다. 1985년에 문교부와 외무부가 파악한 바에 의하면, 1979년~83년 사이에 국비유학생은 95%가 미국으로, 1979년~84년 사이에 일반유학생은 71%가 미국으로 유학을 떠났다(조선일보, 1985. 4. 7). 1980년대까지 미국유학이 압도적임을 알 수 있다.

　유학생들의 귀국후 활동분야는 아직 정확히 조사된 바는 없지만, '한국인명 사전'에서 임의로 추출한 692명에 대한 분석을 보면, 대학에 47%, 정부기관에 25%, 기업과 연구소에 각각 11%, 기타 분야에 5%가 종사하고 있었다(이규환, 1983 : 52). 유학생들은 귀국후 대학에서 가장 많은 활동을 하고 있었다.

(표 V－35)　해외유학 인정자 현황

(단위 : 명, %)

연도 유학국	1953	1958	1963	1968	1973	1978	1980 (1.1~10.31)	1981
미　국	580 (92)	302 (80)	321 (84)	813 (90)	377 (80)	532 (78)	1,381 (65)	3,176 (73)
기　타	52 (8)	76 (20)	63 (16)	95 (10)	96 20)	152 (22)	728 (35)	1,192 (27)
합　계	632 (100)	378 (100)	384 (100)	908 (100)	473 (100)	684 (100)	2,109 (100)	4,368 (100)

　자료 : 문교부, 해외유학생 실태조사, 1969, 1973년판 ;
　　　　문교부, 문교통계연보. 1982, 1979

　가장 많은 원조를 받았던 서울대학교의 경우 1967년도 현재 전임강사 이상 교수 총 666명 중 51%가 미국 유학 경험자였다. 특히 원조가 집중적으로 투입되었던 농·공·의대는 미국유학 경험자가 56~65%로서 단과대학 중 가장 높은 비율을 보이고 있었다(정범모, 1967 : 115).

이것은 앞서 살펴 본 바와 같이 원조에 의해 동 단과대학 교수들이 미네소타 대학에 다수 파견되었기 때문이다. 원조를 매개로 미국과 강한 연계를 맺게 된 서울대학교의 이후 일정 기간 동안의 학문적인 교류는 미국에 집중되게 된다. 서울대가 제시한 교직원 해외파견 상황을 보면, 1961~65년 사이에는 전체의 67%가 미국에 파견되었고, 일본과 국교 정상화가 수립된 이후에는 미국과 일본에 전체 파견자의 약 60%가 집중되어 있다(표 Ⅴ-36). 이들은 대부분 조교수급 이상의 교수들로서, 학문적인 접촉도 미국 또는 일본에 편향되고 있음을 나타내는 것이다.

서울대학교뿐만 아니라 한국교육계의 엘리트 형성과정에서 미국의 원조는 결정적인 토대를 제공해 주었다. 특히 피바디계획의 영향은 실로 대단한 것이었다. 80여 명 정도의 교육계인사들이 피바디 대학에 유학하였으며, 귀국후 이들은 모두 교육계에서 중요한 위치를 차지하고 있었다(Dodge, 1971 : 26). 이후 한국 교육계에는 피바디 출신자들이 하나의 엘리트집단을 형성하게 된다.

1973년판 해외 유학생 실태조사를 보면, 1973년까지의 해외 유학생 중 교육학부문(교육학, 교육행정, 교육심리, 교육철학, 교육사회학, 교과교육) 학위취득자는 총 126명이었다. 이 중 피바디 유학자는 25명으로 전체의 20%를 점하고 있다(부록5 참조). 이들의 귀국 후 활동분야는 대학(12명), 교육감(2명), 교장(2명), 농림부(1명), 미상(8명) 등으로서 주요 교육기관에 분포되어 있었다.

(표 Ⅴ-36) 서울대학교 교직원 해외파견상황(1961~1984)

(단위 : 명, %)

국가별 \ 연도	1961~65(%)	1966~69(%)	1970~79(%)	1980~84(%)
미 국	105 (67)	158 (30)	750 (26)	813 (28)
일 본	5 (3)	199 (38)	889 (31)	932 (31)
기 타	47 (30)	172 (32)	1,252 (43)	1,211 (41)
합 계	157 (100)	529 (100)	2,891 (100)	2,956 (100)

자료 : 서울대학교 40년사 편찬위원회(1986), 1164쪽에서 작성.

또한 피바디의 강한 영향을 받은 중앙교육연구소의 연구직원 출신 인사들의 1974년도 현재 해외 유학현황을 보면, 11명의 유학자 모두 미국에서 유학하였고, 귀국 후 근무처는 모두 서울 소재 일류대학이었다 (부록6 참조).

이렇게 원조사업과 관련된 고등교육기관, 교육연구기관, 기타 교육계 인사들의 해외 유학지는 원조를 담당한 미국대학 또는 기타 미국대학이었고, 유학 후 교육계의 요직에 포진함으로써 미국 유학출신 교육엘리트 집단이 형성되게 되었다고 볼 수 있다.

미국원조에 의해 촉발된 미국 유학자의 급증은 이 후 얼마 동안 기존의 일본유학 출신 엘리트 집단과 미국 유학 출신 엘리트 집단 사이의 헤게모니 장악을 위한 갈등으로 이어진다. 이러한 갈등은 1960년대 후반 어느 정도 종료된 듯하다. 박동서는 그러한 사정을 다음과 같이 기술하고 있다.

> ……1950년대 중반부터 미국자금에 의한 여러 가지 종류의 지원으로 단기로 유학하고 돌아온 교수와 제대로 학위과정을 마친 교수들이 귀국하게되자, 학계의 구성은 물론 대학교육의 질이 향상되기 시작했다……60년대에 들어서면서 미국 유학자들의 수가 학계에 급증하게되고……60년대 후반부터 이들이 거의 리더쉽을 장악하게 되었다고 볼 수 있으며, 이러한 분야로서 정치, 행정, 경제, 교육, 경영학 분야 등을 특히 열거할 수 있을 것 같다(박동서, 1980 : 89).

1976년 사회과학계 국내 엘리트들의 국가별 학위취득 상황을 보면, 국외 학위 취득자 중 74.5%가 미국학위 취득자였다. 특히 교육학 분야의 경우, 미국학위 취득자의 비율이 국외 학위 취득자의 95%로서 가장 높은 비율을 보이고 있다(표 V-37). 따라서 유학집단의 규모를 기준으로 볼 때 1970년대에는 사회과학계의 경우 국외 유학자 집단들간의 헤게모니 장악을 위한 갈등은 거의 확실하게 종결된 듯하다.

(표 V-37) 국가별 학위취득 현황(석·박사)

(단위 : 명, %)

국가별 / 분야별	국 내	국 외			총 계
		미국(%)	기타(%)	계(%)	
정 치 학	156	75(71)	31(29)	106(100)	262
행 정 학	102	39(85)	7(15)	46(100)	148
경 제 학	216	132(71)	54(29)	186(100)	402
경 영 학	221	61(71)	25(29)	86(100)	307
법 학	228	33(47)	37(53)	70(100)	298
사회·신방	57	71(79)	19(21)	90(100)	147
심 리 학	39	15(88)	2(12)	17(100)	56
역 사 학	164	17(57)	13(43)	30(100)	194
교 육 학	297	142(95)	8(5)	150(100)	447
기 타	58	20(65)	11(35)	31(100)	89
합 계	1,538	605(75)	207(25)	812(100)	2,350

자료 : 박동서(1978), 21쪽에서 작성.

이상에서 논의한 바와 같이 미국의 교육원조에 의해서 미국지향적 엘리트집단이 새롭게 형성되었고 그후 외국 유학은 1980년대까지 미국에 편중됨으로써 그러한 엘리트집단은 계속적으로 재생산되어 왔다고 볼 수 있다. 이들은 국내 교육중심에 포진하여 계속 미국적 교육 논리를 국내 주변에 유포한 결과, 국외 중심부 교육체제와 한국교육을 연결시킨 매개자로서의 역할을 수행하였다고 평가될 수 있다.

(2) 교육원조의 이데올로기적 함의

미국의 대한 교육원조가 한국교육에 전술한 바와 같은 성격상의 특징을 심어 놓았다면, 미국은 한국에 교육원조를 제공함으로써 무엇을 얻고자 했는가. 즉 대한 교육원조의 성격은 어떻게 파악될 수 있는가? 그 성격파악은 대한 교육원조의 가장 큰 특징이었던 고등교육 분야에 대한 집중지원의 정당화논리를 파악함으로써 가능하고, 이 정당화논리는 한국에 공여된 전체 미국원조의 성격에서 그 실마리를 찾을 수 있다.

앞서 살펴본 바와 같이, 가장 대규모 원조였던 FOA/ICA 원조는

MSA원조 중 방위지원에 해당하는 원조로서 원조물자의 70%가 소비재·원자재였고, 대충자금의 40% 정도가 군사비로 전출되어 군사비 보전에 충당되었다. 이것은 원조의 기본 목적이 인플레 억제를 통한 사회안정 및 방위력 증강에 의한 대소 방위체제의 구축이었음을 반증하는 것이다. 고등교육분야에 대한 집중원조의 정당성도 그러한 FOA/ICA원조의 기본 성격에서 파악될 수 있다. 즉 방위체제 구축의 지원을 위한 과학기술센터의 설립을 위한 것이다. 그것은 서울대의 농·공·의대의 집중육성의 형태로 나타났다. 당시 미 아이젠하워 대통령은 한 대외정책연설에서 그러한 과학기지의 건설을 강력 촉구한 바 있다. 그는 공산세력의 팽창경향에 대해 강력한 비난을 하고, 미국의 대학들은 미국의 전세계적인 광범위한 교육계획에 적극 참여할 것을 권고하는 한편 미국의 대학들이 세계의 저개발국가내에 현대과학 중심기지를 설치하도록 촉구하고 있다. 이러한 과학기지의 건설은 공산세력에 대항하는 자유세계를 더욱 강력하게 할 것이라는 주장이다(동아일보, 1956. 5. 27). 그 후 1960년 현재 총 53개의 미국 대학들이 주로 아시아, 아프리카, 라틴 아메리카 등지의 33개 국가에서 96개의 계약사업에 종사하고 있었다(부록7 참조).

그러나 자연과학 분야의 고등교육을 집중육성함으로써 대 사회주의 방위체제의 구축을 위한 일종의 과학기지를 건설하려는 논리는 당시 한국의 경제상황에 비춰 볼 때 그 실효성은 의문스러운 것이었다. 왜냐하면 당시의 한국경제는 고급과학 기술인력을 흡수할 만큼 고도화되었다기보다는 저임금 노동력에 의한 소비재 생산에 의존하는 저차적 경제구조였다고 판단되기 때문이다. 같은 맥락에서 4·19무렵 미국 교육전문가들에 의해 제출된 전국 국립대학실태조사 보고서도 자연과학 부문에 대한 원조뿐만 아니라 인문과학 부문에까지 원조를 확대해야 한다고 권고하고 있다. 즉 과학기지 센타의 설립을 통한 간접적인 방위체제의 구축지원이 아니라 이제 인문사회과학 분야에 대한 직접적인 지원을 통한 직접적 이데올로기적 무장화가 필요하다는 것이다. 보고서는

다음과 같이 이 인문사회과학 분야에 대한 원조의 필요성을 역설하고
있다.

> ……끊임없는 소련 공산주의의 위협에 대처하는 자유세계의 투쟁이 우주
> 공간의 정복과 원자력의 우위를 차지하기 위한 경쟁인 것과 마찬가지로 그
> 것은 또한 가치관의 싸움이다.……이 가치관의 싸움에 개개인이 효과적으로
> 참여할 수 있도록 그 힘을 뒷받침해 주는 신념과 통찰력은 바로 인문사회과
> 학 분야에서 개발될 수 있다(USOM, 1960 : 151).

그러나 인문사회과학 분야에 대한 집중적인 원조는 1961년 미국 대
외 원조정책의 전환과 더불어 실현되지 못하고 말았다.

요컨대, 고등교육 분야에 대한 집중지원의 논리는 당시 FOA/ICA원
조의 군사적 성격을 반영하는 것이었지만, 그것의 이데올로기적 성격은
직접적이 아닌 간접적인 방식으로 표출되고 있었다. 즉 한국인 교수들
의 파미 훈련을 통해 학적 지식뿐만 아니라 미국식 가치 특히 미국식
자유주의 의식이 함양됨으로써 교육원조는 간접적으로 이데올로기적
기능을 하게 된다. 미국식 자유주의 의식은 사회주의 이데올로기와 친
화성이 약한 것이지만, 당시 만연된 반공 이데올로기와 쉽게 결합될 수
있는 것이었다. 특히 전통적인 인문숭상의 풍토 속에서 중요한 사회적
권위로서 존재해 온 교수집단의 미국식 자유주의로의 가치무장은 그것
이 국내에서 일의적 중요성을 갖게 하는 데 가장 효과적인 방법으로
작용할 수 있는 것이었다.

교원교육에 대한 각종 기술지도도 같은 맥락에서 파악될 수 있다. 미
국 교육전문가들의 기술지도의 내용은 각종 방법적, 기능적 차원의 미
국식 교육이론으로 가득 차 있었다. 이러한 기능주의적 교육이론은 주
체성있는 민족국가의 건설에 봉사하는 인간형성을 위해서는 적합하지
못한 것으로 판단된다(이규환, 1987 : 285). 교육원조가 제공된 당시, 한
국교육의 가장 일차적인 과제가 분단극복을 위한 주체적 인간형성을
위한 교육이었다면, 교육원조에 의한 기능적인 교육이론의 범람은 그와

같은 의식을 무감각하게 하는 데 극적인 효과를 거둔 것으로 평가될 수 있다.

물론 당시 기능주의적·실증주의적 교육이론이 전국적으로 유행하게 된 것은 미국의 강요에 의한 것은 아니었다. 6·25 전쟁 후 심각한 교사부족과 과밀학급의 교육상황 속에서 효율적인 교육활동의 수행을 위한 방법적인 교육이론이 불가피하게 필요했던 것으로 볼 수 있다(참고 : 유형진, 1982 : 68-69). 그러나 중앙교육연구소에 대한 원조자금의 용도가 주로 경험적 연구에 한정되고 있었던 점에서 알 수 있는 바와 같이 교육원조에 의해 그러한 성격의 교육이론·연구는 더욱 조장, 증폭되고 있었다고 볼 수 있다.

결국, 교육원조에 의한 각종 기능적인 미국 교육이론의 실천적인 도입은 **직접적인** 냉전이데올로기, 분단이데올로기의 재생산을 의도한 것은 아니지만, 한국 교육개혁의 문제를 방법적인 차원으로 전락시킴으로써 분단현실의 극복이 아닌 맹목적인 수용에 우회적으로 기여했다는 점에서 간접적인 이데올로기적 성격을 갖는 것으로 평가될 수 있다.

원조에 의해 새롭게 생성된 엘리트 집단에 대한 평가도 같은 맥락에서 도출될 수 있는 것이다. 그들은 미국 문화의 매개자로서, 미국적인 자유주의의 전파자로서 한국과 미국간의 강한 연결고리로서 기능하는 측면을 갖는 것으로 평가될 수 있다. 귀국후 그들은 사회요직에서 활동함으로써 반공=친미라는 도식적 편견을 정착시키는 데 기여한 것으로 볼 수 있다.

이상과 같이 교육원조는 그 자체가 냉전·분단이데올로기의 직접적인 확산·유포를 목적으로 한 것은 아니었다. 그러나 6·25 전쟁으로 강한 정당성을 획득한 반공체제를, 방법적·기능적 교육이론과 실제의 각인화, 미국지향적 엘리트 집단의 형성과정을 통해 간접적으로 다시 확고하게 정당화시키는 이데올로기적 성격을 갖는 것이었다.

교육원조의 국내활용은 이러한 이데올로기를 관철시키려는 외부 논리를 벗어날 수 없었다는 근본적인 한계를 갖는 것이었고, 교육원조를

통해서 외부논리가 한국교육에 관철되는 과정에서 전술한 바와 같은
한국교육의 특징적 성격이 발현되기에 이르렀다.

Ⅵ. 미국과 한국교육 간의 관계에 관한 교육사회 학적 연구 과제

　미국의 교육원조와 한국교육의 성장에 관한 상관성을 논의할 때, 미국의 교육원조에 대한 평가는 그것이 한국교육의 당면과제의 해결에 어떠한 결과를 가져왔느냐에 대한 구체적 평가로 모아져야 한다. 해방 이후 시도된 한국교육의 재편과정에서 교육원조가 각급 학교의 교실, 교육시설, 용품의 확충에 도움을 준 것도 사실이다. 당시 한국은 교육재정의 심각한 부족상태에서 교육의 재편·재건사업을 추진해야만 했던 사정을 감안하면 그것은 충분히 이해가 가는 사실이다. 그러나 그와 같은 한두 가지 긍정적인 결과는 전체 교육원조가 수행한 역할 중 하나의 부수적인 것에 지나지 않는다. 오히려 더 중요하게 논의되어야 할 것은 미국의 교육원조를 패권경쟁의 물적 토대로 이용한 교육패권세력에 의해 한국교육이 교육의 인플레이션 현상 속으로 빠져들게 되었다는 점이다. 이런 현상은 한국 교육발전에 있어서 암과 같은 현상으로 작용하고 있다.

1. 교육 인플레이션의 가속화

　미국의 대한 교육원조에 의해 수행된 교육사업들은 한국내 교육패권세력의 손을 통해 한국교육에 어떠한 교육적 모순을 만들어 놓았는가? 다시 말하면 한국교육에 대한 미국의 물적·기술적 지원과 교육패권세

력의 매개기능에 의해 전개된 특정 교육사업들의 명분들이 빚어낸 허
구성과 그 결과적 부산물은 무엇인가? 본절에서는 이런 것에 대한 재
검토가 시도된다.

　미국의 교육원조 사업이 갖고 있는 특징적인 내용을 각 학교 수준별
로 제시하면 다음과 같다. 첫째, 중등교육 수준에서는 실업계 고등학교
에 대한 집중지원과 새로운 중등교육제도로서 종합고등학교의 설치, 둘
째, 고등교육, 특히 국립 서울대에 대한 다각적인 집중지원, 셋째, 사회
교육적 차원에서 시도된 농촌지도자 양성을 위한 신생활 교육원의 설
립 등을 지적해 볼 수 있다.

　이러한 세 차원의 교육 원조사업은 미원조당국이나 문교부가 강력하
게 내세운 명분에도 불구하고 당시의 교육구조와 경제구조에 비추어
볼 때 그 자체내에 이미 교육적 모순을 내장시키고 있었다.

　해방 후 교육패권세력이 한국교육제도에서 가장 시급하다고 생각한
것 중의 하나가 바로 복선형 제도에서 단선형 제도에로의 전환문제였
다. 이와 더불어 중등교육 수준에서 이들 지배집단을 괴롭힌 어려움은
고등보통교육과 전문교육을 어떻게 조화롭게 양립시키느냐 하는 문제
였다. 실업계 고등학교와 인문계 고등학교가 분리되어 있는 상태에서는
양자간에 나타난 양적 비율의 확정문제가 교육정책적으로 주요 관심사
가 될 수밖에 없었다. 따라서, 이를 해결하기 위해 1950년대부터 문교부
장관들의 장학방침들 속에서 가장 빈번하게 강조된 것들이 바로 정치
적으로 반공교육, 도의교육과 더불어 실업교육진흥책이었다. '일인일기
교육', '생산진흥', '과학기술진흥', '생활교육' 등으로 표방된 실업교육
진흥책(참고 : 중앙대학교 부설 한국교육문제연구소, 1974 : 629-633)은
한국전쟁으로 파괴된 경제의 재건을 위한 국가적 교육 시책이 될 수밖
에 없는 주변의 환경도 엄존해 있었다. 그에 따라 문교당국은 미국의
교육원조의 적극적 도입을 추진했고, 또 실제로 그것이 본격적으로 제
공되기 시작했다. 미교육원조가 본격화된 1950년대 중반, 문교부장관이
던 최규남(1956. 6.~57. 11)은 생산교육의 장려정책을 누구보다 더 강

력히 추진했다.

> ……과학기술 교육의 진흥만이 구국교육을 할 수 있다는 것이 그의 신념
> 이었으며 더욱이 6.25동란으로 인한 국민경제의 재건이 당시 우리 국민의 유
> 일무이한 과제라고 여겼기 때문이었다. 이러한 당면과제와 목표에 대한 구체
> 적인 실천방도로서 장려한 것이 생산교육이었다. 즉 과학기술 교육의 실천이
> 생산교육이며 생산교육이 대한민국을 부강케 하는 첩경이라고 확신했던 것
> 이다(중앙대학교 부설 한국교육문제연구소, 1974 : 167).

이러한 의도아래 추진한 정부의 기본 문교방침은 인문계 고등학교의
증설억제와 실업계 고등학교의 증설·확충정책이었다. 그 의도는 특별
한 근거없이 양자의 비율을 3 : 7로 만들어 놓았다(한국교육 10년사 간
행회, 1960 : 170).

미당국이 한국의 실업계 고등학교를 집중지원한 의도가 무엇이었는
지는 문헌상 확실히 포착되지는 않지만 여러 가지 추론을 가능하게 만
든다. 전쟁으로 남북간 체제대결의식이 무엇보다도 중요한 그때 당시,
사회주의 체제에 대항하는 종속적 대항체제로서의 한국 체제의 유지·
발전이 미국에겐 가장 중요한 정치·경제·군사적 문제 제기였었다. 그
럼에도 불구하고, 한국전쟁의 와중에서 산업경제 시설이 극심한 피해를
보게 됨에 따라 한국은 자본주의적 발전을 위한 물적 토대가 극히 취
약하였다는 사실인식하에서 농·수산업과 같은 일차산업이나 소비재
공업에 필요한 단순노무·기능을 갖춘 노동력의 양성이 미국에게는 소
비적으로 보이는 인문교육의 진흥보다는 훨씬 더 중요한 과제로 인식
되었을 것이다. 이런 인식은 한국의 실업계 고교에 대한 집중 지원의
주요 동기가 될 수밖에 없었다. 즉 문교당국의 실업교육육성정책에 자
본주의적 주도권을 행사하고자 한 미원조 당국의 의도가 결합됨으로써
중등교육 수준에서 실업계 고교에 대한 편향지원이 의도적으로 이뤄졌다.

(표 Ⅵ-1) 1950년대 고등학교의 성장추이

구분 연도	인 문 계 고 등 학 교		실 업 계 고 등 학 교	
	학 교 수	학 생 수	학 교 수	학 생 수
1952	166	59,421	160	56,929
1953	219	86,459	183	71,859
1954	272	112,631	209	96,447
1955	311	141,702	249	114,641
1956	326	153,680	272	118,290
1957	339	158,183	273	112,282
1958	345	159,090	277	102,559

자료 : 문교부(1958a), 72쪽 ; 한국교육 10년사 간행회 (1960), 513쪽.

결국, 실업계 고등학교의 학교수와 학생수는 1952~1958년 사이에 각각 1.7배, 1.8배의 양적 성장을 기록하였다. 물론 같은 기간에 인문계 고등학교의 학교수는 2.1배, 학생수는 2.7배의 성장을 이룩하였다. 실업교육을 강조했음에도 불구하고 실업계 고등학교의 양적 성장은 인문계 고등학교에 비해 저조하였다는 점, 더욱이 꾸준히 증가추세를 보였던 실업계 학생수는 1957년부터 감소하기 시작했다는 점은 그 당시 문교당국의 정책결과의 이중구조를 읽어낼 만하다.

미원조당국과 정부당국의 실업교육 육성정책에도 불구하고 왜 이와 같은 현상이 발생하였는가? 실업계 고등학교가 일정한 양적 성장을 이룩하였음에도 불구하고 인문계 고등학교와 비교해 볼 때 그것이 상대적으로 저조한 이유는 무엇인가? 기존의 교육학계 문헌들은 대부분 이에 대한 해답으로 전통적인 인문숭상의 풍토를 지적하고 있다(참고 : 오천석, 1975). 그와 같은 요인을 전적으로 부정할 수는 없겠지만, 그것에 집착하는 것은 변명과 같다. 당시의 경제구조와 고용·임금구조를 분석해 볼 때 그러한 설은 한국교육문제에 대한 사회과학적 통찰력을 결여한 것일 뿐이다.

먼저, 표 Ⅵ-2와 표 Ⅵ-3에서 알 수 있는 점은 다음과 같다. 첫째, 대졸자의 취업률에 비해 실업계 고졸자의 취업률이 매우 낮다. 즉 후자의 취업률은 약 10% 정도에 불과하지만 전자는 약 30~40%의 취업률

(표 Ⅵ-2) 50년대말 고등학교 졸업자의 진로상황 (단위 : 명)

학교 \ 연도 \ 구분		졸업자수	진학자	취업자	기 타	진학률 (%)	취업률 (%)
실 고	1958	37,078	11,518	4,127	21,440	31.1	11.1
업	1959	34,698	11,667	4,202	18,843	33.6	12.1
계 교	1960	32,997	10,282	3,290	19,425	31.2	10.0
전 고	1957	87,269	36,920	10,596	39,753	42.3	12.0
체 교	1958	86,851	33,678	7,178	45,995	38.8	8.3

자료 : 중앙교육연구소(1962), 78쪽 ; 한국연감편찬위원회 (1958) (1959),
413쪽 433쪽

(표 Ⅵ-3) 대학졸업자의 진로상황[1] (단위 : 명)

연도 \ 구분	졸업자	진학자	취업자	기 타	진학률 (%)	취업률 (%)
1958	13,199	711	5,179	6,370	5.4	39.2
1959	15,295	993	5,505	7,898	6.5	36.0
1960	17,130	951	5,252	9,682	5.6	30.7

자료 : 중앙교육연구소(1962), 87쪽.
주 : 1) 원 자료에 몇 군데가 잘못 합산되어 있었기 때문에 정정한 수치임.

을 기록하고 있다. 둘째, 실업계 고졸자의 경우, 진학률이 취업률보다 약 3배정도 더 높다. 그러나 그 비율은 전체 고졸자의 진학률보다는 상대적으로 낮은 편이다. 셋째, 각급학교 졸업생의 취업률이 전반적으로 매우 저조하며, 특히 대졸자의 취업률은 계속 하락하고 있다. 이와 같은 세 가지 사실에서 끌어낼 수 있는 점은, 진학에 있어서는 인문계 고교가 실업계 고교보다 더욱 유리한 위치를 점하고 있었으며, 실업계 졸업자도 취업보다는 진학에 더욱 주력하였다는 점, 그리고 취업에 있어서는 대졸자가 고졸자보다 훨씬 유리하였다는 점 등이다. 결국 사회적 조건을 고려하지 않거나, 그것을 준비하지 않은 채 강행된 실업계 고교지원책은 허구와 같은 것이었다. 사회경제적 전제 조건을 염두에 두지 않고 정책적 강요에 의해 추진된 실업고교육성정책은 정책에 순응한 다수 학생의 희생을 무시하는 우를 범할 뿐이었다. 더군다나 각급학교 졸

업생의 취업률이 전반적으로 저조한 이유는 1950년대 말의 한국 경제
의 상황과 결부되어 이해되어야 한다. 소비재 원조물자의 과다한 도입
에 의한 1950년대 한국의 공업화과정은 1957년을 기점으로, 무계획적인
시설확충으로 말미암아 전반적인 시설과잉의 상태로 빠지게 된다. 더욱
이 미국은 전후 무역수지의 악화와 달러화의 유출로 인하여 달러방위
정책을 실시하고 이에 따라 대한 원조도 1957년을 고비로 격감하기 시
작한다. 이때부터 원조물자에 의존해 왔던 한국경제는 불황을 경험하기
시작한다. 그리하여 1958년에는 해방이래 전무후무하게 물가가 하락하
는(김대환, 1981 : 175-177) 경험을 갖는다. 이러한 경제상황은 실업자
를 대량으로 양산하였고 각급 학교 졸업자의 취업도 극히 미약하게 만
들었다.

(표 Ⅵ-4) 한국 경제구조의 변화 (단위 : %)

연도 산업구조	1953	1957	1961
1차산업	47.1	44.4	44.1
2차산업	7.2	10.3	11.9
3차산업	45.7	45.3	44.0

출처 : 김대환(1981), 178쪽

(표 Ⅵ-5) 학력별, 산업별 종업원 현황 (1958. 3. 현재)

학력 산업	불 취학	국민학교	중학교	고등학교	대학교
1차산업	30.3(%)	11.3(%)	11.1(%)	9.0(%)	6.1(%)
2차산업	55.8	66.8	53.6	38.8	42.9
3차산업	14.0	22.0	35.4	52.2	51.0
합 계	100.1	100.1	100.1	100.0	100.0

자료 : 내무부 통계국(1959), 200~201쪽에서 작성

결국 미국의 원조경제가 한국경제에 남겨놓은 나쁜 유산 중의 하나
로서 3차산업의 이상비대화(표 Ⅵ-4 참조)가 거론될 수밖에 없게 되었
다. 소비재원조물자의 무분별한 도입, 가공, 수송, 보관, 분배에 따른 중
간유통과정의 확장, 또한 그것을 뒷받침하는 정부 및 금융기관의 행정

적, 금융적 지원과정의 확장 등은 뿌리없는 3차산업의 발달을 부채질하였다(이대근, 1987 : 151). 이러한 경제구조 때문에 1958년 현재 고등학교와 대학교 학력을 가진 취업자의 절반 이상이 3차산업에 종사하게 되었다(표 VI-5 참조). 물론 2차 산업에도 상당수가 취업하고 있었는데, 이는 소비재 공업의 발흥에 기인한 것이었을 뿐이다. 전반적으로 각급 학교 졸업생의 취업률이 저조하였음에도 불구하고 고졸자와 대졸자의 경제적 지위 역시 결코 엇비슷하지도 않았다. 대개의 경우 임금수준이 높은 전문기술직, 관리직, 사무직, 금융직 등에는 대졸자만이 취업할 수 있었다. 게다가 자료의 부족으로 당시 직종간 임금격차를 총체적으로 파악할 수는 없지만, 제조업 상용 취업자의 월평균 급여액을 연도별로 살펴보면(표 VI-6 참조) 생산직과 사무직의 임금격차는 계속 악화된 상태였다. 제조업체의 총 피고용자 중 약 11%에 불과한 사무직 종사자는, 생산직보다 1.5배 이상을 더 받았다. 임금·고용구조를 확대시켜 보면, 상대적으로 고임금인 취업자리는 대졸자의 독식무대였다. 따라서 사무직, 관리직, 전문기술직, 제3차 산업의 금융직 등에 취업하기 위한 대졸자의 치열한 경쟁은 피할 수 없었다. 이러한 상황에서 그러한 직종에 대한 취업기회가 사실상 대학학위 소지자에게 훨씬 더 많이 부여되었기에 학생과 학부모의 입장에서 가장 효과적인 직업교육은 실업교육이 아니라 대학입학 준비를 위한 인문교육이어야 했다. 이것을 조금 더 이해하기 위해, 아프리카에서의 직업교육 문제를 논하고 있는 포스터(P.J. Foster)의 논점은 한국상황에서도 설득력있는 것으로 보인다.

(표 VI-6) 제조업 상용 취업자의 월평균 급여액   (단위 : 천 환)

성별 \ 직종 \ 연도	1956. 6~12	1957	1958	가중치(%)
남 자 생 산 직	32.2	26.2	28.6	44.8
남 자 사 무 직	35.3	40.9	45.4	10.2
여 자 생 산 직	11.8	14.1	14.9	44.1
여 자 사 무 직	17.9	21.7	16.7	0.9

자료 : 한국은행 조사부(1959), III 290~293쪽에서 작성
주 : 1) 가중치는 1955년 10월말 현재 피고용자 비율

특별히 서구 중심적인 직업교육이 왜 아프리카에서 실패했는지를 잘 설명해 준다.

>   ……그러므로 고임금을 받는 대부분의 직업에는 인문계 교육기관을 통해서 접근가능하였다. 직업교육에 대립되는 바의 인문교육을 아프리카인들이 요구하는 것을 '비합리적'이라고 비판하는 사람들은 인문교육의 강점이 어디에 있는지를 인식하지 못한 소치이다. 즉 인문교육의 강점은 바로 인문교육이야말로 가장 많은 사회적 위신을 부여하는 직업에, 그리고 가장 중요한 점은 가나(Ghana)의 경제내에서 가장 고임금을 주는 그러한 직업에 접근할 수 있게 해 주는 가장 좋은 '직업교육'이라는 사실이었다(Foster, 1977 : 358).

이상의 논의에서 몇 가지 점을 읽어낼 수 있다. 즉 취업기회, 임금수준 등에서 대졸자가 고졸자보다 훨씬 유리한 위치를 사회적으로 보장받는 상황에서 생산직에 필요한 기능적 노동력을 양성하기 위한 실업계 고교 육성정책은 유명무실할 수밖에 없었다. 요컨대, 원조 의존적인 취약한 한국경제구조와 연결된 한국교육의 구조적 성격을 고려하지 않은 실업교육 육성정책은 실업계고등학교의 유명무실한 양적 팽창만을 초래시켰고 동시에 그것은 중등교육수준에서의 복선화와 계열화를 조장하였다. 결국 문교부장관이나 문교정책에 관련된 여러 주도권행사 집단들의 머릿속에 자리잡고 있었던 것은 실업계 교육이 아니라 인문계 교육 바로 그것이었다. 실업계 고교생이 인문계 고교생보다 낮은 계급적 배경을 갖고 있으며(참고 : 유네스코·운크라 교육계획사절단, 1952 : 35), 그들은 교육기회와 고용기회에 있어서 각각 인문계 고교 졸업자와 대졸자에 비해 사회적으로 제한되어 있었다는 점에서 문교당국과 주도세력이 관장한 중등학교의 계열화는 '신판 복선화'정책이었다고 볼 수 있다. 따라서 당시의 미국지향적 의존 경제구조, 즉 경제재정과 경제소재의 일방적 대외의존성, 경제구조의 파행성, 자생적 농업력의 약화구조의 테두리를 결과적으로 창출하게 된 정책적 노력속에서 강행된 실업계 교육은 중등교육수준에서의 문교정책에 대한 불신과 개인의 사회적 출세를 위한 고학력 현상을 부채질하였다.

 미국의 경제원조를 물적 토대로 삼아 한국의 교육패권세력이 창출한 또 하나의 학교제도 개혁이 종합고등학교 제도이다. 당시 실시된 평택종합고등학교에 대한 원조사업의 주요 목적을 하나의 예로 열거하면서 종합고등학교 제도의 문제점을 논의해 보자. 평택종합고등학교 설치목적에 의하면 첫째, 학생들의 경제적·지적·사회적 필요와 지역사회의 장기적 발전에 기여하는 교육과정의 개발, 둘째 한국경제발전의 필요에 대처하는 데 도움을 주기 위한 직업훈련 사업 등을 위해 평택종고가 설립되었다(Dodge, 1971 : 103-104). 그러나 당시 종합고등학교 설립사업은 이런 거창한 것과는 달리 매우 제한적인 사회적인 의미를 갖을 뿐이다. 왜냐하면 교육패권세력은 각종 고등학교를 무리하게 종합고등학교로 전면적인 개편을 시도하기보다는 '인문계 고등학교'의 종합고등학교로의 개편을 추진함으로써 인문계 고등학교의 양적 성장을 억제하고 상급학교 진학을 억제해 보고 싶었기 때문이다(문영한, 1959 : 70-71). 결국 종합고등학교제도의 도입은 유별난 것이 아니고 단지 교육주도세력에 의한 실업교육 육성정책의 일환이었을 뿐이었다. 이에 기초해서 문교당국은 교육원조를 통해 미국의 문화적 의도와 맞게 각종 실업계 고등학교를 집중 지원할 수 있었고, 동시에 인문계 고등학교의 종합고등학교화 작업을 통해 자기들의 이해를 사회적으로 잠식하는 인문계 고교의 팽창을 억제시키려 하였다.

 그러나 그 효과는 엉뚱한 것이었다. 즉 실업교육 육성정책의 한 가시적 방편으로 시도된 종합고등학교 제도는, 첫째 중등교육의 계열화를 촉진하였고, 둘째, 학생들의 사회적 위치를 조기결정해 놓는 결과를 초래시켰다. 왜냐하면 교육 패권세력의 가시적인 의도와는 다르게 인문계 고교의 양적 팽창이 실업계 고교의 양적 팽창과 맞먹는 속도로 진행되었기 때문이다. 또한 취업구조 및 경제구조의 현실성을 무시한 종합고등학교 제도의 도입과 더불어 시도된 학생들의 조기 진로결정은 그들

에게 취업기회·교육기회의 불평등을 강요했고, 결국 그들의 계급적 위
치를 고정시켰다. 이 점은 종합고등학교 도입의 원조계획이 끝난 후의
평가자료에서 더욱 더 분명해진다. 시범 종합고등학교에 대한 원조사업
이 종결된 1964년 각종 고등학교 졸업자의 진로상황을 상호비교해 보
면(표 Ⅵ-1 참조), 진학률은 인문계 44.6%, 실업계 21.1%, 종합고등학
교 15.5% 순으로 종합고 졸업생의 대학진학률이 가장 저조했다. 따라서
종합고 고교졸업자의 대학 진출을 막는 데는 일단 어느 정도 성공했다
고 볼 수도 있다. 그러나 취업률은 실업계 21.6%, 종합고등학교 12.9%,
인문계 5.3%로서 종합고 졸업생 취업률은 대학입학 준비학교였던 인문
계 고교출신졸업생의 취업률보다는 높지만, 실업계 고교보다는 낮은 취
업률을 기록함으로써 종합고졸업자는 타 실업계 고교졸업생보다 더 높
은 실업상태를 보여주었다. 결국 종합고교는 타 고교와 비교해 볼 때
진학과 취업보장도 결여한 채 실업자만 양산하는 꼴이 되고 말았다. 대
학졸업자의 취업률이 고교졸업자보다 월등히 높고 대졸자가 주로 취업
하는 관리직, 사무직, 전문기술직과 생산직간의 임금격차가 격심한 상황
에서 종합고등학교가 최종학교로서 기능하길 기대한 것이 잘못이었다.
더군다나 종합고교가 입시위주의 교육을 탈피하고 지역사회의 필요에
부응할 것이라고 기대한 문교당국과 패권 주도세력인 소수 교육학자들
의 사회적 판단력을 의심하게 만들기 충분했다.

(표 Ⅵ-7) 고졸자 및 대졸자의 진로 상황 (1964년)

구분 / 학교	졸업자 (명)	진학률 (%)	취업률 (%)	실업률 (%)	기 타[1] (%)
종합고등학교	920	15.5	12.9	36.9	34.6
실업계고등학교	29,607	21.1	21.6	33.5	23.9
인문계고등학교	21,155	44.6	5.3	36.1	13.9
대 학[2]	28,595	4.1	39.8	19.1	37.0

자료 : 중앙교육연구소(1964)

주 : 1) 기타 범주에는 입대자, 사망자, 미상자 포함.
2) 4년제 대학졸업자에 한함. 인턴 및 레지던트는 취업자에 포함시킴.

한마디로 종합고등학교제도는 당시 교육패권동맹의 매개기능에 의해 탄생된 1950년대 교육정책의 난맥상이었다고 볼 수 있다.

실업교육 육성정책의 실패는 교육수요자인 학생·학부모에게 국가의 교육정책에 대한 사회·경제적 불신감을 심어준 중요한 계기가 되었다. 이러한 불신감이 만연되자, 교육수요자들은 사회·경제적 지위의 확보를 위한 가장 확실한 수단으로 판정된 대학진학을 택하게 되었고, 이로부터 대학교육이 갖는 본연의 사용가치에 무관한 고학력 지향성을 나타내기 시작했다. 그 결과 한국교육은 더욱더 입시교육장으로 변모되기 시작했다.

고학위취득을 위한 입시경쟁은 고등교육부문에 대한 미국의 집중원조에 의해 더욱 증폭되었다. 한국의 고등교육은 한국전쟁으로 심각한 물적 피해뿐만 아니라 인적 손실까지 경험했다. 예를 들어 200여 명에 달하는 강사급 이상의 대학교원이 월북, 납치, 피살, 행방불명되었다.(참고 : 국방부 정훈국 전사편찬위원회, 1951 및 1953). 한국의 고등교육이 전반적으로, 동시에 모두 비슷한 정도의 피해를 당했음에도 불구하고 교육원조는 소수의 대학에 집중 투입되는 사건이 전개되기 시작했다. 이 특혜를 가장 많이 받은 곳이 바로 서울대학교였다. 즉 서울대학교는 미국 원조를 매개로 국내 주도세력들의 재량에 의해 교수요원들이 미국이나 국내에서 대량으로 재교육받은 후 충원되었으며, 학교 시설의 급속한 양적 성장 역시 동시에 이룩되었다. 초등교육보다는 고등교육을

(표 Ⅵ-8) 연도별(1955~60) 서울대학교 입시경쟁률

연 도	모 집 정 원	지 원 자 수	경쟁률	합 격 자 수	최 고 경 쟁 률	
					대학(학과)	경쟁률
1955	2,720	14,804	5.4 : 1	2,968	상과대학	9 : 1
1956	2,720	14,854	5.5 : 1	2,872	약학대학	7.9 : 1
1957	2,675	12,863	4.8 : 1	2,683	상과대학	7.6 : 1
1958	2,730	12,703	4.8 : 1	2,728	상과대학	8.0 : 1
1959	2,955	12,462	4.3 : 1	2,939	(공대)원자력공학과	15.0 : 1
1960	2,930	14,177	4.8 : 1	2,882	(사대)일반사회과	13.4 : 1

자료 : 서울대학교 20년사 편찬위원회(1966), 171쪽

우선시함으로써 교육기회의 균등을 철저히 폐기시키는 일들이 엘리트 양성이라는 미명아래 전개되었다. 즉 엘리트 양성을 위한 원조였던 미국의 교육원조는 국내주도세력에 의해 서울대를 일류대로 부상케 한 중요한 외적 수단이 되었다. 이것은 끝내 교육수요자들의 고학력 지향성과 결합되어 치열한 입시경쟁을 조장하는 기폭제가 되었다. 표 Ⅵ-8 에서 알 수 있는 바와 같이, 1955~60년 사이에 서울대학교의 입학경쟁율은 평균 5 : 1이라는 엄청난 경쟁양상을 보였다.

교육패권동맹과 미국의 교육원조가 결합되어 나타난 문교정책으로 탄생한 또 하나의 졸작품은 신생활교육원이었다. 신생활교육원 교육은 1950년대 교육 원조가 한국농민에 남긴 교육적 상처로 기록된다. 신생활 교육원의 교육적 효과를 논의하기에 앞서 먼저 지적되어야 할 점은, 당시 경제원조의 일환으로 도입된 막대한 미국의 잉여농산물은 한국경제에서 저농산물가격의 형성을 촉진시켰고 동시에 이것은 한국내의 식량농업, 원료농업을 위축시키는 기능을 발휘했다는 점이다. 그 결과 농촌경제는 부의 축소재생산 현상속으로 빠져들어가기 시작했다. 결국 농민간 분화의 심화와 소작제도가 다시 나타나기 시작했고, 그로부터 사회적 문제점이 돌출되기 시작했다(박찬일, 1981 ; 박현채, 1981 ; 김대환, 1981). 그것은 농촌의 피폐화를 가속화시켰고 이어 도·농간의 불균형 발전을 악화시켰다. 게다가 외국농산물의 수입을 항구화시켰다. 이와같이 잉여농산물의 막대한 도입에 의한 농촌의 파괴, 피폐화를 농민교육으로 막아보겠다고 시도된 신생활교육원 교육은 농민을 울리기에 충분한 것이었다. 즉 특수 교육기관에 의한, 지역사회 개발을 위한 지도자의 양성교육 계획 그 자체가 본말이 전도된 미봉책일 뿐이었다. 결국 자기들이 초래한 농촌 파괴를 막아보겠다고 진행시킨 지역사회의 지도자 양성교육은 미국의 문화속에 갇힌 교육패권세력의 매개기능이 어떤 비극을 갖는지를 보여주는 사례가 되고 있다.

결국, 미국의 교육원조를 물적 토대로 삼아 교육패권세력이 만들어낸 각종 교육정책과 제도는 경제구조, 취업구조 및 교육상황을 과소평가한 문교정책이었다. 교육패권세력의 주요 물적 토대가 외부에서 주어졌고, 그것을 바탕으로 국익을 위한다는 명분아래 창출시켰던 각종 문교해결책들은 국외 중심부 국가의 문화적 침투를 아무런 비판이나 검토 없이 한국에 접목시키는 시멘트 역할을 담당했다. 이러한 교육주도세력의 문화적 매개기능에 의해 한국교육에 투입된 각종의 교육적 처방들은 두 가지 상반된 일 즉, 첫째 교육의 급속한 양적 팽창을 초래시켰고, 둘째 교육수요자인 학생·학부모의 경제적 희생과 교육적 좌절을 자연스레 당연시하게 만들어 놓았다. 결국 한국사회에 고학위 지향성, 치열한 입시경쟁, 이력으로서의 학력경쟁이라는 교육의 인플레이션 현상을 가속화시켰다. 교육 이념이나 원리의 실천과 동떨어진 학교기관의 급속한 양적 팽창과 고등교육의 전문성과 수요에 상관없이 고학력을 확보하려는 이상현상은 한편으로 교육패권세력에게는 재원보충이나 결원보충, 즉 지지세력으로서의 엘리트나 기능주의적 부속인간을 선발하게 만들어 주었으나 한국사회에는 국민 모두가 교육에 의해 고통을 받게 만드는 교육인플레이션을 가속화시켰다. 이어 1960, 1970, 1980년대까지 계속되는 경제적 모순의 심화는 이러한 교육인플레 현상을 더욱 가속화시켰고, 이런 악성 교육인플레 현상은 역으로 다시 경제적 모순을 악화시키는 진폭제로서의 숨은 기능을 발휘하고 있다.

2. 교육 인플레이션과 한국의 교육주도세력

교육의 인플레이션 현상은, 1950, 60년대, 70년대의 유신시대, 80년대의 권위주의 통치 시대를 거치면서 각기의 정치권력적 상황과 교육학자들의 학문적 이해관계 속에서 양적 성장이라든가, 근대화라든가, 한국교육의 세계화라는 용어나 개념으로 미화되곤 했다. 반면 교실 속에서는 미국과 한국간의 무연고적인 문화관계가 의미가 있어야만 되는 인위적 연고 관계로 인식되게 만드는 정치사회화로 일관되게 만들었다.

미국에 의해 성공적인 교육이라고 평가되는 교육적 수식어의 의미와 허구는 더욱더 사회과학 지향적인 교육학 연구들에 의해 심층적으로 규명되어야 할 것이다. 이미 본 글에서는 교육의 저발전적 발전토대를 한국에 구축해 놓은 미군정의 3년은 한국교육의 인플레이션 현상과 그 여건에 필요조건이었다는 점에 주목할 필요가 있다는 점을 강조한 바 있다. 또한 미국문화에 대한 한국 학생과 한국 민중들의 숙취시기였다는 점에도 주목할 필요가 있다느 점도 강조했다.

특히 미군정 3년의 교육정책적 내용을 점검하면서, 비판의 대상에서 빼놓을 수 없는 것은 미군정과 공생의 입장을 취한 지식인들의 교육인플레이션 가속화촉진작용이었다. 1960년대 이후부터 악화되기 시작한 한국교육의 인플레이션 현상은 미국식 자본주의적 현상이나 소련식 공산주의적 현상으로 이해될 성질은 아니다. 이것은 한국의 교육문제에 대한 해결을 1945년대 초반부터 미군정민주주의 문교관리로 등장했던 한국 지식인들이 자기들의 정치권력적 혹은 문화자본적 이해관계로써 미군정이라는 국가기구를 통해 전략적으로 시도한 데에서 기인된다. 그들이 제시했던 갖가지 해결책의 양산은 교육의 인플레이션 제1기에 속한다고 보아야 한다. 입시문제 하나만 지적해 보더라도, 양적 성장으로 강요된 교육인플레이션 현상이 한국교육계에 얼마나 무서운 문화적 독소로 작용했는가를 새삼 일깨워준다. 1945년이래 입시문제는 미군정에서 배웠던 것이 아니라 한국측 교육 패권세력이 자기들의 교육적 이해관계 유지를 위해 일제잔재교육을 철저한 반성 없이 원용한 제도적 부산물이었다. 국민 1/4을 위해 국민 3/4은 희생되어도 괜찮다는 식의 사회적 진화론을 교육과 접목시키기 위한 지배의 교육철학이었다.

교육사적 증거가 사회과학적으로 보다 용이하게 포착되거나 재해석되고 있지 않다는 점을 이용하여 교육계 지식인집단들은 자기들의 과오를 숨기거나, 그것의 규명에 대한 신진 교육사학자들의 노력에 신경질적인 거부감을 보여주는 태도는 지양되어야 한다. 왜냐하면 교육 인플레이션 현상을 그대로 놔두는 편이 오히려 그들의 교육 연구지원뿐

만 아니라, 정치권력과의 연결에 있어서의 홍청망청대는 분위기를 조성
시킬 수 있으며, 시의적절한 준국가기구적인 지식생산기관들이나 연구
소 등을 창출시킬 수도 있다는 생각은 끝내 그들의 지식인의 묘혈을
파는 것과 흡사하기 때문이다. 또한 그런 현상은 과거의 책임이 자기들
의 지식생산 현장에 전이되는 것을 의도적으로 모면시켜줄 묘책이 될
수가 없기 때문이다.

지금까지 발표된 여러 가지 교육사적 자료의 재해석에 관계된 이 글
의 내용을 정리하면, 미군정기부터 맺어진 미국과 한국간의 문화적 관
계에 관해 다음과 같은 여섯 가지의 거시적인 연구결과로 요약될 수
있다.

첫째, 미국은 한국과 역사적으로 아무런 끈끈한 문화적 유대의식이
없는 상황을 염려한 나머지, 그러한 문화적 끈을 만들어줄 수 있는 노
력으로서 일제의 식민지 유산을 최대한 활용했다. 그것으로써 문화적
유대감각은 결여되었지만, 어느 정도의 문화적 결합은 가능할 것이라고
자만하였다. 이것은 한국에겐 또 하나의 문화적 비극을 자아내게 만든
요소였다. 미국은 미군정의 한반도 점령을 빌미로 삼아 일본적인 제국
주의를 있는 그대로 한국 통치적 전략으로 인수 인계했다. 냉전의 전개
와 더불어, 한반도에는 일본제국주의 대신 북쪽에는 소련식 공산주의와
남쪽에는 미국식 민주주의의 문화삼투 현상에 관계된 정치적 정당성이
군사적으로 수용되게 되었다. 따라서 미국교육은 일제교육의 반대가 아
니라, 연장의 새로운 시작이라는 의미를 갖게 되었다.

둘째, 미국은 미군정 초기부터 군정이 끝날 때까지 일관되게 세계체
제 구축이라는 시각의 테두리 안에서 점령지 군사지침서(FM27-5)에
의거 한반도를 군사적 목적대로 통치해나갔다. 지금도 형식은 다르지만
한국에 대한 미국의 입장은 미국의 이해가 우선하는 갖가지 정책으로
이어지고 있다. 군정기 미군이 한반도에서 행하고 있는 모든 일은 한국
인을 위한 궁극적인 이익보다는 미국, 미군의 군사적 목표달성을 위한
전술적 목표와 정치적 전략, 문화적 삼투주의에서 비롯된 것이었다. 미

군정은 점령지, 즉 한반도의 국민을 일정하게 군사적으로 억류시키는 후방전투의 한 방법으로 실시된 도구적인 민주주의였다. 미군정이 한국민을 위해 베풀었던 후생복지책은, 한반도에서 야기될 수 있는 미군의 군사적 패배나 피해를 극소화시키기 위한 하나의 전략적 전술의 부산물이었다. 따라서 한반도를 위해 전개된 후생 복지책으로서의 교육정책을 미군과 미국의 호혜적 정책의 결과라고 판단하는 것은 잘못이다. 이 잘못을 교육사연구에서까지 저지르지 말아야 한다. 왜냐하면 미군정 장교들은 한반도에서의 군정계획을 입안할 때 원리대로 군정기본지침(FM27-5)과 한반도의 군사적 전술적 자료를 담은 해군정보조사보고서(JANIS 75)를 기본지침서로 삼았었기 때문이다. 이 지침서는 군사적 공격과 방어기지로서의 한반도가 갖는 군사 고지적인 중요성에 관한 미군의 극비정보자료였다. 결국 한국은 미국에게 문화적 의미만을 갖는 것이 아니라, 군사적 의미도 매우 컸다. 한국이 미국에게 군사적인 중요성이 컸었다는 점과 이미 논의한 바 있는 국내적인 계급모순, 미국과 한국민이라는 인종적 민족 모순과 대립을 완화시키기 위한 패권세력에 대한 지원은 미군정 3년을 한국동란 종결시점까지 이어지는 실질적인 8년간의 미군정으로 연장시킨 전략이었다는 이해도 가능하게 만든다.

셋째, 미군정이 전술적 차원에서 베푼 후생복지책 중의 하나가 바로 교육이었다. 이런 상황에서 교육에 관계한 초기 한국측 교육계 인사들은, 말하자면 천연동 교육자 및 미국유학파 집단은 미군정 미군측 장교들에겐 그들의 군사적 전술적 작전을 최대한 기동화시키고 권력화시키는 데 없어서는 안되는 문화적 매개체들이었다. 바로 이런 점 때문에, 미군정 장교들은 친일파 중에서도 이용도가 높은 군부와 교육계 인사들은 축출대상에서 제외시켜 교육현장에서 활동케 했다. 이들은 미국의 세계체제 구축이라는 큰 테두리에 얽매인 채 정치권력적 패권유지라는 작은 테두리를 설정시키기 위해, 정서적 유대감정이 원천적으로 결여된 한국과 미국간의 문화적 절연관계를 문화적 결합관계로 전환시켜 줄 수 있는 각양각색의 지식을 생산해내는 지식기사의 역할을 담당했다.

이들은 미군정에게는 마치 유기적 지식인과 같았다. 이들은 패권유지를 위한 정치적 연결, 때로는 다른 교육패권 경쟁집단과의 의도적인 반목과 철저한 괴멸과 배제를 시도하면서 한국교육의 인플레이션이라는 자승자박적인 하나의 교육적 해프닝을 성숙시켜나갔다. 이 해프닝 속에서 피상적인 사해동포와 민족국가자결을 주창한 국제연합기구, 미국 혹은 서구의 사상사적 기반의 본을 따라 홍익인간 이념이나 이에 대한 정치 대결적 반동으로 일민주의 같은 것도 태어났다. 그러나 각기의 미사여구들은 실천이 결여된 채 지식생산기사들의 패권투쟁을 위해 지성적 공격무기로서 활용되었다. 또한 이것들은 학생들을 자기들의 정치권력적 이해관계에 동조케 만드는 정치사회화의 이데올로기로 작용했다.

넷째, 교육원조 중 시설원조는 각종 기술원조의 효율적인 수행을 위한 전제적인 교육환경의 조성이라는 의미를 갖는 것이었다. 그런데 기술원조는 1960년대 멕시코 여성을 상대로 미국산 피임약과 피임도구의 효과를 검증하듯이 미국식 교육이론과 실제를 한국에서 실험, 적용, 이식하기 위한 하나의 수단이었다. 심지어 미국은 각종 교육시설이 황폐화된 6·25전쟁 기간에도 시설원조보다는 미국 교육전문가들을 파견하여 각종 기술원조와 그것의 타당성을 점검하는 데 몰두하였다.

다섯째, 교육원조는 교육의 재편과정 상에 있었던 한국교육에 부정적 요소를 각인시켜 놓았다. 교육원조는 한국교육의 지역간 학교급간의 교육격차를 심화시킴으로써 한국교육의 국내 중심, 주변을 형성시켰으며, 미국 교육사절단 및 이에 동조하는 각양의 교육 연구소는 한국교육을 기존의 일본 제국주의적 교육에서 미국식 교육으로 대체하는 데 몰두했다. 결과, 한국교육을 이끌어 가는 중심논리가 미국식으로 확립되게 되었고, 또한 교육원조를 통해서 창출된 미국지향적 엘리트집단은 국내 교육중심의 주요 인적 학맥, 즉 패권집단으로 자리잡게 되었다. 이 때부터 국내 교육중심은 국외 중심부 교육체제의 교육논리를 수용하고, 그것을 국내 주변으로 유포하는 데 여념이 없었던 결과, 국내 주변의 교육원조는 논의의 중심에서 배제되거나 소외되어 가게 되었다. 교육원조를 물적 토대로 삼아 교육패권세력들이 국외 중심부 국가의 문화적 침투를 충실히 매개함으로써 탄생시킨 각종 교육적 처방들은 한편으로 교육의 급속한 양적 성장을 초래하였고, 다른 한편으로 학위의 절대적 가치나 수요에 상관없이 고학력을 확보하려는 치열한 입시경쟁, 학력경쟁을 상존시켰다. 즉 교육인플레이션 현상이 가속화되었다.

여섯째, 미국은 교육원조를 공여한 댓가로 한국교육을 전세계적인 대소 방위체제의 구축을 위한 일 수단으로 간주한 면도 부정할 수는 없다. 교육원조라는 우회적인 방법을 통해 냉전 이데올로기를 재생산함으로써 미국의 군사적 이익을 확보하기 위한 의도가 강했다고 볼 수 있었다. 이와 유사한 국외의 예는 필리핀에서 잘 찾아 볼 수 있다. 필리핀을 가리켜 "미국의 비극"이라고 부르는 이유가 바로 여기에 있다는 점을 간과하면 안된다. 또한 미국의 교육원조 특히 50년대 미국의 교육원조가 거의 국내 교육여건을 무시한 무계획적인 도입이었고 국내 이해집단들 간의 갈등과 정치적 역학관계에 의해 교육원조의 범위와 내용이 정치적으로 결정된 측면도 있었다. 이와 같은 여러 가지 점들 때문에 교육원조는 특수지역, 특수층을 위한 물적토대로 활용되어 그 효과적인 활용이 궁극적으로 제한되는 결과가 초래되었다.

결국, 미국의 교육원조는 일차적으로 미국 자신의 군사적 이익을 확보하기 위한 물적 수단이었고, 그러한 목적이 관철되는 과정에서 일부 국내 이해집단들이 그런 교육계획에 적극적으로 동참하게 되었다. 그런 과정에서 한국교육을 이끌어 가는 중심논리는 외부 특히 미국으로부터 국내에 주어진 논리를 바탕으로 재편되어 갔다. 한반도에서 자신의 군사적 이익의 확보를 노린 미국과 일부 국내 추종세력들이 교육원조를 매개로 피차의 이익을 도모하면서 한국교육을 각기 그들의 이익확보를 위한 일 수단으로 전락시켰다. 그 결과 해방 이후 청산되었어야 할 교육내적 제모순은 계속 한국 교육계에 축적되어왔고, 그에 따른 교육 인플레이션 현상 역시 더욱더 악화되었다.

3. 주체적인 한국 교육학 이론의 터

결국 현재의 한국교육은 교육의 양태나 형식으로 보아 40년 전의 그
것과 엄청난 다른 형식을 취하고 있지만, 본질적으로 동시에 구조적으
로 변화된 것이 있다고 보기는 어렵다. 앞으로 더욱더 많은 연구가 나
오겠지만, 교육발전이라고 불리는 이 교육적 현실은 1950, 60, 70, 80년
대를 거치면서 정치권력의 변화에 따라 성숙되었거나 마치 발전된 것
처럼 보이기는 하지만, 궁극적으로는 시대지체적인 저발전의 발전현상,
즉 세계질서 구축의 큰 테두리 속에서 교육패권 유지자들에 의해 나타
난 부분적인 과도성장의 결과라고 보아도 무리는 아니다.

위에서 밝힌 연구결과를 바탕으로 해방 후 한국교육의 제문제를 보
다 깊이 있게 연구해나가기 위해서는 미국과 한국교육간의 관계를 논
하는 기존의 편년체적 교육사 관계 연구물이나 텍스트는 자생적인 교
육사회학적 연구를 위해 앞으로 더욱더 새롭게 읽혀져야만 될 것이다.

한국의 교육사적 텍스트가 새롭게 읽혀져야 된다는 말은 다음과 같
은 의미를 갖는다. 즉, 미군정민주주의의 보호 속에서 전개된 한국의 교
육을 미국의 세계체제구축론에 기초한 채 일제적 잔재를 있는 그대로
받아들여 전개된, 따라서 실질적인 성장이 배제된 교육적 인플레이션
과정이라 본다면, 미국의 문화정책과 한국교육간의 관계를 대등한 상호
호혜의 관계로 파악하는 것은 천진난만한 생각에 속하게 된다. 결국 문
화삼투화 논리에 서서 한국교육이 미국문화에 대한 단순한 보충이라고
보는 그 시각 자체도 문제시된다. 왜냐하면 한국교육을 미국문화적 세
계질서 구축에 대한 단순한 보충이라고 보는 것은, 보충 그것을 첨가물
로만 간주함으로써 한국적 보충작업을 무의미한 것으로 폐기시켜버리
기 때문이다. 한국교육이 미국문화에의 보충이란 것은, 한국교육이 한국
교육에 대해 외부적인 위치에 놓여 있는 완전한 현존현상으로서의 미
국교육에 대해 단순히 덧붙여진 것에 지나지 않기 때문에 실지로 덧붙
여진 것은 아무것도 없다는 결과에 이르게 된다. 결국 한국교육이 단순

히 특정국인 미국문화와 미국교육의 한 가지 재현이라면, 한국교육의
발전은 구조적으로 외국문화라는 교육적 완전성에 덧붙여진 잉여적 의
미를 가질 뿐이다. 그러나 문제는 바로 이 재현행위 자체의 이중구조와
잉여적 의미를 찾아내는 것이 바로 한국교육의 세계사적 좌표를 찾는
길이라는 새로운 인식이 필요하다. 이것은 무릇 한국과 미국간에 국한
된 것이 아니다. 이미 한국역사상 보았던 사대문화주의와 일제의 식민
지 유산 모두 다 함께 적용되는 것이다.

특별히, 해방 이래의 한국교육이 외국문화의 보조적인 재현도구로서,
현존하는 외국 교육, 즉 미국교육의 현실적 의미에 대한 무의미한 보충
이라고 했을 때, 그런 식으로 미국교육의 보존에 필요한 것 이상으로
덧붙여진 한국교육적 의미는 변질된다. 즉 1945년 이래 한국땅에서 반
복적으로 계속적으로 복제되어오는 과정 속에서 미국의 군사적 정책이
갖고 있었던 잠재적이며 의도적인 최초의 교육적 의미는 변질되어버릴
수밖에 없다. 이런 변질을 우리는 발전이라 간주하기를 좋아했다.

해방 이래 한국사회에서의 교육은 본질적으로 미국문화 중심의 교육
이라는 규정이 가장 타당성 있게 수용되고 있는 현실이다. 미국교육이
라는 교육학적 언어 이외에는 한국교육학계에서 달리 사용해야 될 언
어도 없었고 그것을 극복하기 위해 미국의 교육학적 문화권 밖으로 걸
어 나간다는 것도 교육학자들에겐 대단히 어려운 일이었음도 이해될
성싶다. 모든 것을 다 인정한다 해도 한 가지는 사실이다. 즉, 미국문화
의 삼투현상으로서의 미국교육 영향과 그 구조성을 해체하기 위해서는
다시 미국문화의 틀 속에 있는 교육학적 언어를 빌어다 써야 되는 모
순이 한국교육학계에 남게 된다. 이 점은 또다시 일본, 독일, 중국, 프랑
스, 소련 등등 모든 국가에 다 해당되는 것이다. 미국의 영향력이 강했
기에, 유일한 해결책은 불가피하게 외국의 교육적 의미, 혹은 미국교육
학 이론의 의미를 빌어다가 그 의미를 지워버린 후, 옛날에 쓰이던 뜻
과 전혀 의미가 다르거나, 때로는 빌려온 교육학적 언어가 갖는 기존의
의미체계를 총체적으로 뒤흔들어놓는 방식으로서의 총체적 전망성과

교육학적 전략을 갖추어야 한다는 것이다. 즉 미국의 문화적 유산을 해체하는 데 필요한 지적 자원을 유산의 근원지 그 자체로부터 빌려오는 이론적인 짜맞추기 작업이 필요하다. 짜맞추기 작업을 위해서는 경제성과 전략적 가치를 고려해야 한다. 즉 이미 있는 원재료를 사용해서 새로운 제품을 만들어내는 경제활동처럼, 이미 외국교육의 틀 속에 들어 있는 언어·개념을 사용하여 외국 교육학 속에 포함되지 않는 변형된 새로운 의미로서의 새로운 한국교육이론이라는 총체적 전망을 생산해내는 경제성의 문제가 민족교육에 대한 논의와는 다른 방향에서 문제시된다. 또한 탈외국교육식 의미를 만들어내는 지성적 작업은 외국 교육학의 이론적 텍스트 속에 내재된 모든 특권적 지시체·개념들을 해체시켜야 되며, 동시에 한국교육 자신은 새롭게 만들어진 새로운 의미 그 자체로 경색되어서는 안되기 때문에 새로운 민족교육 지향적인 동시에 자생적인 학문연구 전략이 필요하다. 이미 미국은 한국의 경제적 성장과 무역공세에 알레르기적인 저항을 보내고 있다. 자유무역주의의 선봉장으로서 한국의 경제와 시장에 군림해 왔던 미국이 이제는 미국을 위한 보호적 중상주의를 채택하고 있다. 어쩌면, 미국은 한국인의 정신력과 문화자생력을 겁내고 있는지도 모른다. 한국에 대한 외국의 이해관계에 관계없이 우리는 한국교육을 통한 문화적 독창성과 자생성을 더욱더 가다듬어야 한다. 이를 위해서는 우리의 문화속에 앙금으로 자리잡힌 불필요한 외국의 문화적 찌꺼기를 학문적으로 해체시키면서 우리 것으로 토양화시켜야 한다. 여기에서, 해체는 파괴와 동일시될 필요가 없다. 해체의 반대용어는 파괴의 반대어인 건설이 아니라, 구축 혹은 구안(具案, Construction)으로 이해되어야 하기 때문이다. 현존의 한국교육을 반영해주는 외국 교육학체계를 해체시키기 위해서는 기존의 교육학관계 연구물이나 외국 교육학의 텍스트를 교육학계 내부에서 특정한 방식으로 읽어야만 하며 그것에 터해 치열한 토론을 전개해야 한다는 것이 현재의 한국교육학계와 교육사회학계가 안고 있는 학문적 과제이다.

참고문헌(V ~ Ⅵ장)

갈브레이즈, J. K.(1961). "저개발국 원조의 새로운 양식". 사상계, 9(7), 144－155쪽.

강길수.(1957). 교육행정. 서울 : 풍국학원 출판부.

강길수.(1980). 한국교육행정사 연구초. 서울 : 재동문화사.

강명구.(1987). "문화종속 현상으로서의 대중문화". 강현두(편), 한국의 대중문화. 서울 : 나남.

고광득.(1965). "학교시설 : 인구증가 못따른 영점 시설". 새교육, 8월호, 100－103쪽.

고려대학교 60년지 편찬위원회.(1965). 60년지. 서울 : 고려대 출판부.

교육과정 제정 합동위원회.(1953). "교육과정 제정 소식". 문교월보, 제6호, 38－41쪽.

교육문화 편집실.(1954). "교육과정과 교수법". 교육문화, 1월호, 28－44쪽.

교육 신문사.(1961). 대한 교육연감. 서울 : 교육신문사.

교육 신보사.(1960). 대한 교육연감. 서울 : 교육신보사.

국방부 정훈국 전사편찬위원회.(편).(1951, 1953－1956). 한국전란 1년지~5년지. 서울 : 동위원회.

국사편찬위원회.(편).(]969－1970). 자료대한민국사. 제2권, 제3권, 서울 : 국사편찬위원회.

국회도서관 입법조사국.(1964). 미국의 대한 원조 관계자료(제1집). 서울 : 동조사국.

국회사무처.(1955, 1957－1961). 국회속기록. 제20회 81호, 제22회 114호, 제26회 69호, 제30회 29호, 제33회 6호·23호, 제37회 25호.

김계숙.(1954). "새교육과 교육철학". 교육(서울대 사범대학), 제1호, 7－21쪽.

김대환.(1981). "1950년대 한국경제의 연구". 박현채(외), 1950년대의 인식. 서울 : 한길사.

김대환.(1987). "전후 원조경제와 상업자본의 형성과정". 김대환(외), 한국현대사를 어떻게 볼 것인가(1945－1960). 서울 : 열음사.

김만제, Mason.(외).(1981). 한국경제사회의 근대화. 서울 : 한국개발연구원.

김명진.(1953). "교육과정이 제정되기까지". 새교육, 11월호, 59-70쪽.

김순택.(1983). "학교교육의 내용과 방법연구". 한국정신문화연구원 교육연구실
　　　(편), 한국교육학의 성장과 과제. 연구논총 83-14.

김승철.(1986). "미군정의 구조와 성격(1945-1948)". 녹두서평 1, 진주 : 녹두.

김양화.(1984). "1950년대 미국의 대한 원조와 한국의 자본축적". 노복연구논총
　　　(경남대학교 노동복지 연구소), 제3집, 153-201쪽.

김양화.(1985). "미국의 대한 원조와 한국의 경제구조". 박현채, 송건호(외), 해
　　　방 40년의 재인식(I). 서울 : 돌베개.

김영돈.(1958). "현직교육에 관한 구상". 새교육, 6월호, 43-46쪽.

김영돈.(1965). "교원양성 : 악조건 무릅쓰고 전진일로". 새교육, 8월호, 17-21
　　　쪽.

김인회.(1975). "미국교육이 한국에 끼친 영향". 새교육, 12월호, 14-22쪽.

김인회.(1982). "문화식민지 교육경향과 그 탈피의 몸부림". 월간조선, 8월호,
　　　346-379호.

김인회.(1984). "교육목적관의 변천과정". 한국정신문화연구원, 한국 신교육의
　　　발전연구. 연구논총 84-6.

김인회.(1985). 교육사 교육철학 강의. 서울 : 문음사.

김재훈.(1988). "한국의 재정과 금융에 있어서 원조의 역할에 관한 연구". 미간
　　　행 석사학위논문, 서울대학교 대학원.

김종서.(1965). "교육연구 : 어려운 조건 아래 거둔 결실". 새교육, 8월호, 51-55
　　　쪽.

김종서, 이홍우. (1980). "한국의 교육과정에 대한 외국 교육학자의 관찰". 교육
　　　학 연구, 18(1), 82-98쪽.

김종철.(1967). "한국의 교육제도와 교육행정에 미친 미국문화의 영향". 아세아
　　　연구, 10(2), 93-105쪽.

김종철.(1979). 한국 고등교육 연구. 서울 : 배영사.

김진균, 조희연.(1985). "분단과 사회상황의 상관성에 관하여." 변형윤(외), 분단
　　　시대와 한국사회, 서울 : 까치.

김학준.(1981). "한국전쟁의 기원에 관하여." 진덕규(외), 1950년대의 인식. 서
　　　울 : 한길사.

김호권, 이돈희, 이홍우.(1978). 현대교육과정론. 서울 : 교육출판사.

내무부 통계국.(1959). 한국통계연감. 서울 : 내무부.

노중기. (1988). "1950년대 한국사회에 미친 원조의 영양에 관한 일 고찰". 미
        간행 석사학위논문, 서울대학교 대학원.

녹두편집부.(편).(1986). 정치경제학원론. 진주 : 녹두.

대한교육연합회.(1965). 한국교육연감. 서울 : 동 연합회.

대한교육연합회 편찬 위원회.(1977). 대한교육연합회 30년사. 서울 : 교학사

대한어머니회 중앙 연합회. (1977). 한국교육 30년사. 서울 : 동 연합회 출판부.

문교공보편집실.(1960a). "각종 심의위원회의 발족과 그 규정". 문교공보, 제57
        호, 19-22쪽.

문교부.(1954). "1954년도 사회교육 시책 및 현황". 문교월보, 8월호, 17-18쪽.

문교부.(1955). 문교요람. 서울 : 대한교육연합회.

문교부.(1956). "동기 재교육 강습실시 요항". 문교월보, 11월호, 33-36쪽.

문교부.(1958a). 문교개관. 서울 : 대한 문교서적주식회사.

문교부.(1958b). "교육시설의 재건 상황". 문교월보, 9월호, 106-115쪽.

문교부.(1959a). "한국신생활 발원지 : KORFEC의 연혁과 사명". 문교월보, 8월
        호, 7-9쪽.

문교부.(1959b). "신생활 교육원의 운영권 인수에 관하여". 문교월보, 제49호,
        50-51쪽.

문교부.(1965-1985). 문교통계연보. 서울 : 문교부.

문교부.(1969, 1971, 1973). 해외 유학생 실태조사. 서울 : 문교부.

문교부 사범교육과.(1958). "고등교육행정의 중요업적". 문교월보, 제41호, 61-
        64쪽.

문교부 사범교육과.(1960a). "1960년도 동기 교원 재교육 강습실시 결과". 문교
        월보, 제51호, 50-54쪽.

문교부 사범교육과.(1960b). "교원재교육 강습의 반성". 문교공보, 제58호, 49-
        52쪽.

문교부 의무교육과.(1959). "의무교육 6개년 계획 최종연도를 맞이하여". 문교
        월보, 제47호, 13-21쪽.

문교부장관.(1954). "국립 교과서 인쇄공장 개소식에 제하여". 문교월보, 제13
        호, 3-4쪽.

문교부 편수국.(1956). "교과서 개편사업에 관하여". 새교육, 1월호, 50-56쪽.

문교월보 편집실.(1960b). "교원훈련의 개선을 위한 사업계획 – 피바디 사절단의
    보고서에서". 문교월보, 제55호, 68 – 70쪽.

문교월보 편집실.(1960c). "한국 고등교육에 관한 써베이 팀의 요망사항". 문교
    월보, 제55호, 61쪽, 71쪽.

문영한.(1959). "종합고등학교 설치의 필요성과 추진방향". 교육평론, 4(1), 70 –
    73쪽.

문현식.(1959). "ICA 계획원조사업의 개요와 1960년도 외원의 전망". 문교월보,
    제50호, 62 – 65쪽.

미래사 편집부.(편역).(1986). 현대 제국주의의 정치경제학. 서울 : 미래사.

민윤기.(1962). "현 교원 재교육제도에 대한 모순점". 새교육, 11월호, 29 – 31쪽.

박덕주.(1959). "외국원조기관의 변천과 문교분야에 있어서의 외원사업". 문교
    월보, 제44호, 62 – 69쪽.

박동서.(1978). "한국 사회과학 연구의 현황과 평가". 행정논총, 16(1), 17 – 28쪽.

박동서.(1980). "한국 엘리트 층 속의 도미 유학파의 역할". 월간조선, 10월호,
    83 – 91쪽.

박동서.(1983). "미국교육을 받은 한국의 엘리트". 구영록(외), 한국과 미국 : 과
    거, 현재, 미래. 서울 : 박영사.

박상만.(1959). 한국교육사(下). 서울 : 대한교육연합회.

박준희.(1984). 한국교육 : 누가 책임질 것인가. 서울 : 교육과학사.

박찬일.(1981). "미국의 경제원조의 성격과 그 경제적 귀결"·김윤환(외), 한국
    경제의 전개과정. 서울 : 돌베개.

박현채.(1981). "미 잉여 농산물 원조의 경제적 귀결". 진덕규(외), 1950년대의
    인식. 서울 : 한길사.

박현채.(1985). "한국 자본주의 제단계와 그 구조적 특징". 박현채(외), 한국사
    회의 재인식 I. 서울 : 한울.

박현채.(1986). 한국경제구조론. 서울 : 일월서각.

박현채.(1987). "4.19와 5.16외 민족사적, 경제사적 조명". 박현채(외), 한국경제
    론. 서울 : 까치.

박희병.(1953). "중앙교육연구소의 사명". 새교육, 8월호, 30 – 34쪽.

배규환.(1979). "국민학교 교과서 내용분석에 의한 정치사회화의 일 고찰".
    한국사회학연구, 제3집, 107 – 152쪽.

백낙준.(1953). "한국교육의 당면과제". 사상계, 1(4), 123-128쪽.

백현기.(1963). "한국 교육연구소 운영상의 당면과제". 소보(중앙교육연구소), 4(3), 4-12쪽.

부완혁.(1960). "미국의 대한 원조사(상·하)". 사상계, 8(11, 12), 52-58 & 59-67쪽.

새교육 편집실.(1953). "중앙교육연구소는 무엇을 할 것인가". 새교육, 6월호, 78-85쪽.

새한신문사.(편).(1971). 한국교육연지사. 한국교육연감 1971년판 부록. 서울 : 대한교육연합회.

새한신문사.(1965). 한국교육연감. 서울 : 대한교육연합회.

서남원.(1963a). 외국 원조의 이론과 실제. 서울 : 한국연구원.

서남원.(1963b). "한국에 대한 외국 원조의 관리". 아세아 연구, 6(2), 29-60쪽.

서울대학교 의과대학사 편찬위원회.(1978). 서울대학교 의과대학사. 서울 : 서울대 출판부.

서울대학교 20~40년사 편찬 위원회.(1966, 1976, 1986). 서울대학교 20년사~40년사. 서울 : 서울대 출판부.

서울시 교육연구원.(1981). 서울교육사(상). 서울 : 서울시 교육위원회.

서울시 교육회.(1953, 1955-1957). 대한 교육연감. 서울 : 동교육회.

성내운.(1965). "초등교육 : 교육위기의 불씨 안은 채 진일보". 새교육, 8월호, 56-59쪽.

성내운.(1983). 분단시대의 민족교육. 서울 : 학민사.

성내운.(1986). "분단시대의 한미 교육교류". 문동환, 임재경(외), 한국과 미국. 서울 : 실천문학사.

성하원.(1959a). "죠지 피바디 교수단원 활동상황 I". 문교월보, 제46호, 71,-73쪽.

성하원.(1959b). "죠지 피바디 교수단원 활동상황 II". 문교월보, 제48호, 111-114쪽.

신경림.(역).(1983). 민중문화와 제3세계. 서울 : 창작과 비평사.

심태진.(1963). "교육정책 제도면에서 본 회고". 새교육, 2월호, 24-27쪽.

연세대학교 100년사 편찬위원회.(1985). 연세대학교 100년사(I·III). 서울 : 연세대 출판부.

연세대학교 출판부.(1980). 연세대학교 요람(1980-81). 서울 : 동 출판부.

오천석.(1955). "듀이의 교육사상과 한국의 교육(상)". 새교육, 9월호, 12 – 19쪽.

오천석.(1975). 한국신교육사(하). 서울 : 광명출판사.

유네스코·운크라 교육계획 사절단.(1952). 한국의 교육상황 예비조사보고서. 부산 : ?

유네스코·운크라 교육계획 사절단.(1953). 대한민국의 교육재건. 파리 : ?

유형진.(1982). "제2차 세계대전 이후 미국교육의 역사적 위치 – 한국교육에 끼친 미국교육의 영향". 한국교육사학, 제4집, 59 – 77쪽.

윤인구.(1953). "외국인이 본 한국의 교육". 사상계, 1(6), 36 – 45쪽.

이광호.(1983). "미군정기 한국교육의 체제형성에 대한 고찰". 미간행 석사학위논문, 연세대학교 대학원.

이광호.(1985). "미군정의 교육정책". 강만길, 김광식(외), 해방전후사의 인식 2. 서울 : 한길사.

이규환.(1983). "한국교육발전에 미친 외국의 영향". 아세아 연구, 26(1), 1 – 59쪽.

이규환.(1987). 비판적 교육사회학. 서울 : 한울.

이대근.(1984). "6·25의 사회경제사적 인식". 이대근(외), 한국자본주의론. 서울 : 까치.

이대근.(1987a). "한국전쟁과 1950년대 자본축적". 미간행 박사학위논문, 서울대학교 대학원.

이대근.(1987b). "남북분단과 미군정 경제정책의 성격". 박현채(외), 한국경제론. 서울 : 까치.

이돈희.(1976). "미국교육의 영향, 그 긍정과 부정". 새교육, 9월호, 81 – 85쪽.

이돈희.(1983). "광복후의 교육사조와 교육이론". 한국정신문화연구원 교육연구실(편), 한국교육학의 성장과 과제. 연구논총 83 – 14.

이동홍.(1960). "충주비료건설소사". 사상계, 8(11), 62 – 77쪽.

이병천.(1987). "전후 한국자본주의 발전의 기초과정". 지역사회와 민족운동, 제1집, 서울 : 한길사, 7 – 53쪽.

이숙경.(1984). "1950년대 대한원조의 교육적 귀결". 이규환, 강순원(편), 자본주의 사회의 교육. 서울 : 창작과 비평사.

이종각.(1983). "외국이론의 도입과 교육이론의 토착화". 교육학 연구, 21(1), 67 – 81쪽.

이종각.(1987). "한미교육관계의 재조명". 경남대학교 극동문제연구소 주최학술회의 발표 논문. 1987. 10.

이종훈.(1979). 한국 경제론. 서울 : 법문사.

이찬.(1971). "사회과 교육의 도입과 변천과정 및 전망". 사회과 교육, 제5호, 4 −13쪽.

이창갑.(1959). "평택 종합고등학교의 현황". 문교월보, 제47호, 46−51쪽.

이화 80년사 편찬위원회.(1967). 이화 80년사. 서울 : 이화여대 출판부.

이호재.(1983). "민족통일을 위한 내적 노력과 좌절 과정". 브루스 커밍스(외), 분단전후의 현대사. 서울 : 일월서각.

임원택.(1960). "ICA 원조 효과를 검토한다". 사상계, 8(11), 78−86쪽.

전찬화.(1957). "평택읍 교육실태 조사보고서". 조사연구(중앙교육연구소), 제2 집, 45−81쪽.

정범모.(1967). "교육교환에 의한 미국문화의 영향". 아세아 연구, 10(2), 109− 119쪽.

정영수.(외).(1985). 한국 교육정책의 이념−제1차년도 : 민족교육의 시도와 민주 교육의 수립(1945−60). 연구보고 RR 85−20. 한국교육개발원.

정일용.(1984). "원조경제의 전개". 이대근(외), 한국자본주의론. 서울 : 까치.

정일용.(1987). "6·25 동란 후 미국 원조의 성격과 그 귀결". 박현채(외), 한국 경제론. 서울 : 까치.

제3차미국교육사절단.(1955). "파넬·디스컷숀−제3차미국교육사절단 교육연구 협의회". 새교육, 7·8월 합본호, 24−35쪽.

조순승.(1982). 한국분단사. 서울 : 형성사.

조용범.(1973). 후진국경제론. 서울 : 박영사.

주한 미국 경제협조처.(1960). 한국 국립고등교육기관 실태조사보고서. 서울 : 동 경제협조처.

중앙교육연구소.(1961−1964). 문교통계요람. 서울 : 문교부.

중앙교육연구소.(1962b). 한국 중등교육의 개선−중등교육 개선을 위한 실태조 사보고서, 조사연구(중앙교육연구소), 제11집. 서울 : 배영사.

중앙교육연구소.(편).(1962). 중앙교육연구소 실적개요(1953−61). 서울 : 동연구소.

중앙교육연구소 20년지 편찬위원회.(1973). 중앙교육연구소 20년지. 서울 : 동연 구소.

중앙대학교 부설 한국교육문제연구소.(1974). 문교사(1945−73). 서울 : 중앙대

출판국.

차경수.(1977). 발전교육이론. 서울 : 교육출판사.

채백.(1986). "문화적 종속과 한국". 김정환(외), 문화운동론 2. 서울 : 공동체.

최봉대.(1985). "정치적 이데올로기를 통해 본 이승만 정권의 성립과정과 그 함의". 최장집(편), 한국현대사 I. 서울 : 열음사.

최장집.(1985). "과대성장 국가의 형성과 정치균열의 구조". 한국사회연구, 제3집. 서울 : 한길사, 183-216쪽.

최장집.(1986). "한국의 초기 국가형성의 성격과 구조(1945-48)". 문교부 학술연구 조성비에 의한 연구. 1986. 4.

커밍스, B.(1983). "한국의 해방과 미국정책". 브루스 커밍스(외), 분단전후의 현대사. 서울 : 일월서각.

페럴. C.F.(1959). "한국에 있어서의 종합고교의 역할". 교육평론, 4(1), 72-74쪽.

한국교육 10년사 간행회. (1960). 한국교육 10년사. 서울 : 풍문사.

한국교육 30년사 편찬위원회.(1980). 한국교육 30년사. 서울 : 삼화서적주식회사.

한국산업은행조사부.(1955). 한국산업경제 10년사. 서울 : 한국산업은행

한국연감편찬위원회.(1958, 1959). 한국연감. 서울 : 동 위원회.

한국은행조사부.(1955-1959). 경제연감. 서울 : 한국은행.

한국은행조사부.(1960-1963). 경제통계연보. 서울 : 한국은행.

한국은행조사부.(1954). 미국의 대한 원조. 조사자료 제26권. 서울 : 한국은행.

한기언.(1955). "신교육과정 제정의 성격". 교육(서울대 사대), 제3호, 24-40쪽.

한배호.(1980). "1950년 전후의 미 극동전략". 계간 현대사, 1(1), 87-96쪽.

한준상.(1983). 한국대학교육의 희생. 서울 : 문음사.

한준상.(1985). 교육사회학 이론과 연구방법론. 서울 : 문음사.

한준상.(1987). "미국의 문화침투와 한국교육". 박현채, 김남식(외), 해방전후사의 인식3. 서울 : 한길사.

함종규.(1976). 한국교육과정 변천사 연구. 서울 : 숙명여대 출판부.

현창근.(1962). "서울대학교 개발계획과 미국의 원조". 미간행 석사학위 논문, 서울대학교 행정대학원.

홍성유.(1962). 한국경제와 미국원조. 서울 : 박영사.

홍성유.(1965). 한국경제의 자본축적 과정. 서울 : 고려대 아세아문제연구소.

홍웅선.(1979). 교육과정신강. 서울 : 문음사.

황철수.(1965). "시청각 교육 : 무에서 유로 장족의 발전". 새교육, 8월호, 38－41쪽.

각종신문 : 동아일보, 조선일보, 한국일보, 대학신문, 연세춘추, 고대신문, 교육주보.

Adams, D.K.(1956). "Education in Korea, 1945－55". Ph.D. Dissertation, Univ. of Connecticut.

Adams. D.(1959). "Cultural pitfalls of a foreign educational advisor". *Peabody Journal of Education*, 36(6), pp. 338－344.

American Education Team.(1956). *Curriculum handbook for the schools of Korea* ; 서명원(역), 교육과정 지침. 서울 : 중앙교육연구소.

Benjamin, H.R.W.(1955). *Building a national system of education* ; 중앙교육연구소(편역), 국가적 교육제도의 수립. 서울 : 대한교육연합회.

Berman, E.H.(1979). "Foundations, United States foreign policy, and African education, 1945－1975." *Harvard Educational Review*, 49(2), pp.145－179.

Carnoy, M.(1977). *Education as cultural imperialism* ; 김쾌상(역), 교육과 문화적 식민주의. 서울 : 한길사, 1980.

Carnoy, M.(1980.), "International institutions and educational policy－a review of education-sector policy". *Prospects*, 10(3), pp.265－283.

CERI.(1965). *Korean education and foreign assistance program*. Seoul : CERI.

Cohn, E.(1979.) *The economics of education.* Cambridge : Ballinger Publishing Company Co., Inc.

Comptroller General of the U.S.(1957). "The U.S. assistance program for Korea, FY 1954－56." Audit Report to the Congress of the U.S.

Cumings, B.(1981). *The origins of the Korean war* ; 김주환(역), 한국전쟁의 기원(상・하). 서울 : 청사, 1986.

Dodge, H.W.(1971). "A history of the U.S. assistance to Korean education, 1953－63". Ed.D. Dissertation, the George Washington Univ.

Foster, P.J(1977). "The vocational school fallacy in development plannig." in J. Karabel & A.H. Halsey(eds.), *Power and ideology in education.*

New York : Oxford Univ. Press.

Hayter,T.(1981). *The creation of world poverty*, 이유식(역), 빈곤의 정치 경제학. 진주 : 비봉출판사.

Hurst, P.(1981). "Aid and educational development : rhetoric and reality." *Comparative Education*, 17(2), pp. 117-125.

Hurst, P.(1983). "Key issues in the external financing of education." *Prospects*, 13(4), pp. 429-438.

Kelly, G.P. & Altbach, P.G. (1978). "Introducation." in *Education and colonialism*. New York : Longman.

Kwon, O.I.(1962). "Korean students abroad". *Korea Journal*, 2(1), pp. 12-15.

Lee, J.G.(1986). "Transnational knowledge transfer: the case of inquiry teaching method in Korea." Ph. D. Dissertation, Univ. of Pittsburgh.

Magdoff, H.(1969). *The age of imperialism* ; 김기정(역), 제국주의의 시대. 서울 : 풀빛, 1982.

Mazrui, A.A.(1975). "The African university as a multinational corporation : the problems of penetration and dependency." *Harvard Educational Review*, 45(2), pp. 191-210.

McGinn, N.F.(et al.). (1980). *Education and development in Korea* Cambridge : Harvard Univ. Press.

Nam, B. H. (1962). "Educational reorganization in South Korea under the U.S. army military government, 1945-48." Ph. D. Dissertation, Univ. of Pittsburgh.

Nelson, J.M.(1968). *Aid, influence and foreign policy*, New York : The Macmillan Publishing Company Co., Inc.

Schultz, T. W.(1977). "Investment in human capital." in J. Karabel & A.H. Halsey(eds.), *Power and ideology in education*, New York : Oxford Univ. Press.

United Nations.(1952a). "Report of the agent general of the UNKRA for the period from its activation in Feb. 1951 to Sep. 1952. G.A.O.R., 7th session, supplement No. 19". in Ministry of Foreign Affairs, *Documents on the United Nations Korean Reconstruction*

Agency. Vol. Ⅱ, Nov. 1959.

United Nations. (1953). "Report of the agent general of the UNKRA for the period from 1 July 1952 to 30 June 1953, G.A.O.R., 8th session, supplement No. 14." in Ministry of Foreign Affairs, *Documents on the United Nations Korean Reconstruction Agency.* Vol. Ⅲ, Nov. 1959.

United Nations. (1954). "Report of the agent general of the UNKRA for the period from 1 July 1953 to 30 June 1954, G.A.O.R., 9th session, supplement No. 20." in Ministry of Foreign Affairs, *Documents on the United Nations Korean Reconstruction Agency.* Vol.Ⅲ. Nov. 1959.

United Nations. (1955). "Report of the agent general of the UNKRA for the period from 1 July 1954 to 30 June 1955, G.A.O.R., 10th session, supplement No. 18." in Ministry of Foreign Affairs, *Documents on the United Nations Korean Reconstruction Agency.* Vol. Ⅲ, Nov. 1959.

United Nations, (1956). "Report of the agent general of the UNKRA for the period from 1 July 1955 to 30 June 1956, G.A.O.R., 11th session, supplement No. 16" in Ministry of Foreign Affairs, *Documents on the United Nations Korean Reconstruction Agency.* Vol. Ⅲ, Nov. 1959.

United Nations.(1957). "Report of the agent general of the UNKRA for the period from 1 July 1956 to 30 June 1957, G.A.O.R., 12th session, supplement No. 17." in Ministry of Foreign Affairs, *Documents on the United Nations Korean Reconstruction Agency.* Vol. Ⅳ, Nov. 1959.

United Nations.(1958). "Report of the agent general of the UNKRA for the period from 1 July 1957 to 30 June 1958, G.A.O.R., 13th session, supplement No. 16." in Ministry of Foreign Affairs, *Documents on the United Nations Korean Reconstruction Agency,* Vol. Ⅳ, Nov. 1959.

United Nations. (1959). "Progress report of the administration for the residual affairs of the UNKRA for the period from 1 Oct. 1958 to 30 Sept. 1959." in Ministry of Foreign Affairs, *Documents on the United Nations Korean Reconstruction Agency.* Vol. Ⅳ. Nov. 1959.

USAFIK. (1948). "South Korea interim government activities." No. 32, May pp. 169~175.

USOM. (1960). "Report on the servey of national higher education in the Republic of Korea." sponsored by the M.O.E. and USOM in Korea.

Williams, W.M.(1962). "Foreign assistance to Korea education." *Korea Journal,* 2(1), pp. 16~18.

馬越徹.(1987) "독립후 한국교육 재건과 미국의 교육원조.". 阿部洋(편), 해방후 한국의 교육개혁－미 군정기를 중심으로, 서울 : 한국연구원.

阿部洋. (1987). "미군정기에 있어서 미국의 대한 교육정책". 阿部洋(편), 해방후 한국의 교육 개혁－미 군정기를 중심으로. 서울 : 한국연구원.

村常男.(1987). "한국군정의 계보". 최현(역), 한국 현대 군정사. 서울 : 삼민사.

부 록

「부록 1」 제1~3차 미국 교육사절단원 현황

단 원	국적, 경력 및 전공
1차 사절단(1952. 10~1953.6) 단장 M. Harbage(女) 단원 J.M. Dysart 　　V.M. Malholland 　　E.H. Warner(女) 　　G.J. Warren 행정관 J.E. Daily	미국, 오하이오주 애크런시 초등교육관 미국, 뉴저지주 주립교육대학 교육심리학 조교수 미국, 버지니아주 윌리암 메리대학교 교육학 교수 미국, 뉴욕시 브룩클린대학 조교수 미국, 뉴저지주 웨스트우드 고등학교 사회과 주임
2차 사절단(1953. 9.~1954. 6) 단장 V.M. Malholland 단원 R.J. Britton 　　S.V. Mecormack 　　M.V. Thompson(女) 　　E.C. Wilson(女) 행정관 R.R. Obrien	미국, 버지니아주 윌리암 메리대학교 교육학 교수 미국, 사범교육 및 심리학 교수 미국, 뉴햄프셔 학교 장학관 미국, 트랜턴 주립교육대학 사범교육 상담 미국, W.A.V.E.S의 장학관
3차 사절단(1954. 9~1955. 6) 단장 H.R.W. Benjamin 단원 B. Myksvol 　　N.E. Beust(女) 　　E.C. Wilson(女) 　　S.B. Marks(女) 　　A.L. Adams 　　M.F. Bannon 　　E.E. Milam(女) 　　W.P. Lewis 　　M.K. Tulock(女) 　　M.V. Robinson(女) 　　D.K. Adams 행 정 관 : 스나베리(女) 단장비서 : 헤 드 리(女)	미국, 비교교육, 교육행정, 교육심리학 －초·중등학교 교사, 교장, 대학교수, 학장, 각국 교육 　관청 고문, 사범교육용 교과서 편찬 미국, 인간성장과 발달, 교육심리학, 정신위생. －국교 교사, 고교 교사, 대학원 교수, 교육연감편찬 미국, 아동용서적, 학교도서관, 교과서 발행 －아동도서관원, 사범대도서관원, 초중등학교·사범대 교원 미국, 교육방법, 교육과정, 장학행정 －국교 교사·교장, 인사고문, 제2차 교육사절단원 미국, 교육과정, 방법, 교육사회학, 교과서, 비교 교육학 －교사, 교장, 초중등장학관, 대학교 교육학 교수, 교과서 　편찬, 미국 교육자료연구소 특별고문 미국, 미국어, 산수, 사회생활, 농촌교육, 교과과정 －국교 교사, 대학교, 초중등교육 교수, 1948교육사절단원 미국, 사회생활, 영어, 생물학, 체육, 휴양 －초중등 교사, 휴양부장, 항공기사 미국, 초등교육, 아동성장 및 발전, 단체생활, 지도 －초중등학 교장, 초중등학교 지도관, 대학학장 및 교수 미국, 사회생활, 농업교육, 행정, 비교교육, 종교교육 미국 수학, 물리학, 교육과정　－초중등 교사, 교수 미국, 미술, 생물학, 휴양, 초등교육, 비교교육학 －교사, 장학관, 초등교장, 독일어 교사 및 교장 미국, 수학, 항해, 물리학 －중등교사, 공군훈련장교

(자료 : 서울시 교육회(1955) ; 동아일보, 1952. 9. 25 및 10. 14 ; 대학신문 1953. 10. 12 ;
　　문교월보, 1954. 9)

(2) 권고계획안의 분류

국립전문가 양성소의 건설설비 공급

국립직업교육교원양성소················ 250,000달러   8,500,000환

국립기본교육지도자양성소··············· 47,000달러   7,600,000환

기본교육과 자료공급······················· <u>30,000달러</u>   _____

　　　　계······································· 327,000달러   16,100,000환

국제고문단

문교부 ······································· 211,000달러

사범학교, 사범대학 ·························· 1,619,000달러

국립직업교육교원양성소 ··················· 259,000달러

국립기본교육지도자양성소 ················ 310,000달러

건축사업 ······································· <u>166,000달러</u>

계 ··· 2,565,000달러

외국유학과 시찰

대학교와 대학교수 ····························· 600,000달러

사범학교의 전문부문교사 ················· 475,000달러

장차의 문교부직원 후보자 ················· 32,000달러

초등교육교사 ································· <u>24,000달러</u>

　　　　계 ······································· 1,131,000달러

출판사업

표준한글사전······························50,000달러   13,500,000환

학생한글사전································ 200,000달러   45,000,000환

표준한글사전의 보유···················· 16,000달러   4,500,000환

조사와 편찬································240,000달러

교육사업시행······················ 103,600달러   660,000환

계························· 609,600달러   63,660,000환

서적과 잡지

대학과 대학교 ························· 250,000달러

사범학교와 사범대학 ····················· 480,000달러

계 ····························· 730,000달러

건물의 수선건설설비

초, 중, 고등학교의 건물 ·············· 50,090,000달러 2,254,130,000환

총계 ·································· 55,452,600달러 2,333,890,000환

(3) 교환인사권고일람

한국파견의 유엔인사

제1년 ··· 51명

제2년 ··· 49명

제3년 ··· 41명

제4년 ··· 26명

제5년 ··· 25명

유엔인사의 배당기간

(각 개인에게 배당된 따라서는 다소 차이가 있으리라고 가정함)

5년간 유임자 ·· 25명

4년간 유임자 ··· 1명

3년간 유임자 ·· 15명

2년간 유임자 ·· 8명
1년간 유임자 ·· 2명

외국유학 및 시찰로 파견될 한국인
(체류기간은 개인에 따라서는 다소 차이가 있으리라고 가정함)
제1년 ··· 50명
제2년 ··· 50명
제3년 ··· 43명
제4년 ··· 43명
제5년 ··· 43명
(자료 : 유네스코 · 운크라 교육계획사절단(1953))

「부록 3」국립고등교육기관 실태조사 참여자

: 조사단장 – Walter A Anderson(G.D. Stoddard의 후임)
: 부조사단장 – William T. Middlebrook

: 조사단의 구성 및 그 책임분야
　① 행정·조직 및 물적 시설 분야
　　• Richard H. Lindeman박사 (M대 제도연구부 연구관)
　　• William T. Middlebrook 박사(M대 경영학과 애매리타스강좌
　　　부주임)
　② 농학분야
　　• Mason H. Campbell 박사 (Rhode Island Univ. 농과대학 애매
　　　리타스강좌 주임)
　③ 공학 및 기초과학 분야
　　• Elmer C. Easton 박사(Rutgers 대학교 공과대학장)
　④ 보건·의학분야
　　• Jean A. Curran 박사(Long Island 의학대학 전학장, Bingham연
　　　구재단 수석 고문관)
　⑤ 인문과학 및 사회과학 분야
　　• Chester W. Wood 박사(M대 교수 겸 학생처장)
　⑥ 사범교육 분야
　　• Walter A. Anderson 박사(뉴욕대학교 교육대학장)

: 본 조사단에 협조한 주한 미국 기술 원조단 소속의 직원들.
　① 행정·조직 및 물적 시설 분야 : Burnice Jarman 박사(USOM 교
　　　　　　　　　　　　　　　　　육국) Arthur E. Schneider 박사
　　　　　　　　　　　　　　　　　(M대 재한 수석고문관)
　② 농학분야: Roy Bridgford 씨(M대학 파견 농학관계 수석 고문관)

③ 공학분야: William Weems 씨(USOM 자원개발국)

④ 보건·의학 분야: N. L Gault, Jr박사(M대 파견 의학관계 수석 고
                    문관)

⑤ 사범교육 분야: Willard E. Goslin 박사(피바디 대학 파견 국내 교
                    원 협조관)

자료 : USOM(1960), pp. 1~2
 주 : M대는 Minnesota대학

「부록 4」 피바디 사절단원, 교원재교육 상황

강습회명	장 소	기 간	참 여 자	강 습 내 용
제1차 교육지도자 교육행정연구협의회	중앙교육연구소	57.5.13~6.8 (184시간)	각시도 중학교 교장(44) 교감(1) 교사(1): 46명	생활지도, 제반학교 운영문제, 학습지도, 생활지도, 행동평가, 교직원자질향상, 지역사회와 학교
제2차 교육지도자 교육행정연구협의회	중앙교육연구소	57.7.1~27 (184시간)	각시도고교교장(42) 교감(1) 장학사(1): 44명	학습지도, 선도, 평가방법, 생활지도, 학교차해결문제, 홈룸.
제3차 교육지도자 교육행정연구협의회	중앙교육연구소	57.9.16~10.8 (160시간)	각시도국교교장(52)외 3명:55명	학습지도, 문제아선도, 지역사회와 학교, 교사협의회, 연구협의회, 조직운영.
제4차 교육지도자 교육행정연구협의회	중앙교육연구소	57.11.1~11.23 (160시간)	각시도국교교장(51)외 1명:52명	학습흥미, 단원학습, 학습환경, 낭독지도법, 교과과정조정법, 지역사회와 학교
1959년도 전국사범대학교 사범학과하기강습회	7개사범학교 및 서울대사대, 연대	59.7.27~8.24	전국사범학교 광주, 부산, 사대 교사 398명	학습지도, 과학기구 사용법, 사회과교육, 공장교육, 도서관운영, 교육평가, 지역사회학교, 교육과정, 교육방법, 교생실습과 지도관찰
1960년도 전국사범대학교 동기강습회	3개사범학교 및 서울대사대, 연대	60.1.11~29 (1005시간)	전국사범학교 광주, 부산 사대교사 896명	과학교육, 교생샐습지도 미술, 공작교육, 도서관운영
1960년도 전국사범대학교 하기강습회	3개사범학교 및 서울대사대	60.8.1~20 60.11.30~12.25(2027시간)	전국사범학교 광주, 부산 사대교사 2,118명	교육실습, 미술공장, 수학교육
도서담당교육강습회	연대	60.1.4~29 7.25~8.19	도서담당교사 32명	도서관운영
학교건축영선담당자 강습회	중앙교육연구소	60.2.15~18 60.2.18~22	각시도교육 영선담당자 165명	건축기술

자료 : 문교부사범교육과(1960b), 49-51 ; 중앙교육연구소 편(1962), 133-136 ;
       성하원(1959), 111-114

「부록 5」 피바디대학 유학자 명단(교육학분야의 학위취득자)(1974. 3 현재)

성 명	전공분야	유 학 기 간	학 위	직 장
강 성 익	교육행정	1955. 8 ~56. 11	석 사	—
강 우 철	사회과교육	1957. 9 ~58. 9	석 사	—
김 란 수	교 육 학	1957. 9 ~58. 8	석 사	연세대교수
		69. 8 ~71. 9	박 사	
김 봉 수	〃	1960. 9 ~61. 8	석 사	서울대교수
김 성 태	〃	1959. 3 ~60. 8	〃	—
김 식 중	〃	1959. 8 ~60. 8	〃	목포교대학장
김 영 돈	교육행정	1958. 9 ~59. 8	〃	공주사대학장
김 영 식	교육행정	1964. 7 ~67. 12	박 사	서울대교수
김 종 서	교 육 학	1960. 9 ~61. 8	석 사	—
김 판 영	교육사회학	1959. 9 ~60. 8	학 사	경북교육감
김 한 걸	교육심리학	1960. 9 ~61. 8	〃	광주교대교수
남 재 수	교 육 학	1960. 9 ~61. 8	〃	안동교대교수
박 정 례	교 육	1959. 6 ~60. 8	석 사	이대부고교장
백 영 기	교 육 학	1958. 9 ~59. 9	—	—
서 명 원	교육심리학	1949. 3 ~53. 12	박 사	서울대사대학장
성 락 준	교 육 학	1956. 12 ~57. 12	석 사	성동중교장
성 하 애	〃	—	〃	
유 영 대	〃	1956. 12 ~60. 6	박 사	—
이 수 덕	〃	1961. 3 ~62. 6	석 사	서울여대교수
이 희 복	〃	1959. 9 ~60. 9	학 사	—
장 기 환	〃	1959. 9 ~60. 9	석 사	안동교대학장
조 성 규	〃	1958. 8 ~59. 9	〃	숭전대교수
주 성 규	교육심리학	1958. 9 ~59. 8	〃	농림부
차 재 순	교 육 학	1948. 9 ~54. 12	〃	이대교수
하 점 생	교 육 학	1960. 9 ~61. 8	〃	서울시교육감

자료 : 문교부, 해외유학생실태조사, 1973년판

주 : 장기환씨는 1971년판에는 필리핀대학 유학자로 되어 있다.

「부록 6」   중앙교육연구소 연구직원 출신 해외유학자들의 상황

(1974. 3 현재)

성 명	직 장	출신학교	기 간	학 위	전공분야
정범모	서울대사대조교수	Chicago Univ.	1962.9~64.6	박 사	교 육 학
오기형	연세대교수	Columbia Univ.	1961.2~62.12	석 사	〃
한기언	－	Columbia Univ.	1957.9~58.6	석 사	〃
백영기	－	George Peabody College	1958.9~59.9	－	〃
김란수	연세대교수	〃	1969.8~71.9	박 사	〃
황응연	이화여대교수	〃	1959.8~60.8	석 사	심 리 학
정원식	서울대사대교수	〃	1964.9~66.8	박 사	〃
김종서	－	〃	1960.9~61.8	석 사	교 육 학
이영덕	서울대교수	Ohio State Univ.	1955.8~59.6	박 사	〃
전찬화	이화여대교수	West Texas State Univ.	1956.9~58.11	석 사	교육심리학
정확실	이화여대교수	Kent State Univ.	1954.9~59.7	석 사	교 육 학

자료 : 문교부, 해외유학생실태조사, 1973년판

「부록 7」 ICA 계약원조사업에 참여한 미 대학(1960년 9월 현재)

인도	Columbia Univ., Berea College, Univ. of Illinois, Kansas State Univ., Univ. of Missouri, Michigan State Univ., Ohio State Univ., Univ. of Tennessee, Univ. of Wisconsin.
파키스탄	Colorado State College., Colorado State Univ., Indiana Univ., Univ. of Southern Califoria, Texas A&M College, Washington State Univ.
한국	George Peabody College, Univ. of Minnesota, Washington Univ., Indiana Univ., Syracuse Univ., Univ. of Oregon.
인도네시아	Univ. of California, Indiana Univ., Univ .of Kentucky.
일본	Univ. of Massachusetts, Univ. of Michigan.
베트남	Univ. of Georgi, Michigan State Univ.
아프가니스탄	Columbia Univ., Univ. of Wyoming.
중국	Michigan State Univ., Perdue Univ.
필리핀	State Univ. of New York.
스리랑카	Texas A&M College.
태국	Colorado State Univ. Univ. of Hawai, Indiana Univ.
캄보디아	Univ. of Georgi.
이란	Brigham Young Univ., Univ. of Southern California, State Univ. of New York, Utah State Univ.
터키	Columbia Univ., Georgetown Univ., Univ. of Nebraska, Spring Garden Institute.
모로코	Delgado Trades－Tech., Institute.
튀니지	Delgado Trades－Tech., Institute.
리베리아	Cornell Univ., Prairie View A&M College.

나이지리아	Indiana Univ., Michigan State Univ., Ohio Univ., Western Michigan Univ.
이디오피아	Oklahoma State Univ.
케냐	Earlham College.
로데지아와 나샤지역연방	Delgado Trades－Tech., Institute.
우간다	Delgado Trades－Tech., Institute.
과테말라	Univ. of Kentucky.
코스타리카	Lousiana State Univ.
콜롬비아	Tulant Univ. of L.A.
파나마	Univ. of Tennessee.
에콰도르	Univ. of Mouston.
페 루	North-Carolina State College.
칠레	Univ. of Chicago, Cornell Univ., Univ. of Pittsburgh, Lelond Stanford Jr. Univ.
파라과이	Univ. of Buffalo, Montana State College.
브라질	Johns Hopkins Univ, Univ., of Michigan, Michigan State Univ. Purdue Univ., of Univ. of Southern California.
오스트리아	New York Univ.

1960. 9. 30 현재 총 계익액 $97. 2M.
총 계약수 96.
국 가 33
미대학 53

(자료 : Office of Contract Relations ; 현창근(1962), 160－161쪽에서 작성)

◉ 저자 ◉

한준상(韓駿相)   연세대학교 문과대학 교육학과 문학사
University of Southern California 교육과학 석사
University of Southern California 철학박사
현재 연세대학교 교육대학원장
주요 연구분야는 교육사회학, 청소년학, 성인교육학, 인적자원개발(HRD)
저서로는 『평생교육의 이론과 실제(편저)』, 『신교육사회학』, 『동숭동의 아이들: 청
소년의 파격문화』, 『한국성인인력개조론(공저)』, 『근대한국성인교육사상』, 『Lifelong
Education: 모든 이를 위한 안드라고지』, 『한국교육의 쟁점에 관한 연구』 외 다수

김성학(金成學)   연세대학교 교육과학대학 교육학과 대학원 석사졸
동대학원 박사과정

◉ 현대한국교육의 인식

◉ 초판 발행   2001년 12월 30일
◉ 2   쇄   2003년 7월 31일

◉ 지 은 이   한준상·김성학
◉ 펴 낸 이   채종준
◉ 펴 낸 곳   한국학술정보㈜
경기도 파주시 교하읍 문발리
파주출판문화정보산업단지 538-2
전화 031) 908-3181(대표)·팩스 031) 908-3189
홈페이지 http://www.kstudy.com
e-mail(e-Book사업부) ebook@kstudy.com
◉ 등   록   제일산-115호(2000. 6. 19)
◉ 가   격   16,000원

ISBN   89-534-0482-7 93370 (Paper Book)
       89-534-0483-5 98370 (e-Book)